本报告的出版得到

国家重点文物保护专项补助经费资助

随州擂鼓墩二号墓

随州市博物馆 编著

主 编 黄建勋
副主编 熊 燕

文物出版社
北京 · 2008

封面设计：张希广

责任印制：陆　联

责任编辑：杨新改　王　伟

图书在版编目（CIP）数据

随州擂鼓墩二号墓 / 随州市博物馆编著.
北京：文物出版社，2008.10
　　ISBN 978-7-5010-2492-6

　　Ⅰ.随… 　Ⅱ.随… 　Ⅲ.战国墓 – 简介 – 随州市
Ⅳ.K878.8

　　中国版本图书馆 CIP 数据核字（2008）第 126988 号

随州擂鼓墩二号墓

编　　著　随州市博物馆
出版发行　文物出版社
地　　址　北京东直门内北小街 2 号楼
邮　　编　100007
网　　址　www.wenwu.com
邮　　箱　web@wenwu.com
经　　销　新华书店
印　　刷　北京盛天行健印刷有限公司
版　　次　2008 年 10 月第 1 版
印　　次　2008 年 10 月第 1 次印刷
开　　本　889 ×1194　1/16
印　　张　21.75
书　　号　ISBN 978-7-5010-2492-6
定　　价　320.00 元

THE TOMB NO.2 AT LEIGUDUN IN SUIZHOU

Compiled by

Suizhou Municipal Museum

Cultural Relics Press

Beijing · 2008

序

　　随州市博物馆将他们编好的《随州擂鼓墩二号墓》发掘报告送请我提意见，并约我写序。我与二号墓曾有过一段较深的情缘，从某种意义上说，我还欠了它一笔"债"，现在正有机会多少给予一点偿还。故我欣然同意。

　　1981年8月，我正在整理曾侯乙墓资料，突然接到随州博物馆告急电话，说部队在曾侯乙墓附近施工，又挖出一墓，出土了很多青铜器，他们力量有限，请我们派人去支援。领导上便命我带队，率领几个同志急速赶至随州。当地同志在墓葬清理，尤其是对那些棺椁已腐烂的墓葬清理方面的经验较少。我们来之前，他们注意到已暴露在外铜器的清理，但对很多现象：如棺椁痕迹、人骨架痕迹、棺椁之间关系及棺椁与随葬器物关系等等，都没有注意，我们来以后，才把这些现象弄清楚。此墓出土了九鼎八簋和三十六件编钟等大量青铜器，以及其他重要文物，这在省内是继曾侯乙墓又一重大发现，故再一次引起轰动。当我们的工作快结束时，省文化局和当地一些领导来视察并慰劳我们，在一个小型会上，我向领导和当地同志表过态：鉴于此墓资料如此重要，以后我一定设法把它整理出来，如果出不了专集，也要在《考古学报》上发表资料。谁知此话后来没有实现，让我至今感到内疚。

　　擂鼓墩二号墓发掘完以后，我又投入到曾侯乙墓资料的紧张整理和报告编写中，基本上无暇旁顾。仅为二号墓编钟的测音曾专程去过一次随州，在那儿只待了几天，以后就再也抽不出时间去了。后来只写过几篇文章和在一些学术研讨会上发表过我对二号墓的墓主身份和年代等的看法。1984年，曾侯乙墓文物要赴香港展出，国家文物局不同意曾侯乙编钟参展，湖北省博物馆有人想出了一个妙招：把擂鼓墩二号墓的编钟及一些其他文物和曾侯乙墓文物一起拿出去，这样不仅弥补了曾侯乙编钟未参展的不足，还提高了随州的知名度。因此，应尽快公布二号墓的资料。该墓发掘完后，为满足各界的关心，仅在《江汉考古》（总第3期）上发表了一篇由我写的《随州市擂鼓墩二号墓出土一批重要文物》，这只是一篇简讯，仅对此墓的重大收获作了报道，显然满足不了要求。该墓由我主持发掘，编写发掘简报是我义不容辞的责任，但因我忙于曾侯乙墓资料的整理，领导上就把这一任务交给其他同志去完成了。

　　不久，此墓发掘简报在《文物》1985年第1期上发表，虽然写得较详细、具体，但令我有些担心，有了这份简报，今后是否就不再去整理报告了？我这份担心也不是多余的，有些事情促成我不能不这么想，在整理曾侯乙墓资料的时候，我曾向随州博物馆负责人提过建议，曾侯乙墓中许多东西要化验、检测，有些东西还需要鉴定，希望他们把二号墓的器物按不同品种、形式，每种各选少量样品送来，与曾侯乙墓器物一起化验、检测、鉴定，这样，既能与曾侯乙墓的同类器物进行对比，又可省事、省钱，但是我的建议没有得到响应。从省博物馆来说，以后再没有哪一个领导提到过二号墓资料整理之事，加之后来我又调出了文博系统，与随州博物馆的联系更少了，时间越长，就越在心中盘算：此事是否真的成了泡影了呢？

这次随州博物馆把他们整理好的二号墓的报告送来，我见到后真是又惊又喜，当我仔细读完全稿之后，感到已远远超出了我的想象。报告所需各项资料，他们全都注意到了，对该检测的进行了检测，该鉴定的进行了鉴定，该复原的进行了复原，绘图记录、照相记录样样俱全。当年我想到的，如不够专刊分量就到《考古学报》上发表，现在文字稿加上所附附录、附表、插图、黑白图版、彩色图版，洋洋洒洒已有数十万言。这是多么不易呀！这一方面是时代在发展，事物在进步，如过去就没有测音、检测一说，现在就非做不可；另一方面也可见他们对待此项工作，是非常严肃、认真、细致的。

凡整理过报告的人都知道，这是一项极其繁杂、十分琐碎的工作，既费神又费力，且短期难以完成，如果不是有很强的事业心、不下狠心用很长时间坚持来做，是绝对做不好的。因为每一个数据的获得，都来之不易。仅举一例，一些较大的青铜器，少则数十公斤重则数百公斤，要绘图、照相，一个人是挪不动的，要称重和测音，则更是麻烦。要想少折腾，最好有几套人马，同时或交替进行，这还得工作的条件允许，作为一个地级博物馆，是很难做到的，这就不能不增加工作难度。遇到问题是停下来还是继续干下去，这是整理报告中经常碰到的事。这本报告的编写过程也很好地说明了这一点，当田野发掘结束时，即已作了着手整理的一些准备，之后还成立过编写报告的专门班子，但由于种种原因，还是半途而废。最后幸亏遇到黄建勋同志，他"咬住青山不放松"，克服种种困难，排除各种干扰，终于完成了报告的编写工作。

这本报告的特点是资料全面、完整、翔实、准确，图版清晰，且彩版较多，作者除对此墓本身的年代、墓主身份、文化特征等进行了较充分的论述外，还与同时代一些身份相当的墓葬进行了对比研究。因此，这是一本研究东周时期上层贵族墓的葬制、礼制和特征的重要参考资料，不仅值得历史学界、考古学界参阅收藏，也值得音乐界、冶铸界等参阅收藏。而我能为此书作序，深感荣幸。

郭德维

2008 年五一节于北京

目　录

插图目录

插表目录

彩版目录

图版目录

壹 前 言

一 地理位置与环境

擂鼓墩二号墓位于湖北省随州市曾都区南郊办事处擂鼓墩村，距随州城区西北约2公里呈南北走向的山岗上。因1978年在此发掘的曾侯乙墓编号为擂鼓墩一号墓[1]，按发掘的先后顺序，而将该墓编为擂鼓墩二号墓[2]（以下简称M2）（图一；彩版一）。

随州位于湖北省中北部的长江之北，汉水以东。东南距武汉市180公里，西北至襄樊市160公里，北邻河南省南阳、信阳。汉（口）丹（江）铁路及316国道、汉十高速、随岳高速公路等从境内穿过，是我国中部的重要交通要道。

M2所在地属于山峦起伏的丘陵地带，山从西蜿蜒而来，至此已到丘陵尽头。山的东端为一圆凸形山包，当地群众称为东团坡，曾侯乙墓即在此发现。东团坡之西，有一个比它略小的山坡，群众称为西团坡，高出周围平地约20米，M2即坐落在这里。墓的南面有涢水自西向东流过，东面有㵐水自北向南而来并注入涢水，二水在此相汇，形成独特优美的自然环境。

随州的地理位置极为重要，处于随枣走廊的东端。现在随州境内发现大量古代文化遗存，据统计，目前已发现新石器时代遗址56处[3]，曾国墓地10处[4]。其中在M2所在的南北走向的系列垄岗上，就发现有团坡（二号墓所在地）、吴家湾[5]、擂鼓墩、庙凹坡、吕家塝、王家湾、蔡

---

[1] 湖北省博物馆：《曾侯乙墓》，文物出版社，1989年。

[2] 湖北省博物馆、随州市博物馆：《湖北随州擂鼓墩二号墓发掘简报》，《文物》1985年第1期。

[3] 国家文物局：《中国文物地图集·湖北分册》，西安地图出版社，2002年。

[4] 湖北省文物考古研究所：《曾国青铜器》，文物出版社，2007年。

[5] 吴家湾墓地：随州博物馆发掘资料。1983年3月，原擂鼓墩大队砖瓦厂在此地取土时发现，后经考古人员钻探共发现40多座古墓，当年发掘了30座战国墓葬。其基本情况是：30座墓均为土坑竖穴木椁墓，凿岩为穴。墓向为135°～160°，无封土。除M13有向南的斜坡墓道外，其他无墓道。除M13、M21有腰坑外，其他墓未设腰坑，部分墓圹留有二层台。13座墓墓底有青膏泥或白膏泥。出土遗物中，仿铜陶礼器组合为鼎、簠、壶，或鼎、盂、壶，还配有罐、豆、盘、匜等，铜礼器组合为鼎、敦、壶，还配有兵器戈、剑等。吴家湾墓地的时代大约属于战国中晚期，不仅具有浓郁的曾文化特征，还有典型的楚文化因素，推测为曾国即将灭亡或已被楚国灭亡后，曾人的墓葬。

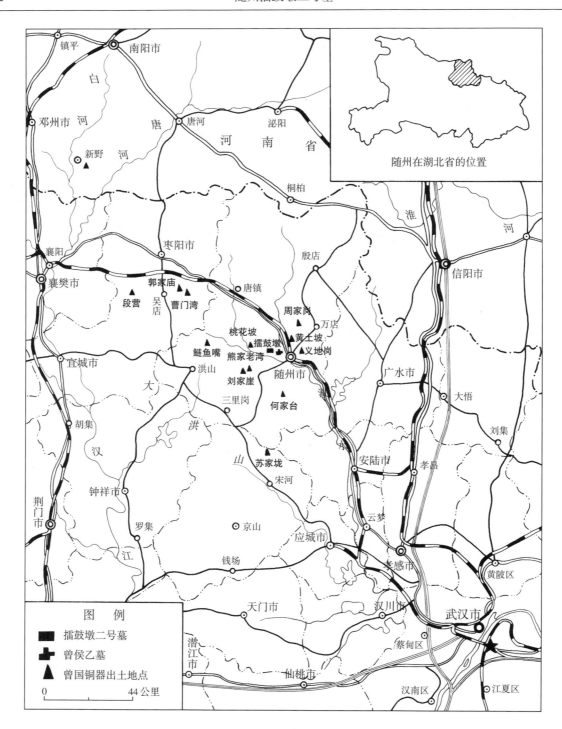

图一　随州擂鼓墩二号墓地理位置示意图

家包、王家包等八个墓地（图二），时代多为东周时期。由于各个墓地之间的墓葬年代、性质以及墓地布局有一定的内在联系，因此墓群具有整体性，被称为擂鼓墩古墓群[6]。M2是其中大型墓葬之一。

［6］湖北省文物考古研究所、随州市文物局：《湖北随州擂鼓墩墓群的勘探与试掘》，《考古》2003年第9期。

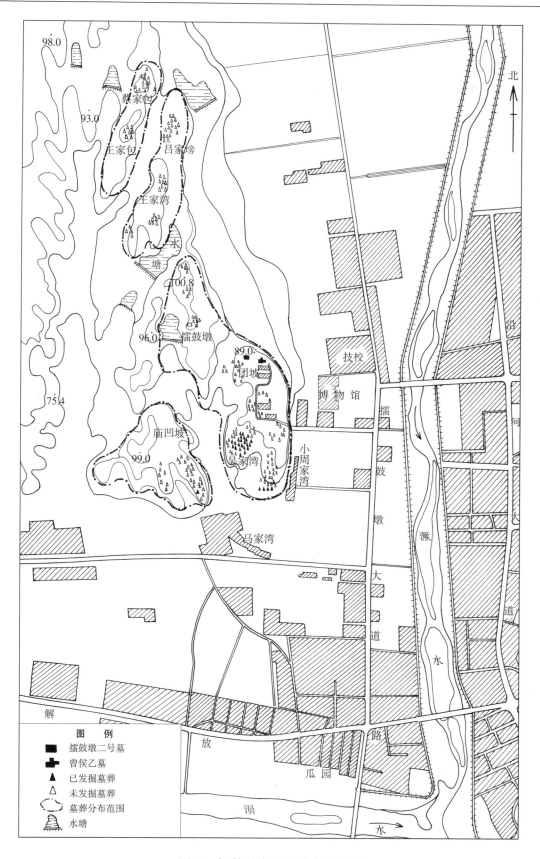

图二　擂鼓墩古墓群分布示意图

墓地分布的地层为白垩系上统胡岗组砂岩，上更新统残坡积和坡洪积黏性土，以及近代人工堆积等。白垩系上统胡岗组砂岩，岩性以紫红色、粉红色厚层中细粒砂岩为主，夹泥质粉砂岩、含砾砂岩及少量薄层砂层泥岩。这样的地层有利于墓穴开凿，穴壁坚固。岩层之上堆积有厚薄不等的上更新世黄、褐色黏土[7]。

二　历史沿革与传说

关于随国的地望问题，随着曾侯乙墓的发现一度众说纷纭。目前，学术界认为李学勤先生的《曾国之谜》[8]和石泉先生的《古代曾国—随国地望初探》[9]之立论最为可信，即曾随合一说。经考证随国的都城也在随州市西北、涢水东岸的安居镇北[10]，这说明文献记载中的随国就是以随州为中心大量出土曾器的曾国。

据史籍记载，随于上古为烈山氏，随国在西周时期为周人封国，《国语·郑语》记史伯答郑桓公："当成周者，南有荆蛮、申、吕、应、邓、陈、蔡、随、唐"，韦昭注："应、蔡、随、唐，皆姬姓也"。据《左传》记载，春秋初期，随国曾是一个同楚国抗衡的大国[11]。战国末期，楚灭随国建随县。秦王政二十四年（公元前223年），秦灭楚国，随县隶属南阳郡，至两汉、三国。晋太康九年（288年）析置随国。南北朝宋升县为郡，名随阳郡。齐改为随郡。西魏大统元年（535年）由郡升为州，名随州。北周大象二年（580年）杨坚晋爵为王，封于随地建国，领20郡。嗣后各朝为次于郡的州。民国时期易州为县[12]。中华人民共和国成立后，随县先后隶属孝感、襄阳地区。1979年11月建立随州市（县级），次年7月1日县、市分设，隶属襄阳地区。1983年8月，经国务院批准随县并入随州市，为省辖县级市，由襄樊市代管。2000年6月，批准建立地级随州市，辖广水市，原县级随州市改为曾都区。本报告使用改制后的区划及名称。

关于擂鼓墩的由来，历史上有一段神奇的传说。相传楚庄王九年（公元前605年），斗椒继任令尹之职。他大权独揽，骄横跋扈，杀死主管军事的司马蒍贾后，趁楚庄王率军攻打随国之机，率若敖氏族人发动叛乱。正在楚庄王危难之时，有人推了了小将养由基，说他有百步穿杨之功。楚庄王叫养由基当场演示，这时，恰好天上飞来一群大雁，养由基一箭将领头雁射落下来，并且正中大雁咽喉，楚庄王大喜。第二天两军对阵时，养由基同斗椒比箭，斗椒先发三箭都未射中，养由基则一箭射中斗椒咽喉，叛军大乱。楚庄王亲自擂起战鼓，全歼叛军[13]。擂鼓墩由此得名而流传至今。

[7] 西安建筑科技大学陕西文化遗产保护研究中心、陕西省古建设计研究所、湖北省文物考古研究所：《擂鼓墩古墓群保护规划》，2007年6月。
[8] 李学勤：《曾国之谜》，《光明日报》1978年10月4日。
[9] 石泉：《古代曾国—随国地望初探》，《古代荆楚地理新探》，武汉大学出版社，1988年。
[10] 石泉：《古代荆楚地理新探》，武汉大学出版社，1988年。
[11]《左传·桓公六年》载：公元前706年，楚斗伯比所谓："汉东之国，随为大。随张，必弃小国；小国离，楚之利也。"
[12] 湖北省随州市地方志编纂委员会：《随州志》，中国城市经济社会出版社，1988年。
[13] 随州市政协学习文史资料委员会：《神奇的擂鼓墩》，《随州文史资料》第一辑，2002年。

三　墓葬的发现与发掘

1981年7月30日上午，驻随州擂鼓墩的解放军某部，在西团坡的电镀车间前栽电线杆时挖出文物发现此墓后立即报告市政府。次日上午，市博物馆派王世振、左德田等同志前往擂鼓墩进行现场勘查。通过对墓葬的形制、填土及出土的7件青铜器（青铜鼎、盥缶、盘、匜、炭盆、箕、钩形器）综合分析，判定为战国墓葬。

8月2日下午2时，市文教局陈彦召与市博物馆副馆长王世振一起，向省文化局作了汇报，同时又向市委、市政府等领导，报告了墓葬的规模和文物出土情况。省文化局及市委、市政府领导对此事十分重视，要求一定要认真组织，精心发掘，确保文物绝对安全。

本次发掘工作是由湖北省博物馆、襄阳地区博物馆、随州市博物馆共同完成的。考虑到墓葬已被破坏，墓坑内部分器物已暴露在外，文物安全存在严重隐患，因此，当时采取了边汇报、边清理、边等上级专家来指导的步骤进行，并临时成立了考古发掘领导小组。市文教局副局长梅朴任考古发掘领导小组组长，负责上下联络和协调工作。下设考古发掘组，由王世振负责，成员有左德田、黄敬刚、王新成、张华珍、黄建勋等同志，后勤组由馆长梁燕山负责。考古发掘组制定了发掘方案，对发掘的步骤、质量要求以及发掘中可能遇到的问题和文物安全与保护等都作了设想、安排，具体分工是：王世振负责发掘工地全面工作，并做好文字记录，左德田负责摄影工作，王新成负责测量绘图工作，黄敬刚、张华珍、黄建勋负责清理和其他工作。发掘现场安全保卫工作采取了分组轮流值班制进行。

1981年8月1日上午，考古发掘工作正式开始。首先是在勘探的基础上，进一步找出四周的墓边，确认墓圹的形状和残存墓口的大小，以及墓葬保存情况。经钻探得知，椁室已倒塌，棺木已腐烂。该墓残存墓口南北长7.3、东西宽6.9米，残深1.4米。

8月1日下午，根据7月31日钻探发现扰乱沟的情况，从残存墓口逐层向下取填土，认真观察扰乱沟的迹象变化。

8月2日，继续清理墓坑内填土。当向下清理至0.5米左右时，在靠西壁的中部，露出了2件大甬钟。后来在扰乱沟范围内清理出料珠5件。

8月3日，继续清理墓坑内填土。扰乱沟的形状已明显出来，略呈长方形，长约3、宽约1.5米，在其范围内又清理出料珠、陶豆盘、玉羊、玉兔、玉塞、绿松石穿孔珠和石璧，应为棺椁内翻起之物，另外还出了1件铁铲形器，推测为早年盗墓所留。随着填土的不断下降，一些大件的青铜礼器已显露出来。原来扰乱沟在主棺范围内，才得以使这些青铜重器保留下来。

为了防止出土文物曝晒，同时，也从防止下雨以及安全角度考虑，后勤组工作人员从部队借来防水雨布，搭好支架，将整个墓坑罩住，修好流水沟，以防墓坑内积水。

8月4日，清理填土至墓底，墓中绝大部分随葬青铜器露出。这时大体可以看出，成组的青铜礼器、杂器都呈东西向整齐地排列在椁室的中部，编钟、编磬等乐器分布在椁室的南部和西部，墓主人及陪葬棺分别在椁室的北部、西南部（图版一）。

8月5日上午，襄阳地区博物馆业务干部王少泉、李祖才、曾宪敏来到发掘现场协助工作。全天继续清理器物上残存的填土。

8月6日下午，湖北省博物馆考古专家郭德维、刘彬徽赶赴现场指导工作，听取王世振的工作汇报，最后决定，清理工作先暂停，等向领导汇报后再作安排。

8月7日下午，王世振向省文化局文物处副处长胡美洲、省博物馆副馆长王劲、省博物馆文保部副主任孙启康三位领导，就擂鼓墩二号墓的发掘工作等作了详细的汇报。几位领导除了对发掘工作提出严格要求外，还决定将二号墓的出土文物留给随州保管，并就发掘经费和文物保护经费问题进行讨论[14]。

8月11日，省博物馆派出以郭德维为组长的专家组来到发掘现场作指导工作，随行的还有刘彬徽、陈中行、郝勤建、冯光生、胡志华等同志。

8月12日上午，由省、地、市三级考古专业人员集中在一起，再次研究发掘方案，由郭德维执笔制定了较为详细的考古发掘方案。一是对专业人员重新进行分工与调整，郭德维主持考古发掘工作，刘彬徽负责组织清理工作，王世振负责记录工作，陈中行负责出土文物保护保养工作，郝勤建、左德田负责照相工作，冯光生负责音乐文物工作，胡志华、王新成负责测量绘图工作，其他同志负责清理及其他工作。二是拟定了照相、绘图、文物包装等一系列的用品计划。三是再次强调了发掘质量和文物安全措施。

8月12日下午，发掘清理工作继续进行，主要是清理主棺和陪葬棺。

8月13～15日，一边组织人员作最后细致清理，一边组织摄影、绘图人员做好照相和测量绘图工作。在清除部分遗物如：镬鼎、盖鼎、升鼎、釜等内的积土时，发现盛有或多或少的动物骨骼（图版二），工作人员都小心翼翼地进行了清理。

8月15日，湖北省文化局文物处副处长胡美洲同志率领湖北省博物馆的同志一行31人前来发掘现场参观，并指导工作（图版三，1）。

8月16日，进行绘图编号，按照专家组商定的意见，首先从墓坑东北角鹿角开始，顺着东壁由北向南编号，接着编号的就是墓坑中部的青铜礼器和杂器（自东向西），然后至编钟、编磬，最后编号的是主棺、陪葬棺内的遗物。在编号的同时要求做好文字记录（图版三，2；图版四）。绘图编号工作完成后，按照编号顺序，开始逐件取出器物（图版五、六）。专家要求，一是在取文物时要认真细致，不能损害文物；二是仔细观察有无其他遗迹现象或未编号器物；三是系好标牌并包装后才能出墓坑；四是要注意运输途中的文物安全，回馆后要及时入库。此项工作于8月18日结束。

8月19日，清理墓底，未发现有腰坑或其他遗迹现象，然后回填墓坑。整个发掘工作全部结束，转入室内整理工作。

在整个发掘过程中，承蒙各级党政领导的关心，及时研究解决发掘工作中的具体问题，特别是省文化局、省博物馆的领导和专家多次到现场予以指导，发掘工作同时还受到了当地驻军的大力支持与协助，保证了整个发掘工作的顺利进行。值此，谨向对这次发掘工作给予关心、支持和帮助的各级领导、专家以及参加发掘的所有同志表示衷心的感谢。

---

[14] 王世振：《再现瑰宝的擂鼓墩二号墓》，随州市政协学习文史资料委员会：《神奇的擂鼓墩》，《随州文史资料》第一辑，2002年。

四 资料整理与报告编写

M2 是继曾侯乙墓之后随州境内的又一重大考古发现，因此，湖北省文化局、省博物馆以及随州市的文化部门十分重视资料的整理和研究工作。田野发掘工作结束的第二天，省、地、市参加发掘工作的专家们在随州市博物馆召开了资料整理专题会议，会议认为要组织力量修复所出土的破损器物，同时迅速成立整理编写小组撰写发掘简报，人员由湖北省博物馆和随州市博物馆共同组成。

经编撰人员的共同努力，《湖北随州擂鼓墩二号墓发掘简报》（以下简称《简报》）[15] 于 1984 年底完成。因《简报》是在部分标本尚未检测的情况下完成的，如有与本报告相抵牾之处，当以本报告为准。

1990 年 7 月，由随州市文物局和湖北省文物考古研究所王善才同志牵头成立《随州东周墓葬发掘报告》整理编写小组，其中 M2 也被列入，但由于种种原因，整理工作并无实质性的进展。

2006 年 10 月，在湖北省文物局、省博物馆、省文物考古研究所的大力支持下，随州市文化体育局、市文物局、市博物馆领导非常重视资料整理工作，决定将 M2 单列出来整理出版，以迎接随州市博物馆建馆三十周年及新馆开馆。在整理编写过程中，各级领导及时协调和解决整理工作中所遇到的各种困难，使本报告才得以完成。本报告的整理由随州市博物馆组织实施，黄建勋和熊燕主持编写，文物修复由省博物馆胡家喜负责，绘图由随州市曾都区考古队陈秋红负责，摄影由省博物馆郝勤建负责，各项检测及铸造工艺的研究由鄂州市博物馆董亚巍组织专家完成，编钟测音由省博物馆张翔负责，拓片由省博物馆李玲、王立新完成。

M2 所出器物种类齐全，完整器多，其用途明确。在报告的叙述中，将所有器物先按质地划分，再按用途分类描述，用途不明的则依质地归入相对应的类别中叙述。

本报告中的器物号都是沿用田野考古发掘时的出土编号。为了便于工作，不致混淆，空缺的号没有作补编。对于一号多件的器物，每件器物都给以小分号，如铜鸟形饰件，编号为 M2：166，共 36 件，小号为 M2：166-1 ~ M2：166-36。另外，对于镬鼎和牛形钮盖鼎内出土的鼎钩，则每件鼎钩都给以加圈的小分号，如牛形钮盖鼎，编号为 M2：54，其内的两件鼎钩，编号为 M2：54 ①、54 ②。

随葬器物的统计，原则上是一器作为一件，不明件数的只是根据原出土编号一个号算一件，如蚌饰。扰乱沟内所出遗物不参与器物的统计，另列表统计。

为了使 M2 所出遗物为相关科学研究提供更准确的信息，我们约请了相关科研单位或院校的专家，对此墓所出的部分器物、动物骨骼进行科学检测，对 36 件甬钟进行了测音，对部分青铜礼乐器的铸造工艺进行探析，所有检测数据、结论及探讨文章均附于报告的正文之后，以便学界作更深入的研究参考。

---

[15] 湖北省博物馆、随州市博物馆：《湖北随州擂鼓墩二号墓发掘简报》，《文物》1985 年第 1 期。

贰 墓葬形制

一 封 土

M2发现时，有无封土堆已无法确知，但此前该地因军营建设曾经被整平过。为了查明这一情况，我们到当地驻军基建资料室查阅档案，并且走访了当地年长的老农，通过调查了解得知，此墓所在地，在1965年部队驻扎以前，其自然风貌还保存完好。1977年该部为了新建炮修车间，将东团坡之小山岗推掉13米，从而发现了著名的曾侯乙墓。1979年该部为扩建营房，又将西团坡之小山岗推掉了大约5～6米，夷为平地后，兴建了电镀车间。1981年为了给电镀车间通电，在栽电线杆时，发现了M2。这个山岗被当地人称为西团坡，众所周知，坡乃倾斜之地，既然称为某某坡，证明此地原来是有土丘的。因此，我们推测二号墓原来是有封土堆的。

二 墓 坑

M2墓坑位于曾侯乙墓以西102米处。为岩坑竖穴木椁墓，无墓道，方向为正东西向（图版七，1）。

墓坑选择在西团坡山岗上，凿岩为穴，建造在白垩系上统胡岗组砂岩上。发现时墓坑已被推掉大半，残存墓口近正方形，南北长7.3、东西宽6.9米。墓圹不很规则，但墓壁较光滑，墓底平整，近正方形，长6.3、宽6米，残深1.4米。墓内是用原凿岩为坑的土回填的，没有经过夯实，所以在填土中还保留有较大的红砂岩土块。墓的底层有0.2米厚的青膏泥，无腰坑。在底部南北两端平面以下有宽0.3、深0.2米的沟槽，均呈东西向，槽内各留有一根枕木腐烂痕迹（图三）。

另外，在发掘过程中，清理主棺南部填土时，发现一长方形扰乱沟，长约3、宽约1.5米，在其范围内清理出料珠、陶豆盘、玉羊、玉兔、玉塞、绿松石穿孔珠和石璧等，应为主棺内翻起之物，推测早年此墓曾被盗所致。

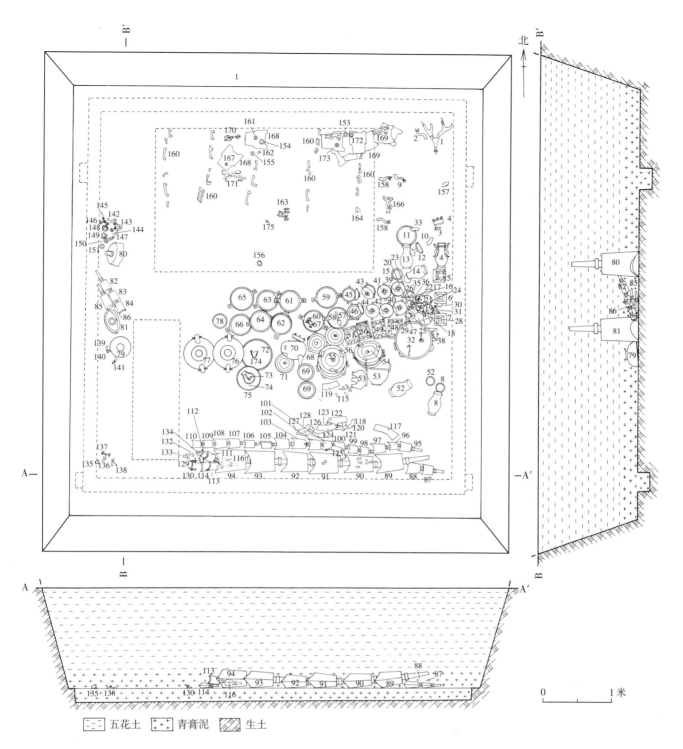

图三 M2平、剖面图

1.鹿角 2、9、158.铜车盖立叉（158为2件） 3.铜斗 4、5.A型铜壶 6、7.A型铜尊缶 8、52.B型铜壶 10、33.玉璜 11.铜釜 12、15.B型铜豆 13、14.B型铜尊缶 16、19、20、21、25、28.Bb型铜鬲 23、26、29.Ba型铜鬲 17、18、22、24、47.陶豆 30.铜器盖 31.铜漏斗 32.铜镬鼎 35、36.B型铜匕 38.A型铜豆 39～42、44、46.B型铜簋 43、45.A型铜簋 48、50、51.B型铜簠 49.A型铜簠 53.铜甗 54、55.A型铜牛形钮盖鼎 56、71.C型铜牛形钮盖鼎 57.A型铜匕 58、59、62、63、65、66.C型铜升鼎 60、61.B型铜升鼎 64.A型铜升鼎 67.铜鼎钩 68、69.B型铜牛形钮盖鼎 70.铜小口提链鼎 72.铜炭盆 73.铜钩形器 74.铜匜 75.铜盘 76.B型铜盥缶 77.A型铜盥缶 78.A型铜鬲 79.铜建鼓座 80、81、93、94.Aa型铜甬钟 82、85、86、88、95、97、103、104、106、111、114、116.Ba型铜甬钟 83、84、87、96、98～102、105、107～110、112、113.Bb型铜甬钟 89～92.Ab型铜甬钟 115.铜甬钟挂钩（22件） 117～128.石磬 129、137、140、144、146.铜衔（144为2件） 130～132、138、141、145、147.角镳 133、143.铜节约（133为6件，143为10件） 134、136、139、142.铜马络饰（134为37件，136、139分别为15件，142为35件） 135、148、151.B型铜车軎 149、150.A型铜车軎 153～155、161、162、167、172、173.玛瑙环 156.石璧 157.环形串饰（料器） 160.铅锡棺构件 163.铜壁插（11件） 164.石圭 166.铜鸟形饰件（36件） 168、169.铜板形饰件（168为10件，169为8件） 170.铅锡鱼形饰件 171.蚌饰 174.铜箕 175.紫色水晶珠

图例 □ 五花土 + 青膏泥 ▨ 生土

三　葬　具

1. 木椁

此墓发现时木椁已腐烂，仅见残痕，其结构难以辨认，木椁痕沿四壁呈方形，椁室内未分箱，椁室痕迹南北长 5.74、东西宽 5.47 米。椁痕宽约 0.22 米。随葬器物上残留有一层黑色木椁盖板灰痕，应为墓椁顶盖板倒塌所致。墓底留有一层南北向的木椁底板朽痕，在木椁底板之下，有并排放置呈东西向的两根枕木痕迹，长 5.87、宽 0.22 米，二者间距为 4.22 米。

2. 主棺

墓主人棺椁在椁室北部居中位置，出土时已腐朽，仅存痕迹，其形制不清。从残留痕迹观察，约呈长方形，为东西向，东西长约 3.2、南北宽约 2 米。其范围较大，推测应为内外两层的套棺。出土时，在棺痕范围内散落有较多的铅锡棺构件，其形状有方框形和半方框形两种。主棺棺痕范围内残存人骨痕迹，附近有玉器和白色穿孔蚌饰。棺痕四周散落有青铜鸟形、板形饰件及铅锡合金鱼形等棺饰件。

3. 陪葬棺

椁室西南角有一具小棺，出土时已腐烂，其结构不清，从遗留的棺木腐烂痕迹来看，呈南北向，残长约 2、宽约 0.7 米。周围散落有铅锡棺构件，在棺痕范围内无其他任何遗物，推测应为一具陪葬棺。

四　葬　式

墓主及陪葬者的人骨架出土时均已腐烂，仅残存朽痕，已无法辨识其葬式。墓主人头向东，人骨腐烂痕迹附近散落有玉器和白色蚌饰，陪葬者头向北，周围没有随葬器物。

叁　随葬遗物

　　M2的随葬遗物十分丰富，保存相对完整的共计449件。按其质地可分为青铜器、玉石器、陶器、角器、料器、蚌器和铅锡器。其中青铜器328件，占出土遗物总量的73.1%；玉石器24件，占5.1%；陶器5件，占1.3%；角器8件，占1.8%；料器4件（串），占0.9%；蚌器破碎严重，无法复原，将其定为1件；铅锡器79件，占17.6%。根据遗物的用途可分为礼器、乐器、生活用器、车马器、饰件和丧葬用器（附表一）。

　　该墓椁室内未见分箱，随葬遗物主要分布在椁室的中、东、南部和西部，北部放置主棺（见图三；图版七）。遗物基本上保持了下葬时的位置，现按出土情况分述如下：

　　椁室中、东部：主要放置青铜礼器和生活用器等。礼器不仅种类齐全，而且数量多。成组的礼器由东向西呈一条直线排列，或并列成两排。例如：9件升鼎和8件簠排成两排，呈东西向并列摆放在椁室正中，升鼎之南有6件牛形钮盖鼎，也成两排与之并列，簠之南有4件簋，呈一字形与之并列，又与牛形钮盖鼎同列。成双成对的青铜器礼器都放置在椁室的东部，例如，方尊缶2件，圆尊缶2件，方壶2件，圆壶2件，唯有一对盥缶置于中南部偏西，与M2：66升鼎为邻。镬鼎在4件簋之东。总之，青铜礼器放置位置相对集中，成组成排，而且井然有序（图版八；图版九，1）。

　　椁室南部：主要放置乐器和部分车马器（图版九，2）。其中29件甬钟靠南壁成纵列式分两排平卧放置，其甬把朝东，于部朝西，后一件甬钟把插入前一钟腔内，一件件套合在一起。紧靠南壁的一排是6件大甬钟和7件小甬钟，其中排在末端的是M2：94大甬钟，其腹腔内套有5件小甬钟（图版一○，1、2）。次排均为小甬钟，一件套一件共16件，基本保持下葬时的陈放位置。同出土的还有小甬钟挂钩22件，散放在椁室南部、部分甬钟或磬上及其周围。石磬出自椁室南部偏东，与南壁次排小甬钟为邻，两排石磬多数摆放有序，少数相互叠压。车马器集中放在椁室西南角和南壁两排甬钟尾部，成堆摆放。

　　椁室西部：主要摆放乐器和部分车马器。有7件甬钟摆放在椁室西壁，其中有两件大甬钟呈立式摆放，甬部朝上，5件小甬钟，有3件甬部朝西北，一件套一件平放在两件大甬钟之间，在其西侧叠压2件小甬钟，甬部也向西北。这7件甬钟与椁室南部的29件甬钟形成曲尺形摆放。在两大组甬钟之间，放置一陪葬棺，呈南北向。建鼓座放在M2：81大甬钟南侧。车马器散放在M2：

80大甬钟北侧（图版一〇，3）。

椁室北部：放置主棺，呈东西向，主要随葬丧葬用器和饰件（图版一一）。

一　青铜器

此墓共出青铜器328件。其中青铜礼器66件，青铜乐器37件，青铜乐器附件22件，青铜生活用器5件，青铜车马器144件，青铜饰件54件（附表二）。

（一）礼　器

共计66件，占青铜器总量的20.1%。出土时都集中放置在椁室的中、东部，成组成套，摆放有序。器形有鼎、簋、簠、鬲、甗、尊缶、盥缶、壶、釜、豆、盘、匜、匕、斗共十四种。

1. 鼎

17件。分为镬鼎、牛形钮盖鼎、升鼎、小口提链鼎四种（表一）。另附有鼎钩6件。

镬鼎　1件。

标本M2：32，出于椁室中东部，与M2：48铜簠为邻。口微敛，宽平折沿，厚方唇，两长方形附耳外撇，上腹壁略外弧，下腹壁内弧，圜底较平。腹下部外侧接有三个兽面蹄形足，蹄形足

表一　铜鼎主要数据表

（长度单位：厘米）

器名	器号	型式	口径	腹径	足高	通高	重量（千克）	数量
镬鼎	M2：32		50.0～53.2	54.0	27.6	51.6	24.8	1
牛形钮盖鼎	M2：54	A型	38.4～39.2	43.7	21.7	37.6	14.1	1
牛形钮盖鼎	M2：55	A型	38.2	42.6	21.0	39.0	13.9	1
牛形钮盖鼎	M2：68	B型	26.5～27.0	31.2	16.6	28.2	7.2	1
牛形钮盖鼎	M2：69	B型	26.6	30.2	16.3	29.3	8.0	1
牛形钮盖鼎	M2：56	C型	22.8	27.3	12.6	22.5	3.5	1
牛形钮盖鼎	M2：71	C型	22.0	24.8	12.5	23.4	3.8	1
升鼎	M2：64	A型	29.8	28.6	13.5	26.1	7.6	1
升鼎	M2：60	B型	34.3～35.8	35.0	13.0	28.8	7.3	1
升鼎	M2：61	B型	34.6～35.6	34.0	11.8	28.9	7.3	1
升鼎	M2：58	C型	35.2	32.2	11.8	26.8	9.0	1
升鼎	M2：59	C型	35.1	32.2	12.2	28.2	8.0	1
升鼎	M2：62	C型	34.8	31.2	12.3	28.5	8.4	1
升鼎	M2：63	C型	34.5	31.5	12.7	29.9	8.4	1
升鼎	M2：65	C型	34.4	31.4	12.5	28.1	6.2	1
升鼎	M2：66	C型	34.8	32.5	12.0	28.5	8.5	1
小口提链鼎	M2：70		22.8	40.2	19.7	55.0	15.5	1
合计								17

较高外撇，内侧面较平，外侧面呈弧形，横截面近似圆形。附耳内、外壁均有纹饰，由于锈蚀，纹饰漫漶不清，但仍依稀可辨为变形龙纹，龙头两两相依，龙尾用细线卷成几何纹内填小圆点。耳下有两周凸棱，上一周凸棱似口沿的尖唇，下一周为圆形，凸棱上用细线阴刻成连续的两道绹索纹，两两相靠，中间填上小圆点。上腹壁和下腹壁各饰一周蟠龙纹。蹄形足上的兽面立角内勾，两眼圆鼓，中以一道扉棱代表兽鼻和嘴部，兽面满布卷云纹。该器出土时内置两件鼎钩，并盛有鹿骨（附表三）。此器铸形为三外范结合一圆形底范，外范范缝位于三足之间，下腹壁可见清晰的纵向三条范缝，器底可见清晰的一圆形范缝线。耳、三足先铸，后与器身焊接，其焊料为铜铅锡。耳的范缝在耳两侧的棱角处，经加工后范痕不明显，耳两侧的平面有长方形泥芯撑痕迹，耳内可见范芯。三足单独倒立浇铸，足的范缝痕迹在正、反两面中心，三足底面有浇冒口痕迹，冒口长均为4厘米。足内存有范芯泥，三足近底处各有两个长方形芯撑孔。器身、器底及蹄足上不见烟炱痕迹。口部已变形，口径为50.0～53.2、腹径54.0、足高27.6、通高51.6厘米，重24.8千克（图四、五；彩版二）。

镬鼎内置的2件鼎钩（编号为M2:32①、32②），形制、大小完全相同。由提环和弯钩两部分组成。提环为椭圆形，其横截面为扁圆形。提环和弯钩连接处为小圆柱且内凹，弯钩上端为小圆环套入小圆柱上，形成既可以自由旋转，又不向两边滑动的活环。弯钩横截面为扁圆体，钩下端呈兽头状，其吻部长而上卷。通体素面。保存完好。铸形为双合范铸成，范缝线在钩体中心。通长17.5、提环长8.9、宽6.1、厚0.8厘米，重0.3千克（图版一二，1）。

牛形钮盖鼎　6件。编号为M2:54、55、56、68、69、71（彩版三）。均出自椁室中部偏东的位置，成两排摆放，与升鼎并列，与4件簠同列。形制、纹样相同，大小依次递减。根据器形的大小分为三型。

A型　2件。大型牛形钮盖鼎。编号为M2:54、55。有盖，口沿内折，唇上伸，形成子口以承盖。

标本M2:55，弧盖，盖面为圆弧形，盖顶略隆起，其中心有一兽面半环形钮，钮内套一扁圆体圆形活环。盖面有三个立式牛形钮。盖口较平且内敛。器身子口内敛，内折沿处有一周平台承盖。两长方形附耳略外撇，弧壁，扁圆腹，平底。腹下部外侧接有三个兽面高蹄形足，较直，横截面为半圆形。盖面有三道圆形凸棱，第一道凸棱素面，第二、三凸棱上饰有连续的勾连云纹。盖面中心与第一道圆形凸棱之间由内向外分别饰蟠龙纹、绹索纹和云雷纹各一周；第一道凸棱与第二道凸棱之间饰一周变形蟠螭纹；第二道凸棱与第三道凸棱之间以及盖缘一周均饰蟠龙纹，第二道凸棱与第三道凸棱之间的蟠龙纹以牛形钮为界，分三组，每组为六个单元纹样，一周共十八个单元，而盖缘一周有二十五个单元，且单元纹饰范线明显。龙纹的龙头填以小圆点，龙尾填三角云纹，龙头是两两相靠。第三道凸棱内侧均匀地分布着三个立式牛形钮。三牛皆为圆雕，足上饰卷云纹，神态逼真生动。子口以下有一周圆形凸棱，棱上饰有连续的勾连云纹，附耳内、外壁均饰蟠螭纹，耳下有一周圆形凸棱，棱上饰有连续的勾连云纹，器身在两凸棱之间的上腹壁和下腹壁各饰一周蟠龙纹，蹄形足兽面满饰卷云纹。该器出土时盛有鹿骨（附表三）。此器铸形为三外范结合一圆形底范，外范范缝位于三足之间，腹壁清晰可见三条铸范痕迹，并与腹底圆形范缝连接。盖上的牛形钮是采用分型嵌范工艺铸成，双耳和三足均为分铸后与器身焊接的。双耳是通过榫卯结构与器身焊接，耳根与器身接合处有焊接的痕迹。耳内侧有不规则形状的芯撑孔四个，可

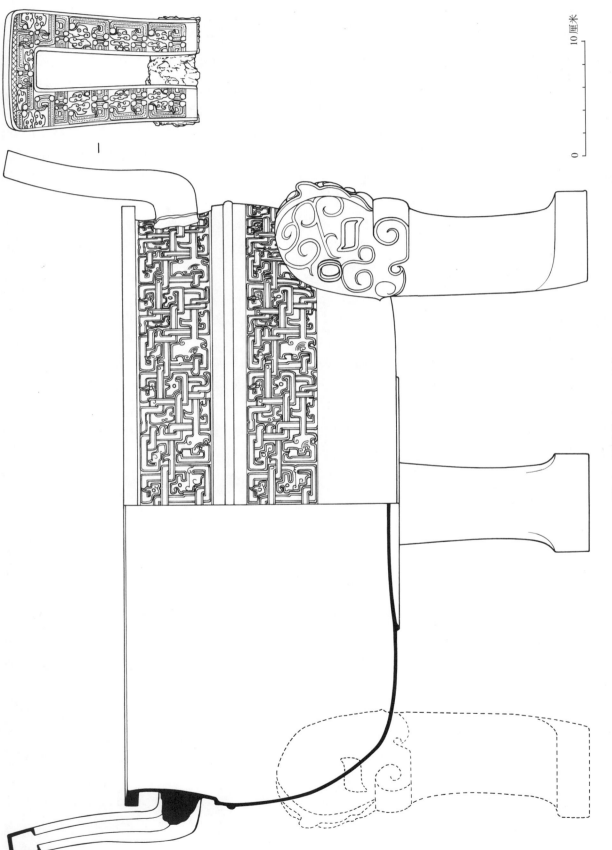

图四　铜镬鼎（M2：32）

10厘米

0

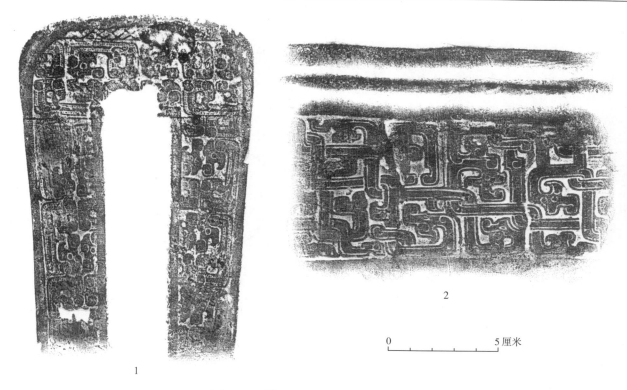

图五　铜镬鼎（M2：32）纹饰拓片
1.耳外侧　2.腹部

见范芯。足根部与器身接合处可见焊接的痕迹，三蹄足正面中心可见有范缝痕迹，足内存有范芯泥。口径38.2、腹径42.6、足高21.0、通高39.0厘米，重13.9千克（图六、七；彩版四，1）。

标本M2：54，形制、纹饰、大小与M2：55相同，器表层锈蚀较重，纹饰大多模糊不清。出土时内置两件鼎钩，并盛有鹿骨（附表三）。口部已变形，口径为38.4～39.2、腹径43.7、足高21.7、通高37.6厘米，重14.1千克（彩版五）。

M2：54牛形钮盖鼎内置的2件鼎钩（编号为M2：54①、54②），形制、大小完全相同，由提环和弯钩两部分组成。提环为椭圆形，其横截面为扁圆形。提环和弯钩连接处为小圆柱且内凹，弯钩上端为小圆环套入小圆柱上，形成既可以自由旋转，又不向两边滑动的活环。弯钩横截面为扁圆体，钩下端呈兽头状，其吻部长而上卷。通体素面。保存完好。铸形为双合范铸成，范缝线在钩体中心。通长17.8、提环长6.1、宽8.9、厚2.5厘米，重0.3千克（图八；图版一二，2）。

B型　2件。编号为M2：68、69，整体比A型小。口沿内折，唇上伸，形成子口以承盖。

标本M2：68，弧盖，盖面为圆弧形，盖顶略隆起，其中心有一兽面半环形钮，钮内套一扁体圆形活环，盖面上有三个卧式牛形钮。盖口较平且内敛。器身子口内敛，内折沿处有一周平台承盖。两长方形附耳外撇，弧壁，圆腹较浅，圜底。腹下部外侧接有三个兽面高蹄形足，较直，横截面为半圆形。盖面有二道圆形凸棱，棱上饰有连续的勾连云纹，盖面分饰四周纹带，从盖钮中心向外至盖缘分别饰三角云纹一周、交龙纹一周和两周蟠虺纹。交龙纹一周分为六组，每一组为一个单元纹样，其单元纹饰范线明显，交龙纹内填三角云纹和联珠纹。两周蟠虺纹是每个卧牛与盖面重叠处为半个单元纹样，按牛的形状把纹饰范切开，另三个单元纹样依盖的弧形而分布。盖

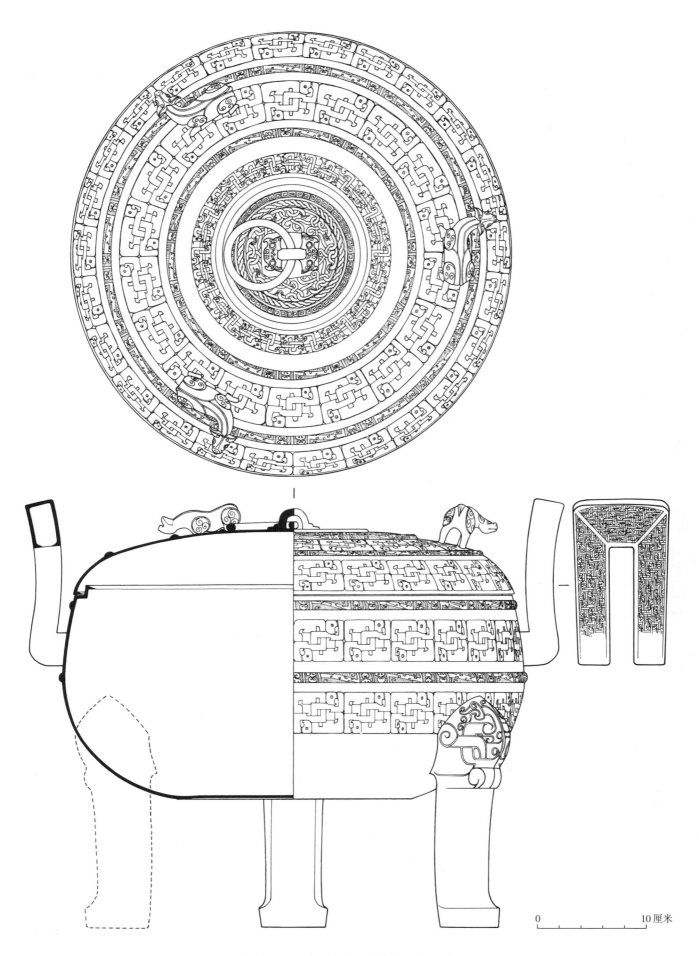

图六　A 型铜牛形钮盖鼎（M2∶55）

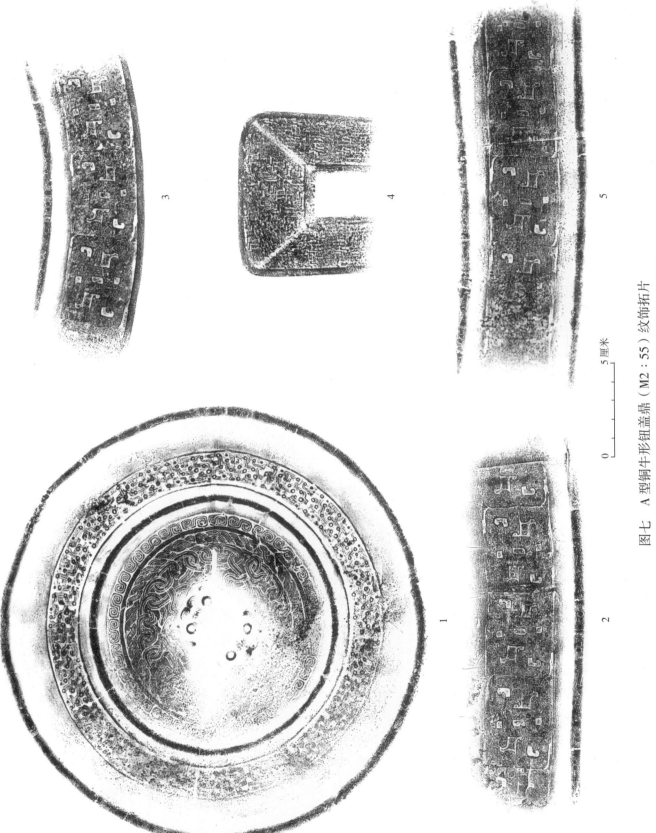

图七　A型铜牛形钮盖鼎（M2：55）纹饰拓片

1. 盖面内重　2. 下腹部　3. 盖面外重　4. 耳内侧　5. 上腹部

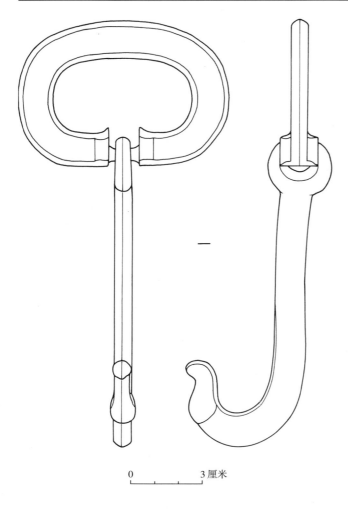

0 ————— 3厘米

图八　A 型铜牛形钮盖鼎（M2：54）内置的铜鼎钩
（M2：54①）

面外圈凸棱上均匀地分布着三个卧式牛形钮，牛身满饰卷云纹。两附耳内外壁均饰蟠虺纹。口部承盖的平台凸出器壁形成一周圆形凸棱，双耳下有一周圆形凸棱，两凸棱上均饰连续的勾连云纹，器身素面无纹。蹄足兽面杏眼微鼓，中间有一道间隔式的扉棱代表兽鼻和嘴部，满饰卷云纹，兽面使用了浮雕技法。此器铸形为三外范结合一圆形底范，外范范缝位于三足之间，器壁清晰可见有三条纵向范缝痕迹，并与腹底圆形范缝连接。器壁多处可见有垫片，其形状各异，大小接近，一般都在长 0.5～1、宽 0.4～0.6 厘米之间。在器底中心有一浇冒口，冒口长 3.8、宽 0.4 厘米。盖上的牛形钮是采用分型嵌范工艺铸成，双耳和三足均为分铸后与器身焊接的。其中一耳内侧根部、足根部与器身接合处都见有焊接的痕迹。三蹄足两侧面有范缝痕迹，三足底面有浇冒口痕迹，冒口长均为 4 厘米。凸棱以下的器身、蹄足、器底皆附有烟炱。口部已变形，口径为 26.5～27.0、腹径 31.2、足高 16.6、通高 28.2 厘米，重 7.2 千克（彩版六）。

标本 M2：69，弧盖，盖为圆弧形，盖顶略隆起，其中心有一兽面半环形钮，钮内套一扁体圆形活环。盖面上有三个卧式牛形钮，盖口较平且内敛，器身子口内敛，内折沿处有平台承盖。两长方形附耳外撇，弧壁，扁圆腹，平底。腹下部外侧接有三个兽面高蹄形足，较直，横截面为半圆形。盖面有二道圆形凸棱，棱上饰有连续的勾连云纹。盖面分饰四周纹带，从盖钮中心向外至盖缘分别饰三角云纹一周、交龙纹一周和两周蟠虺纹，三角云纹一周为六组；交龙纹一周分为六组，每一组为一个单元纹样，单元纹饰范线明显。交龙纹内填三角云纹和联珠纹，两周蟠虺纹内填小圆点。四周纹饰均细腻，繁缛。盖面外圈凸棱上均匀分布着三个卧式牛形钮，牛身饰卷云纹。附耳内外壁均饰蟠虺纹。口部承盖的平台凸出器壁形成一周圆形凸棱，双耳下有一周圆形凸棱，两道凸棱上饰连续的勾连云纹。上腹壁和下腹壁各饰一周细密的蟠虺纹。蹄足兽面杏眼微鼓，中间以一道间隔式扉棱代表兽鼻和嘴部，满饰卷云纹，兽面使用了浮雕技法。此器铸形为三外范结合一圆形底范，外范范缝位于三足之间，器壁清晰可见有三条纵向范缝痕迹，并与腹底圆形范缝连接。器底中心可见一浇冒口痕迹，口长 4.6、宽 0.3 厘米。器腹壁多处有垫片物块，其形状各异，大小接近，长 0.4～0.6、宽 0.3～0.5 厘米。盖上的牛形钮是采用分型嵌范工艺铸成，双耳和三足均为分铸后与器身焊接的。足根部与器身接合处可见焊接的痕迹。三蹄足两侧面有范缝痕迹，三足底面有浇冒口痕迹，冒口长均为4.6厘米。器身不见有烟炱。口径26.6、腹径30.2、足高16.3、通高29.3厘米，重8.0千克（图九、一〇；彩版四，2）。

C型　2件。小型牛形钮盖鼎。编号为M2：56、71，整体比B型小。口沿内折，唇上伸，形成子口以承盖。

标本M2：56，弧盖，盖为圆弧形，盖顶略隆起，其中心有一兽面半环形钮，钮内套一扁体圆形活环，盖面上有三个立式牛形钮，盖口较平且内敛。器身呈子口内敛，内折沿处有一平台承盖。两长方形附耳外撇，弧壁，圆腹较浅，平底。腹下部外侧接有三个兽面高蹄形足，较直，横截面为椭圆形。盖面饰有六道细弦纹、二道圆形凸棱和四周纹带。凸棱素面，四周纹带从盖钮中心向外至盖缘分别饰一周鸟首龙纹和三周细密的蟠虺纹。鸟首龙纹一周为八个，每两个为一组，鸟首两两相靠，四周填上小圆点；蟠虺纹的龙头两两相靠，整个盖面纹饰显得细腻，繁缛。盖面外圈凸棱上均匀地分布着三个立式牛形钮，牛的足根部饰卷云纹。盖面有三十多处呈不规则的小孔，是垫片脱落所致。双附耳内外壁均有纹饰，纹饰较为模糊，依稀可辨为很细的蟠虺纹。器口外沿和外腹中部分别有一周圆形凸棱，棱上无纹。器身在上腹壁和下腹壁各饰一周蟠虺纹，三蹄足根部饰龙纹。器壁多处嵌有垫片，垫片形状各异，大小接近，且大多已脱落，呈穿孔。此器铸形为三外范结合一圆形底范，外范范缝位于三足之间，器壁清晰可见有三条纵向范缝痕迹，并与腹底圆形范缝连接。盖上的牛形钮是采用分型嵌范工艺铸成，双耳和三足均为分铸后与器身焊接的。双耳根部、足根部与器身接合处均见焊接的痕迹。三蹄足正面中心也见有清晰的范缝痕迹。不同于A型、B型的是范缝痕迹在足正、反两面中心，不在三蹄足侧面。三足底面有浇冒口痕迹，冒口长均为2.5厘米。器身虽锈蚀，但仍能辨认附有烟炱。口径22.8、腹径27.3、足高12.6、通高22.5厘米，重3.5千克（彩版七）。

标本M2：71，器表附有一层黄色锈。弧盖，盖面为圆弧形，盖顶略隆起，其中心有一兽面半环形钮，钮内套一扁体圆形活环。盖面上有三个立式牛形钮。盖口较平且内敛。器身呈子口内敛，内折沿处有一周平台承盖。两长方形附耳外撇，弧壁，圆腹较浅，平底。腹下部外侧有三个兽面高蹄形足。较直，横截面为椭圆形。盖钮钮面饰联珠纹，圆环上饰连续勾连云纹。盖面饰有五道细弦纹、二道圆形凸棱和四周纹带。凸棱素面无纹，四周纹带从盖钮中心向外至盖缘分别饰一周鸟首龙纹和三周细密的蟠虺纹。鸟首龙纹一周为八个，每两个为一组，鸟首两两相靠，四周填上小圆点；蟠虺纹的龙头两两相靠，整个盖面纹饰显得细腻，繁缛。盖面外圈凸棱上均匀地分布着三个立式牛形钮，牛的足根部饰卷云纹。双附耳正、反面均饰蟠虺纹。器口外沿和外腹中部分别有一周圆形凸棱，棱上素面。器身在上腹壁和下腹壁分别饰一周蟠虺纹。足根部饰龙纹。此器铸形为三外范结合一圆形底范，外范范缝位于三足之间，器壁清晰可见有三条纵向范缝痕迹，并与腹底圆形范缝连接。盖上的牛形钮是采用分型嵌范工艺铸成，双耳和三足均为分铸后与器身焊接的，足根部与器身接合处可见焊接的痕迹。三蹄足正面有清晰的范缝痕迹。三足底面有浇冒口痕迹，冒口长均为2厘米。器身表层虽锈蚀，但仍能辨认有烟炱。口径22.0、腹径24.8、足高12.5、通高23.4厘米，重3.8千克（图一一、一二；彩版八，1；彩版九，1）。

升鼎　9件。编号分别为M2：58～M2：66（彩版八，2），9件升鼎皆出土于椁室中部，出土时并列两排摆放有序。9件形制相近，大小不一。呈立耳、束腰、平底，底部接三足。其中M2：59、60、61器形制作较规整，另外6件制作较粗糙，器身变形。依据器腹的变化、纹饰的不同，

一

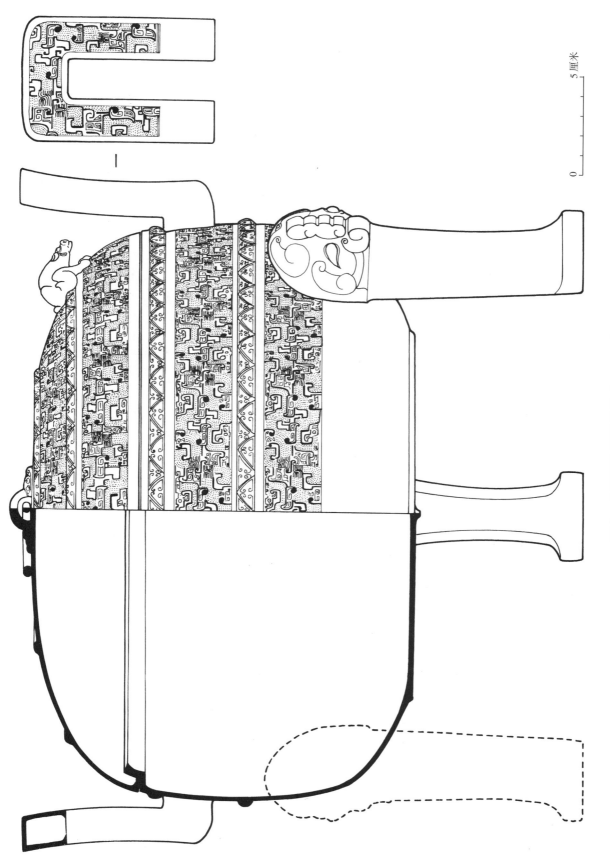

0 ____ 5 厘米

图九　B 型铜牛形钮盖鼎（M2：69）

1

2　　　　3　　　　4

5

0　　　　　　5厘米

图一〇　B型铜牛形钮盖鼎（M2：69）纹饰拓片
1. 盖面　2. 下腹部　3. 耳内侧　4. 耳外侧　5. 上腹部

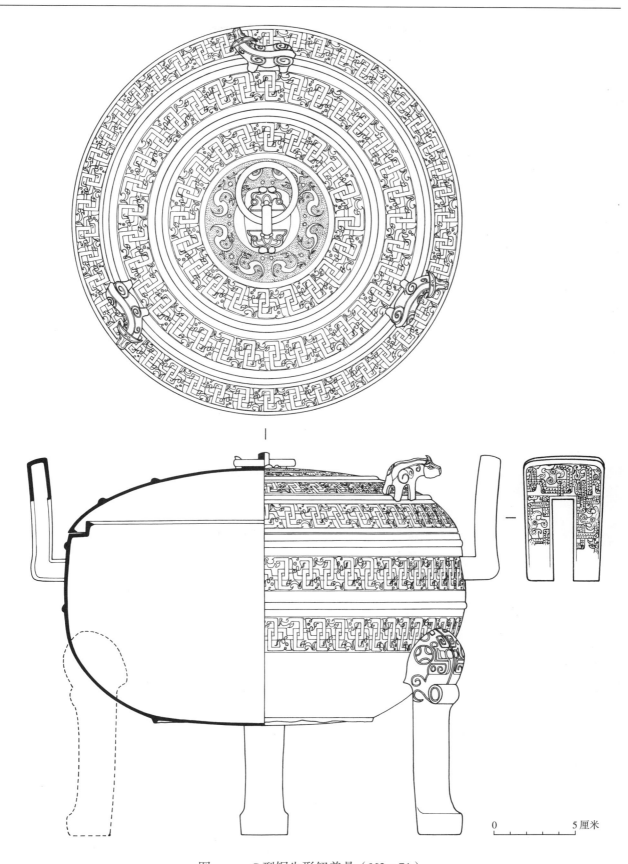

图一一　C 型铜牛形钮盖鼎（M2：71）

0   5 厘米

1

2

图一二　C 型铜牛形钮盖鼎（M2：71）纹饰拓片
1. 盖面　2. 腹部

分为三型。

A 型　　1件。

标本 M2：64，是9件升鼎中最小的1件。敞口，厚方唇，平折沿。无颈。两长方形立耳外撇，弧度较大。器身中部内收呈束腰，腹内壁有折棱一周，腹部较浅，平底。器底接有三个兽面蹄形足，三足内收弧度较大，显得器体上重下轻。蹄形足内外均呈圆弧形，横截面为椭圆形。双耳正面及器身满饰细密繁缛的蟠螭纹，器身下腹壁的纹饰为六个单元纹样。纹饰的分组与范缝吻合，纹饰为单元纹饰范拚兑技术铸成。蹄形足为兽面，两眼圆鼓突出，中间以一道宽扉棱表示鼻及嘴，余部素面。此器铸形为三外范结合一圆形底范，外范范缝位于三足之间，并与腹底圆形范缝连接。器腹壁可见三纵向范缝痕迹，器底边缘有一圆形范缝痕迹，器底中心有一个未经任何加工打磨的浇冒口痕迹，口长4.5、宽0.4厘米。双耳和三足均为分铸后与器身焊接的。两耳内侧可见范芯泥，器耳与器身的接合处可见焊接的痕迹，且尚存有焊料。三足内外面中间均可见范缝痕迹，三足底面均有长方形浇冒口痕迹，其中有一足的浇冒口痕迹未经打磨，冒口长为3.0厘米。该器外壁较为粗糙，残留较多的铸造痕迹，未经修整和打磨处理。器底附有烟炱。口径29.8、腹径28.6、足高13.5、通高26.1厘米，重7.6千克（图一三；彩版一〇）。

B 型　　2件。编号为 M2：60、61，形制、大小基本相同，花纹各异。双耳外撇比其他升鼎都高，束腰无棱，腹内壁有折棱一周。

标本 M2：60，敞口，厚方唇，平折沿。无颈。两长方形立耳外撇，弧度较大。器身中部内收呈束腰，腰下腹部有一周圆形凸棱，腹内壁有折棱一周，腹部较浅。平底，器底接有三个兽面蹄形足。蹄足内面近平，外面呈圆弧形，横截面为半圆形。器身两耳内壁、上腹壁、下腹壁以及凸棱上均满饰细密繁缛的蟠螭纹。蹄足上部为兽面，下部略外撇，二杏眼微鼓，足根部正面中间以一道扁勾状扉棱表示鼻和嘴，余部素面。该器出土时内置两件鼎钩和部分鹿骨（附表三）。此器铸形为三外范结合一圆形底范，外范范缝位于三足之间，腹壁可见清晰的三条范缝痕迹，并与腹底圆形范缝连接。双耳和三足均为分铸后与器身焊接的。其中一耳外壁可见两个长方形芯撑孔，可见芯料。双耳外壁有多处残破。三足内外两面中心均可见范缝痕迹。三蹄足内面有长方形芯撑孔，可见芯料，三足底面均有长方形浇冒口痕迹，冒口长均为3厘米。该器底外附有烟炱，器物制作比较规整。口部已变形，口径为34.3～35.8、腹径35.0、足高13.0、通高28.8厘米，重7.3千克（图一四；彩版一一）。

M2：60升鼎内置的2件鼎钩，出土时编号为 M2：67。形制、大小完全相同，由提环和弯钩两部分组成。提环为椭圆形，其横截面为扁圆形。提环和弯钩连接处为小圆柱且内凹，弯钩上端为小圆环套入小圆柱上，形成既可以自由旋转又不向两边滑动的活环。弯钩横截面为扁圆体，钩下端呈兽头状，其吻部长而上卷。通体素面。保存完好。铸形为双合范铸成，范缝线在钩体中心。标本 M2：67，通长17.5、提环长8.9、宽6.2、厚0.8厘米，重0.3千克（彩版一一，3）。

标本 M2：61，器表附黄色泥姜锈。敞口，厚方唇，平折沿。无颈。两长方形立耳外撇，弧度较大。器身中部内收呈束腰，腰下部有一周圆形凸棱，腹内壁有折棱一周。腹部较浅，平底。器底接有三个兽面蹄形足。三蹄形足内面近平，外面呈圆弧形，横截面为半圆形。有一器耳正面饰蟠螭纹，背面为素面，另一器耳通体素面。上下腹部各饰一周勾连云纹，其中一组的纹饰范线与腹壁的范缝线重合。凸棱上满饰细密繁缛的卷云纹。蹄形足上部为兽面，兽面中间有一道纵向窄

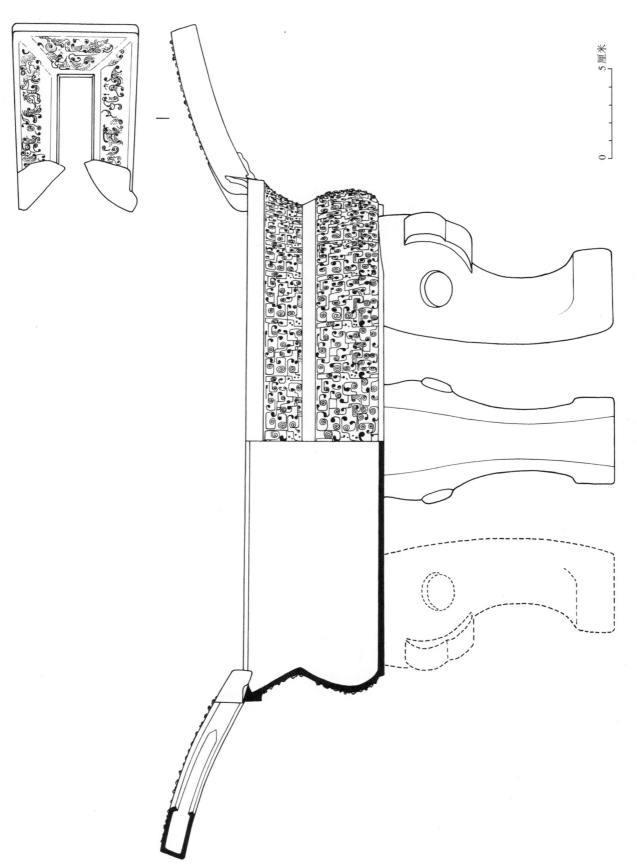

图一三 A型铜升鼎（M2：64）

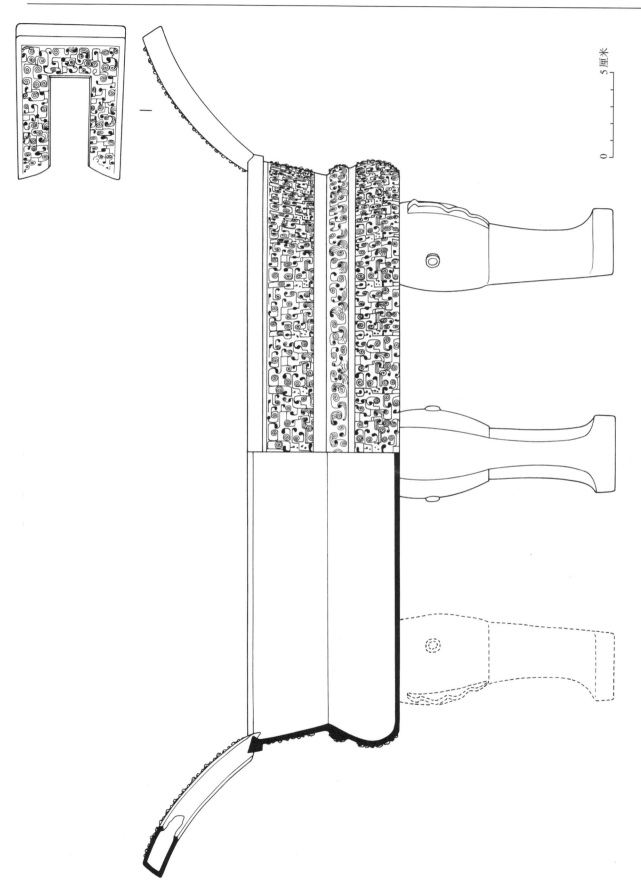

图一四 B 型铜升鼎（M2：60）

扁勾状扉棱。此器铸形为三外范结合一圆形底范，外范范缝位于三足之间，腹壁可见清晰的三条范缝痕迹，并与腹底圆形范缝连接。双耳和三足均为分铸后与器身焊接的。双耳正面都有三个长方形芯撑孔，其内侧均可见芯料。双耳与器身的接合处可见焊接的痕迹，且尚存有较多的焊料。器底近中心处有补铸痕迹。三足内外面中心均可见范缝痕迹，三足底面均可见浇冒口痕迹。冒口长均为 3 厘米。其中一足根部有焊接痕迹，尚存有焊料，一足底残破，可见芯料。该器制作较规范，纹饰细密繁缛，但器表锈蚀较重，绝大部分纹饰已模糊不清。口部已变形，口径为 34.6 ~ 35.6、腹径 34.0、足高 11.8、通高 28.9 厘米，重 7.3 千克（图一五、一六；彩版一二，1）。

C 型　6 件。编号为 M2：58、59、62、63、65、66，双耳外撇比 B 型略高，束腰处有一周凸棱，折直腹内收，腹内壁圆而无折。

标本 M2：58，器表附有蓝色、浅绿色、褐色锈斑。敞口，厚方唇，平折沿。无颈。两长方形立耳外撇，弧度大于 45°。器身中部内收呈束腰，束腰正中有一周圆形凸棱，折直腹较浅，平底。器底接有三个蹄形足，足根部有 1/3 露出器底。蹄形足内面较平，外面呈圆弧形，横截面为半圆形。器耳正面和器身上、下腹壁满饰细密繁缛的蟠螭纹，凸棱上无纹饰。蹄形足素面，足根正面

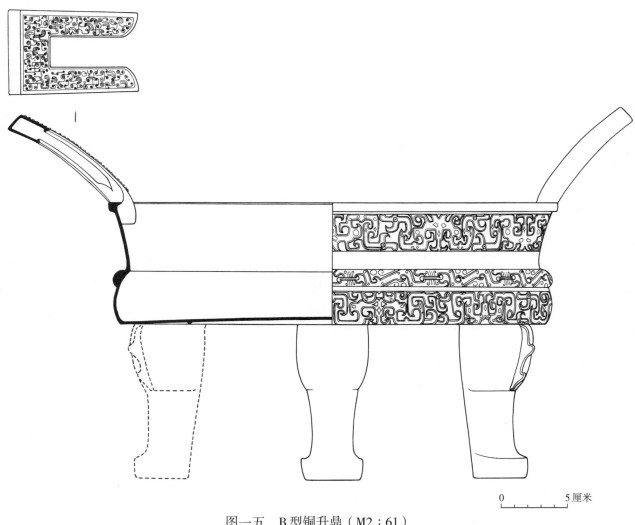

0　　　　　5厘米

图一五　B 型铜升鼎（M2：61）

中间有一道窄扉棱。此器铸形为三外
范结合一圆形底范，外范范缝位于三
足之间，腹壁可见清晰的三条范缝痕
迹，并与腹底圆形范缝连接。器底边缘
有一圆形范缝痕迹。双耳和三足均为
分铸后与器身焊接的。两耳内侧可见
范芯，双耳与器身的接合处可见焊接
的痕迹，且尚存有铅焊料。三足内外两
面中心均可见范缝痕迹。三足底面均
有长方形浇冒口痕迹，冒口长均为2.5
厘米。蹄形足上可见多个长方形芯撑
孔。该器外形较为粗糙，残留较多的铸
造痕迹，未经修整和打磨，器物口沿及
上腹壁变形，三足与器身接合处尚残
留有焊接的铅焊料。器表多处锈蚀，大
多数纹饰已模糊不清。该器出土时内

图一六　B 型铜升鼎（M2：61）腹部纹饰拓片

置匕一件（编号为 M2：57，图版一二，4）。口径 35.2、腹径 32.2、足高 11.8、通高 26.8 厘米，重
9.0 千克（图版一二，3）。

标本 M2：59，器表局部附有黄色泥姜锈。敞口，厚方唇，平折沿。无颈。两长方形立耳外
撇，弧度约成 45°。器身中部内收呈束腰，束腰正中有一周圆形凸棱，折直腹，腹内壁圆而无折，
浅腹。平底。器底接有三个兽面蹄形足，足根顶面有 1/3 露出器底。蹄形足内面较平，外面呈圆
弧形，横截面为半圆形。器耳正面及器身上、下腹壁饰满细密繁缛的蟠螭纹，蟠螭纹以单元纹饰
范拚兑技术铸成。凸棱上因锈蚀较重，纹饰已模糊不清，依稀可辨为三角云纹。蹄形足素面，足
根正面中心有一道宽扉棱。此器铸形为三外范结合一圆形底范，外范范缝位于三足之间，腹壁可
见清晰的三条范缝痕迹，并与腹底圆形范缝连接。器底边缘有一圆形范缝痕迹。双耳和三足均为
分铸后与器身焊接的。两耳内侧可见范芯泥。双耳与器身的接合处可见焊接的痕迹，且尚存有焊
料。三足内外两面均可见范缝痕迹。三足底面均有浇冒口痕迹，其中两足为圆形，另一足为长方
形，冒口长均为 2.5 厘米。该器外壁较为粗糙，残留较多的铸造痕迹，多未经修整和处理，三足

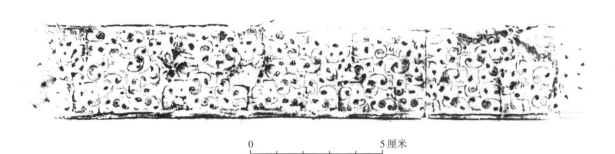

图一七　C 型铜升鼎（M2：59）腹部纹饰拓片

与器身接合处尚残留有焊接的焊料，器表多处锈蚀，使纹饰有的模糊不清。口径 35.1、腹径 32.2、足高 12.2、通高 28.2 厘米，重 8.0 千克（图一七；彩版一三）。

标本 M2：62，器表局部附有黄色泥姜锈。敞口，厚方唇，平折沿。无颈。两长方形立耳外撇，弧度约成 45°。器身中部内收呈束腰，束腰正中有一周圆形凸棱，折直腹，腹内壁圆而无折，浅腹。平底。器底接有三个蹄形足，足根顶面有 1/3 露出器底。蹄形足内侧较平，外面呈圆弧形，横截面为半圆形。器耳正面和器身上、下腹壁满饰细密繁缛的蟠螭纹，凸棱上饰细密的鸟纹和三角云纹，小鸟两两相靠做飞翔状。蹄形足素面，足根正面中间有一道窄扉棱。此器铸形为三外范结合一圆形底范，外范范缝位于三足之间，腹壁可见清晰的三条范缝痕迹，并与腹底圆形范缝连接。器底边缘有一圆形范缝痕迹。双耳和三足均为分铸后与器身焊接的。两耳内侧可见范芯泥，双耳与器身的接合处可见焊接的痕迹，且尚存有焊料。器底的三足呈不等距离分布，几乎偏向半圆内，既不美观，又不稳固，制作粗糙。三足内外两面均可见范缝痕迹，一足底面有长方形浇冒口痕迹，冒口长 2.5 厘米。一足正面和底部残破，可见芯料。该器残留较多的铸造痕迹，大多未经修整和打磨，三足与器身接合处尚残留有焊料。器表多处锈蚀，纹饰部分模糊不清。口径 34.8、腹径 31.2、足高 12.3、通高 28.5 厘米，重 8.4 千克（图一八；彩版一四）。

标本 M2：63，器表附有蓝色、浅绿色、褐色锈斑。敞口，厚方唇，平折沿。无颈。两长方形立耳外撇，弧度小于 45°。器身中部内收呈束腰，束腰正中有一周圆形凸棱，折直腹较浅，平底。器底接有三个蹄形足，足根部有 1/3 露出器底，蹄形足内面较平，外面呈圆弧形，横截面为半圆形。器耳正面和器身上、下腹壁满饰细密繁缛的蟠螭纹；凸棱上有纹饰，因表层锈蚀，纹样已模糊不清，依稀可见与 M2：62 升鼎凸棱上纹饰一样。蹄形足素面，足根正面中间有一道窄扉棱。此器铸形为三外范结合一圆形底范，外范范缝位于三足之间，腹壁可见清晰的三条范缝痕迹，并与腹底圆形范缝连接。器底边缘有一圆形范缝痕迹。双耳和三足均为分铸后与器身焊接的。两耳内侧可见芯料，双耳与器身的接合处可见焊接的痕迹，焊料尚存。三足内外面中心均可见范缝痕迹。三足底面均有长方形浇冒口痕迹，冒口长分别为 2.5、2.5、3.0 厘米。该器制作较为粗糙，残留有较多的铸造痕迹，大部分未经修整处理，器物内外壁多处锈蚀，部分纹饰已模糊不清。口径 34.5、腹径 31.5、足高 12.7、通高 29.9 厘米，重 8.4 千克（彩版一二，2）。

标本 M2：65，器物表层局部附黄色泥姜锈。敞口，厚方唇，平折沿。无颈。两长方形立耳外撇，弧度较大。器身中部内收呈束腰，腰部正中有一周圆形凸棱，折直腹内收，腹内壁圆而无折，底径小于腹径。平底，器底接有三个兽面蹄形足，蹄形足内侧较平，外面呈圆弧形，横截面为半圆形。双耳正面和器身满饰细密繁缛的蟠螭纹，凸棱上有纹饰，因锈蚀严重，已模糊不清，依稀可辨似三角云纹。蹄形足兽面，两眼圆鼓突出，中间有一道窄扉棱以表示鼻及嘴，满布蟠螭纹。此器铸形为三外范结合一圆形底范，外范范缝位于三足之间，腹壁可见清晰的三条范缝痕迹，并与腹底圆形范缝连接。器底边缘有一圆形范缝痕迹。双耳和三足均为分铸后与器身焊接的。两耳内侧可见芯料。双耳与器身的接合处可见焊接的痕迹。残留有焊料。三足内外面中心线均有范缝痕迹，蹄形足上有多个长方形芯撑孔。三足底面均有长方形浇冒口痕迹，冒口长分别为 3.0、3.0、3.8 厘米。该器外底及三足附有烟炱。外壁较为粗糙，残留较多的铸造痕迹，大多未经修整和打磨处理，器表多处锈蚀，纹饰有的模糊不清。口径 34.4、腹径 31.4、足高 12.5、通高 28.1 厘米，重 6.2 千克（图版一三，1）。

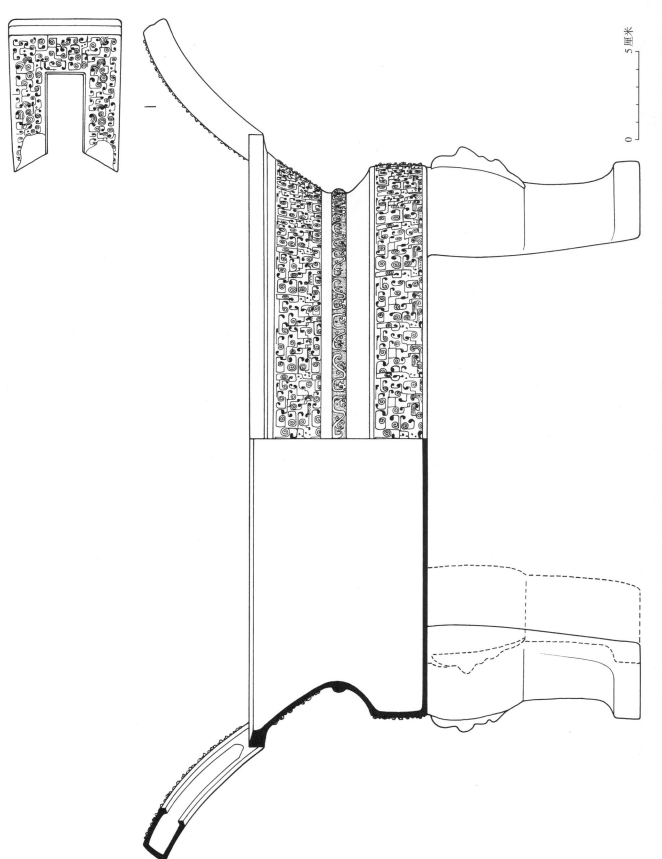

图一八　C型铜升鼎（M2∶62）

标本 M2：66，器表局部附浅绿色、褐色锈斑。敞口，厚方唇，平折沿。无颈。两长方形立耳外撇，弧度大于 45°。器身中部内收呈束腰，束腰正中有一周圆形凸棱，折直腹较浅。平底，器底接有三个蹄形足，足根顶面有 1/3 露出器底，蹄形足内侧较平，外面呈圆弧形，横截面为半圆形。双耳正面和器身下腹壁满饰细密繁缛的蟠螭纹，凸棱上饰有纹饰，因表层锈蚀，纹样已模糊不清，但依稀可辨似三角云纹。蹄形足素面，足根正面中间有一道窄扁棱。此器铸形为三外范结合一圆形底范，外范范缝位于三足之间，腹壁可见清晰的三条范缝痕迹，并与腹底圆形范缝连接。器底边缘有一圆形范缝痕迹。双耳和三足均为分铸后与器身焊接的。两耳内侧可见范芯，双耳与器身的接合处有焊接的痕迹，尚存有焊料。三足内外面中心均可见范缝痕迹。蹄形足上可见多个长方形芯撑孔。三足底面均有长方形浇冒口痕迹，冒口长分别为 2.2、2.5、3.0 厘米。该器外壁较为粗糙，残留较多的铸造痕迹，大多未经修整和打磨，器底多处可见穿孔（可能为铸造时留下的气孔）。口径 34.8、腹径 32.5、足高 12.0、通高 28.5 厘米，重 8.5 千克（彩版一五，1）。

小口提链鼎　1 件。

标本 M2：70，出土于椁室中东部偏西，与 M2：66 升鼎相邻。覆盘形盖，盖面中部凹下呈一圆饼形，盖面周缘均匀地分布四个对称的环钮，盖沿下垂，罩住整个鼎口。小直口，方唇外折，短颈，圆肩，鼓腹，小平底。腹部下侧接有三个兽面蹄形足，较高，稍外撇，内侧较平，外面呈弧形，其横截面为半圆形。盖面凹下部分有纹饰，因锈蚀严重，纹饰已无法辨认。盖面凹下部分的外围、口沿垂直部分都满饰变形蟠螭纹，盖面环钮饰卷云纹。器身肩部有四个怪兽，两个为一组对称地分布于肩部两侧，每侧的两个怪兽皆为同向并列，耳卷曲后与嘴部连为一体，形成一环状钮，钮内各套一条三节环链，两条环链并行汇合于尾端与半椭圆形提手相连，从而形成两道提链。怪兽兽足可见三趾，足上部为涡状，饰有卷云纹和圈点纹。兽身后部有一条短尾，尾上卷。半椭圆形提手与提链连接处为两个兔形动物，兔头相对，两兔前腿弯曲相连形成半椭圆形提手，后腿为一圆形环与提链相连接，兔身后有一短尾，半椭圆形提手满饰卷云纹。器身肩部饰一周细密繁缛的蟠螭纹，肩和腹中部各饰一周圆形凸棱，棱上饰有绳索纹和圆点纹。两周凸棱之间均匀地分布六个凸起的圆泡状乳突，乳突上以圆点为中心，满饰三重纹饰。一、三重各为一周连续绹索纹；二重为四分式桃尖状旋涡纹。乳突之间饰变形蟠螭纹，腹下部亦饰一周变形蟠螭纹，余部素面。蹄形足兽面鼓眼突出，中间以一道间隔式扁棱代表兽鼻和嘴部，满布卷云纹。此器铸形为三外范结合一圆形底范，外范范缝位于三足之间，腹壁可见三条纵向范缝痕迹。三外范范缝与圆形底范缝相连。三足为分铸后与器身焊接的。盖钮是采用了分型嵌范工艺实现与器盖整铸。器身肩部的四个怪兽环状钮及提链分铸后，通过榫卯结构与器身接合的。足正反两面均能见清晰的范缝痕迹，足上有多个长方形芯撑孔，内有范芯。一足底面有浇冒口痕迹，冒口长为 3.7 厘米，另两足穿透，见范料。口径 22.8、腹径 40.2、足高 19.7、提链长 21.8、通高 55.0 厘米，重 15.5 千克（图一九、二〇；彩版一六，1、2）。

2. 簋

8 件。编号为 M2：39～M2：46（见彩版八，2），8 件簋皆出土于椁室中东部，在升鼎和小鬲之间呈东西两行排列。均为方座圈足簋，8 件形制相近。有盖，多口，束颈，圆鼓腹，圈足，下有方座。依据形制的差异和纹饰的不同，可以将其分为二型（表二）。

A 型　2 件。编号为 M2：43、45，盖缘有等距离的三个舌形衔扣，扣合器身以防滑落。盖面

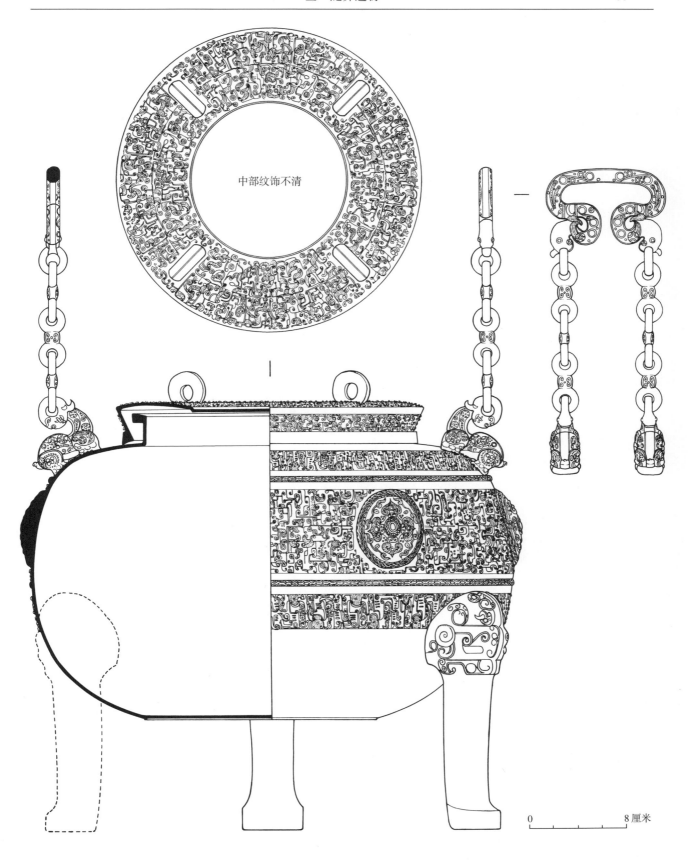

中部纹饰不清

图一九 铜小口提链鼎（M2：70）

0 8厘米

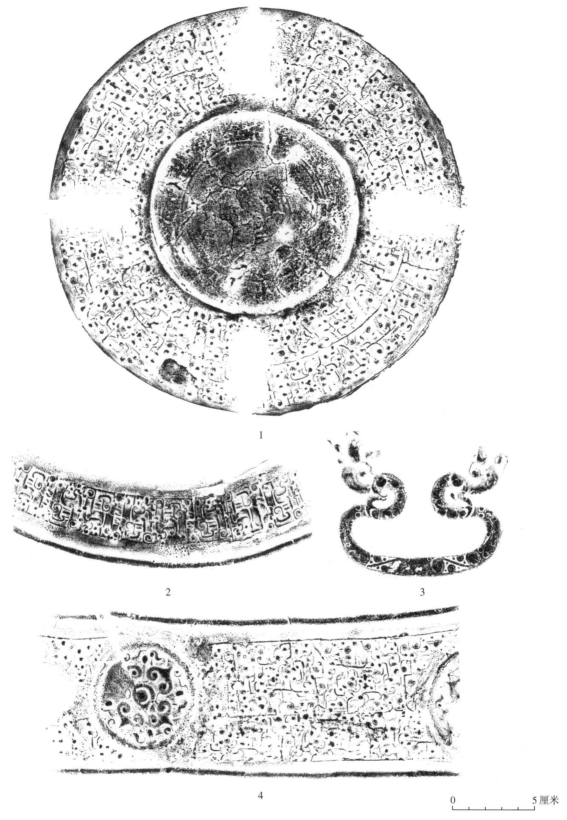

图二〇　铜小口提链鼎（M2∶70）纹饰拓片
1. 盖面　2. 肩部　3. 提链提手　4. 腹部

表二 铜簋主要数据表

（长度单位：厘米）

| 器号 | 型式 | 口径 | 方座 | | | 通高 | 重量（千克） |
			长	宽	高		
M2：43	A 型	18.2	17.8、18.2	18.3、18.4	8.3	26.6	5.5
M2：45	A 型	18.4	18.2、18.3	18.2、18.4	8.6	26.1	5.0
M2：39	B 型	18.0	18.4	18.1	7.6	25.8	5.4
M2：40	B 型	18.8	19.6	18.1、18.9	7.8	26.4	5.1
M2：41	B 型	18.3	18.0、19.1	18.4、18.5	7.2	25.1	5.2
M2：42	B 型	18.5	18.6	17.6、18.4	7.2	24.6	5.0
M2：44	B 型	18.1	18.2、18.8	18.1、18.3	7.9	24.9	5.0
M2：46	B 型	18.4	18.2	18.1	9.0	25.7	5.0

满饰变形蟠螭纹。圈足下的方座四面都有一长方形缺口。

标本 M2：43，器表附有黄色泥姜锈。有盖，盖为圆弧形，盖面隆起，盖顶中心为四瓣莲花形钮，盖缘有等距离的三个舌形衔扣，用以扣合器身。器身侈口，束颈，圆鼓腹，腹部两侧各有一个半环形兽首状耳。平底。圈足，圈足下为一方座，方座四面的下缘都有一个长方形缺口，圈足与方座的接合处有一周二层台。盖面布满变形蟠螭纹。双耳的兽首上有两个螺状尖角，形成兽头，角下两宽棱卷曲表示鼻，口衔环柄。柄尾端亦为一兽头，两眼鼓出，鼻、嘴分明。器身和方座四面都满饰变形蟠螭纹。耳根部可见焊接的痕迹。腹壁可见清晰的两条纵向范缝痕迹。器底中心有一浇冒口痕迹，经过修整，长 1.2 厘米。方座底沿周边有四个浇冒口痕迹，冒口长分别为 7.5、7.5、8.0、8.0 厘米。该器制作较规整，但器表锈蚀较重，有的纹饰模糊不清。口径 18.2 厘米，方座四边长分别为 17.8、18.2、18.3、18.4 厘米，方座高 8.3 厘米，通高 26.6 厘米，重 5.5 千克（彩版一五，2）。

标本 M2：45，器表附有黄褐色、浅蓝色的锈斑。有盖，盖为圆弧形，盖面隆起，盖顶中心为四瓣莲花形钮，盖缘有等距离的三个舌形衔扣，用以扣合器身。器身侈口，束颈，圆鼓腹，腹部两侧各有一个半环形兽面状耳，平底。圈足，圈足下为一方座，方座四面下缘都有一个长方形缺口。圈足与方座的接合处有一周二层台。盖面布满变形蟠螭纹。双耳的兽首上有两个螺状尖角，形成兽头，角下两宽棱卷曲表示鼻，口衔环柄，柄尾端亦为一兽头，两眼鼓出，鼻、嘴分明。器身和方座四面都满饰变形蟠螭纹。耳根部可见焊接的痕迹。腹壁可见清晰的两条纵向范缝痕迹，器底中心有一浇冒口痕迹，经过修整，长 1.6 厘米。方座底沿周边有四个浇冒口痕迹，冒口长分别为 7.0、7.2、7.0、7.4 厘米。该器制作较规整，但器表锈蚀较重，有的纹饰模糊不清。圈足与方座接合处有一处破损，致使器身倾斜。口径 18.4 厘米，方座四边长分别为 18.2、18.3、18.2、18.4 厘米，方座高 8.6 厘米，通高 26.1 厘米，重 5.0 千克（图二一、二二；彩版一六，3）。

B 型 6件。编号为 M2：39、40、41、42、44、46，盖面的纹饰以盖钮为中心，以细弦纹为界分内外多重纹饰。圈足下的方座四面下缘没有长方形缺口。

标本 M2：39，器表附有褐色的锈斑。有盖，盖为圆弧形，盖面微隆，盖顶中心为四瓣莲花形钮，莲花瓣不太规整，大小不一。盖口较平。器身侈口，束颈。圆鼓腹，腹部两侧各有一个半环形兽首状耳。圈足，平底。圈足下为一方座，圈足与方座的接合处有一周小台。盖面有一道圆形

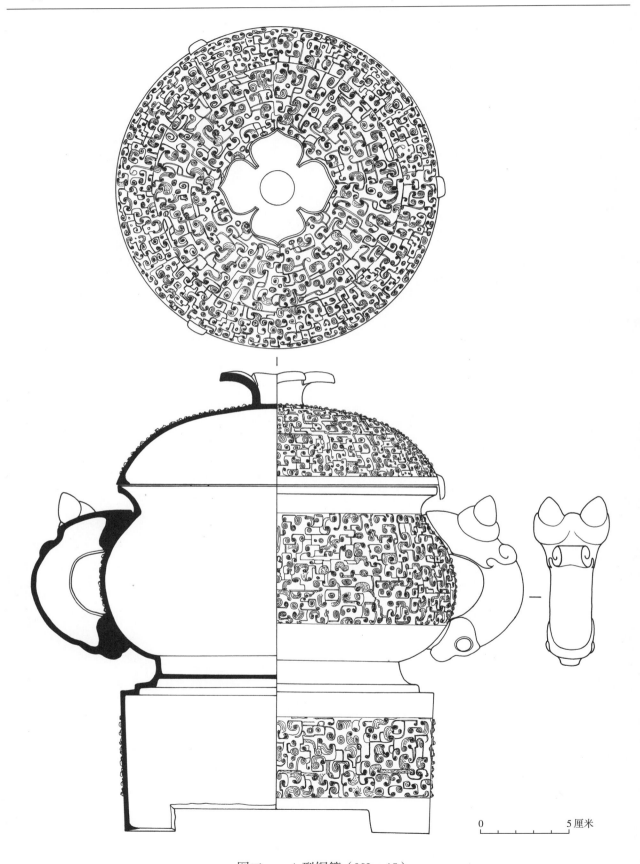

0　　　　　　　5厘米

图二一　A型铜簋（M2：45）

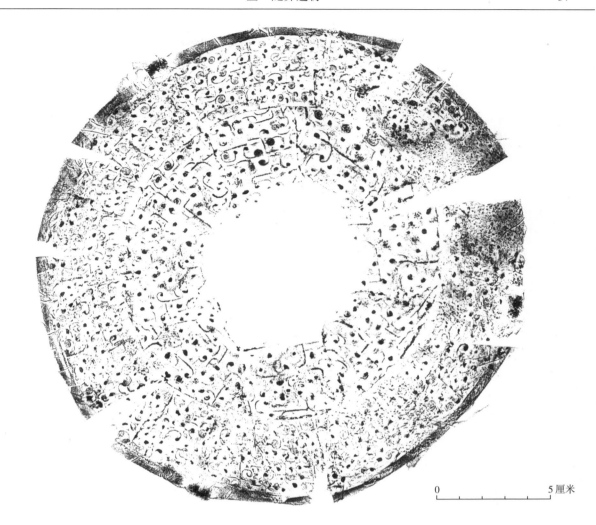

0　　　　　　　　5厘米

图二二　A型铜簋（M2：45）盖面纹饰拓片

凸棱，棱上无纹。盖面的纹饰以盖钮为中心，以细弦纹为界分为三重：内重锈蚀严重，有的纹饰模糊不清，但能辨认是鸟首龙纹，鸟首龙纹为四组八个，鸟首是两两相对，四周填小圆点；另两重为两周细密繁缛的蟠螭纹，龙头是两两相对，两尾卷曲交织在一起。双耳的兽首上有两个螺状尖角，形成兽头，角下两宽棱卷曲表示鼻，口衔环柄，柄尾端亦为一兽头，两眼圆鼓，鼻、嘴分明。器身和方座四面都满饰变形蟠螭纹。耳根部可见焊接的痕迹。腹壁至方座可见清晰的两条纵向范缝痕迹，方座底沿周边有四个浇冒口痕迹，冒口长分别为6.5、8.3、6.2、10.6厘米。方座一面因加筋有补铸痕迹，尺寸为10.6×3.3厘米。该器器座未经修整，座缘不平，座一直角不齐整，侈于座外。器表锈蚀较重，部分纹饰模糊不清。口径18.0厘米，方座长18.4、宽18.1、高7.6厘米，通高25.8厘米，重5.4千克（图二三；彩版一七，1）。

　　标本M2：40，器表附有褐色、黄色、绿色锈斑。有盖，盖为圆弧形，盖面隆起，盖顶中心为四瓣莲花形钮，盖缘有等距离的三个舌形衔扣，用以扣合器身。器身侈口，束颈，圆鼓腹。腹部两侧各有一个半环形兽首状耳。圈足，平底。圈足下为一方座，圈足与方座的接合处有一周小台。盖面有一道圆形凸棱，棱上饰连续的麦穗纹，盖面的纹饰以盖钮为中心，以细弦纹为界，可分为

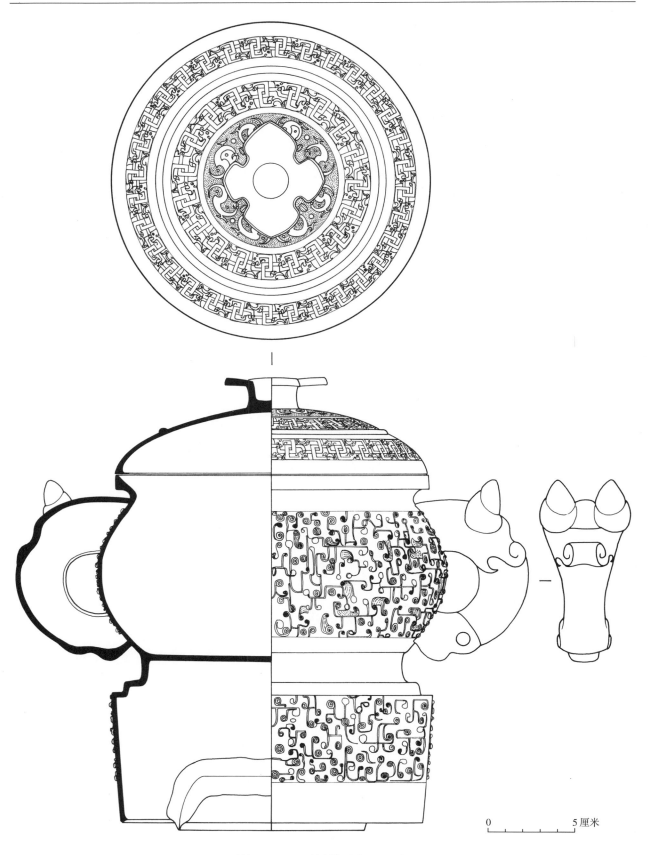

图二三　B型铜簋（M2：39）

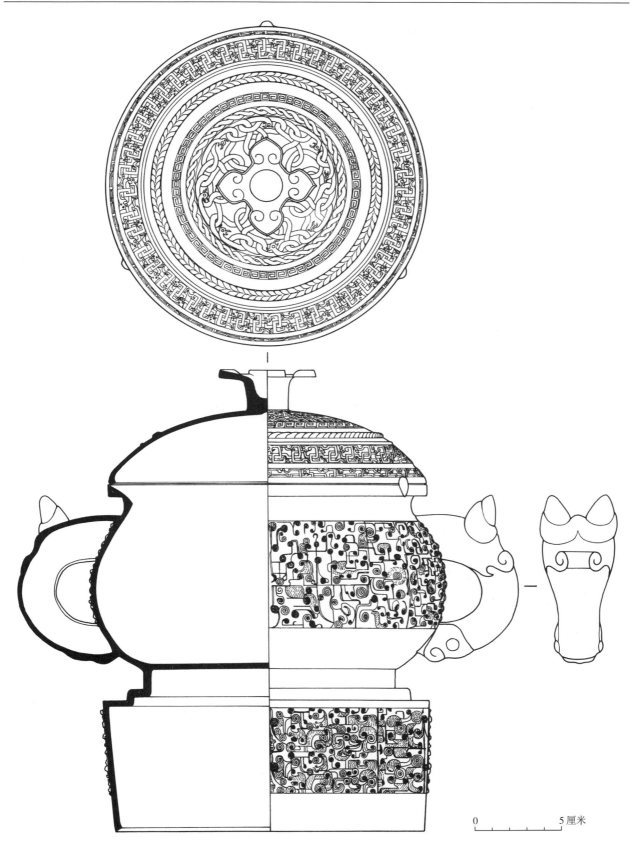

0 ⊢——————⊣ 5厘米

图二四　B型铜簋（M2∶40）

四重：第一重为蟠龙纹，龙为八条，相互缠绕；第二重为连续绳索纹；第三重为连续云雷纹；第四重为连续细密繁缛的蟠虺纹。双耳的兽首上有两个螺状尖角，形成兽头，角下两宽棱卷曲表示鼻，口衔环柄，柄尾端亦为一兽头，两眼圆鼓，鼻、嘴分明。器身和方座四面都满饰变形蟠螭纹。方座上的纹饰布局为每面两组半，单元纹饰范线明显。双耳根部可见焊接的痕迹，耳内侧可见范芯。腹外壁可见清晰的两条纵向范缝痕迹，较光滑。该器器盖锈蚀严重，纹饰大多模糊，少数已不能辨认。两耳安装不太规整，其中一耳略高。耳与器身接合处可见焊接痕迹。器底和器座有穿孔。方座底沿周边有四个浇冒口痕迹，冒口长分别为6.6、6.7、7.5、6.8厘米。口径18.8厘米，方座四边长19.6、19.6、18.1、18.9厘米，方座高7.8厘米，通高26.4厘米，重5.1千克（图二四；彩版一八，1）。

标本M2：41，器表附有黄褐色的锈斑。有盖，盖为圆弧形，盖面微隆，盖顶中心为四瓣莲花形钮，盖口较平。器身侈口，束颈。圆鼓腹，腹部两侧各有一个半环形兽首状耳。平底。圈足，圈足下为一方座，圈足与方座的接合处有一周二层台。盖面有一道圆形凸棱，棱上无纹饰。盖面的纹饰以盖钮为中心，以细弦纹为界分内外三重：第一重为鸟首龙纹，鸟首龙纹为四组八个，鸟首是两两相对，四周填小圆点；另两重为两圈细密繁缛的蟠虺纹，龙头两两相对，两尾卷曲交织在一起。双耳的兽首上有两个螺状尖角，形成兽头，角下两宽棱卷曲表示鼻，口衔环柄，柄尾端亦为一兽头，两眼圆鼓，鼻、嘴分明。器身和方座四面都满饰变形蟠螭纹，但器表锈蚀较重，有的纹饰模糊不清。耳根部可见焊接的痕迹。方座底沿周边有四个浇冒口痕迹，冒口长分别为6.0、6.3、6.5、5.8厘米。口径18.3厘米，方座四边长分别为18.0、19.1、18.4、18.5厘米，方座高7.2厘米，通高25.1厘米，重5.2千克（图版一三，2）。

标本M2：42，器表附有褐色、蓝色的锈斑。有盖，盖为圆弧形，盖面微隆，盖顶中心为四瓣莲花形钮，盖口较平。器身侈口，束颈，圆鼓腹，腹部两侧各有一个半环形兽首状耳。圈足，圈底近平，圈足下为一方座，圈足与方座的接合处有一周二层台。盖面有一道圆形凸棱，凸棱素面。盖面的纹饰以盖钮为中心，以细弦纹为界分内外三重：内重为鸟首龙纹，鸟首龙纹为四组八个，鸟首是两两相对，四周填小圆点；另两重为两周细密繁缛的蟠虺纹，龙头呈两两相对，两尾卷曲交织在一起。双耳的兽首上有两个螺状尖角，形成兽头，角下两宽棱卷曲表示鼻，口衔环柄，柄尾端亦为一兽头，两眼圆鼓，鼻、嘴分明。器身和方座四面都满饰变形蟠螭纹；腹外壁的变形蟠螭纹布局为八个单元，单元纹饰范线明显。耳根部可见焊接的痕迹。腹外壁可见清晰的两条纵向范缝痕迹，方座底沿周边有四个浇冒口痕迹，冒口长分别为7.5、6.0、6.2、5.8厘米。口径18.5厘米，方座四边长分别为18.6、18.6、17.6、18.4厘米，方座高7.2厘米，通高24.6厘米，重5.0千克（图二五；彩版一七，2、3）。

标本M2：44，器表附有褐色、黄色、深蓝色的锈斑。有盖，盖为圆弧形，盖面微隆，盖顶中心为四瓣莲花形钮，盖口较平。器身侈口，束颈，圆鼓腹，腹部两侧各有一个半环形兽首状耳，圈底近平。圈足下为一方座，圈足与方座的接合处有一周二层台。盖面有一道圆形凸棱，凸棱素面。盖面的纹饰以盖钮为中心，以细弦纹为界分内外三重：内重为鸟首龙纹，鸟首龙纹为四组八个，鸟首是两两相对，四周填小圆点；另两重为两周细密繁缛的蟠虺纹，龙头呈两两相对，两尾卷曲交织在一起。双耳的兽首上有两个螺状尖角，形成兽头，角下两宽棱卷曲表示鼻，口衔环柄，柄尾端亦为一兽头，两眼圆鼓，鼻、嘴分明。器身和方座四面都满饰变形蟠螭纹。因铸造原因，一

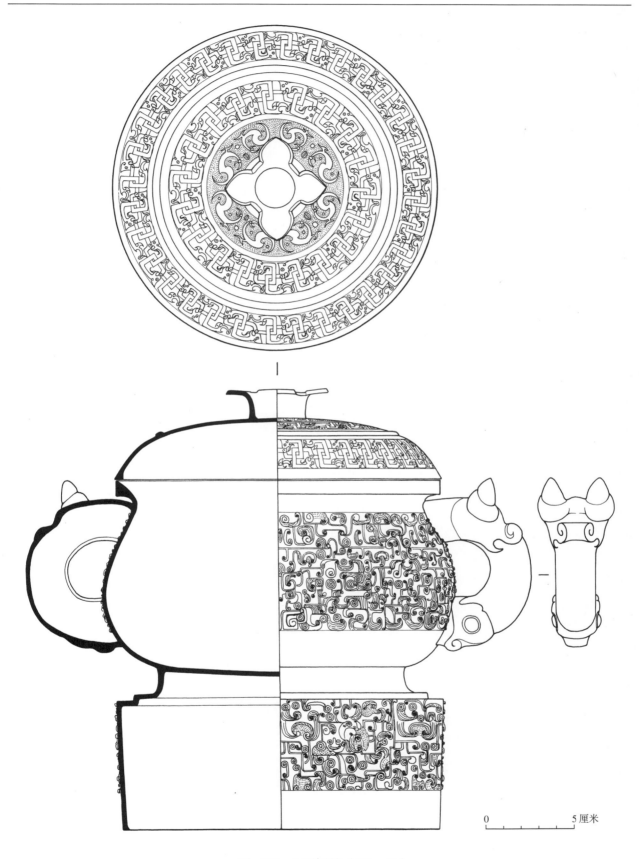

0 ⌴⌴⌴⌴⌴ 5厘米

图二五 B型铜簋（M2∶42）

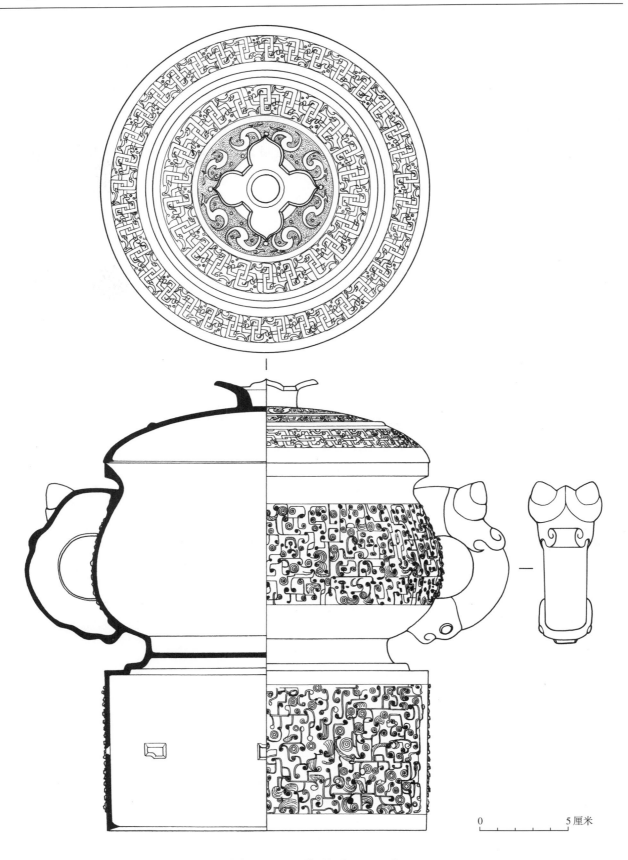

0　　　　　　5厘米

图二六　B型铜簋（M2：46）

耳略小于另一耳。耳根部可见焊接的痕迹，耳中空可见芯料。腹外壁可见清晰的两条纵向范缝痕迹。方座底沿周边有四个浇冒口痕迹，冒口长分别为8.1、8.0、8.6、6.2厘米。口径18.1厘米，方座四边长分别为18.2、18.8、18.1、18.3厘米，方座高7.9厘米，通高24.9厘米，重5.0千克（图版一四，1）。

标本M2：46，器表附有褐色、黄色、浅绿色的锈斑。有盖，盖为圆弧形，盖面隆起，盖顶中心为四瓣莲花形钮。器身侈口，束颈，圆鼓腹，腹部两侧各有一个半环形兽首状耳。平底。圈足下为一方座，方座的四面均有等距离的三个长方形孔，圈足与方座的接合处有一周二层台。盖面有一道圆形凸棱，凸棱素面，盖面的纹饰以盖钮为中心，以细弦纹为界，分内外三重：第一重为四组八个鸟首龙纹，鸟首龙纹四周填小圆点；第二、三重为连续细密繁缛的蟠虺纹，龙头呈两两相对，两尾卷曲交织在一起。双耳的兽首上有两个螺状尖角，形成兽头，角下两宽棱卷曲表示鼻，

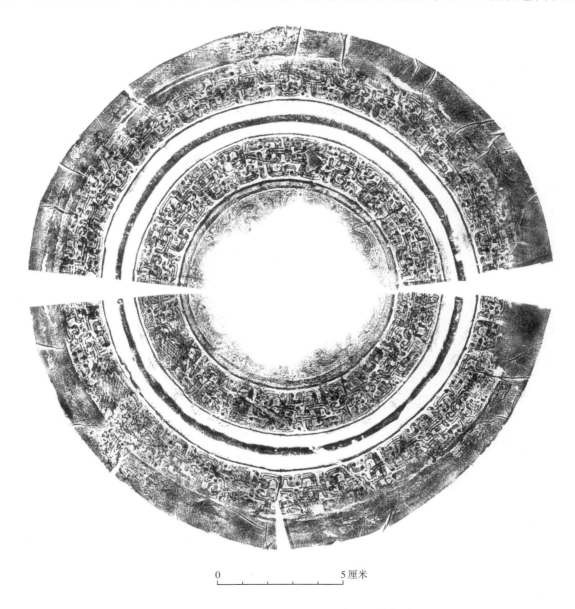

0　　　　　　　　　　　　5厘米

图二七　B型铜簋（M2：46）盖面纹饰拓片

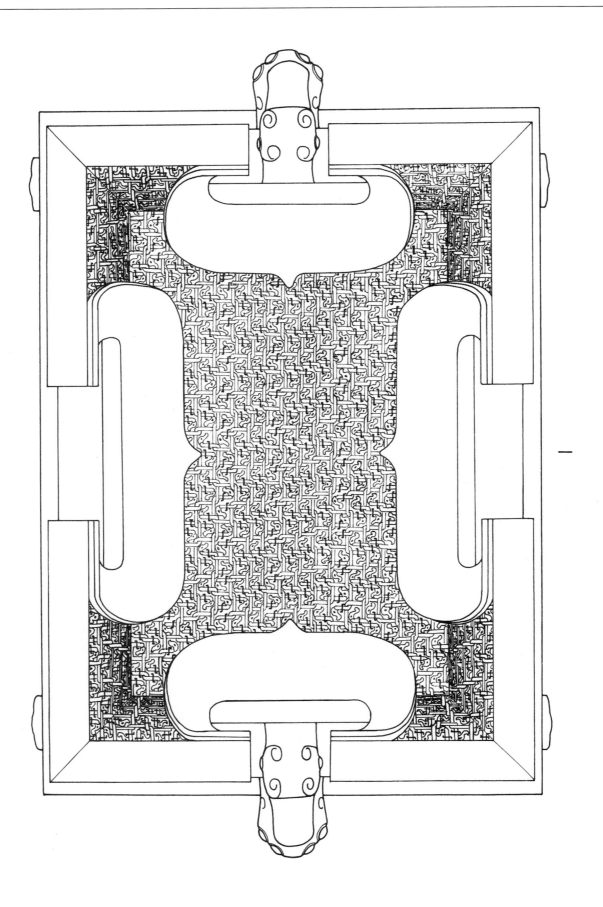

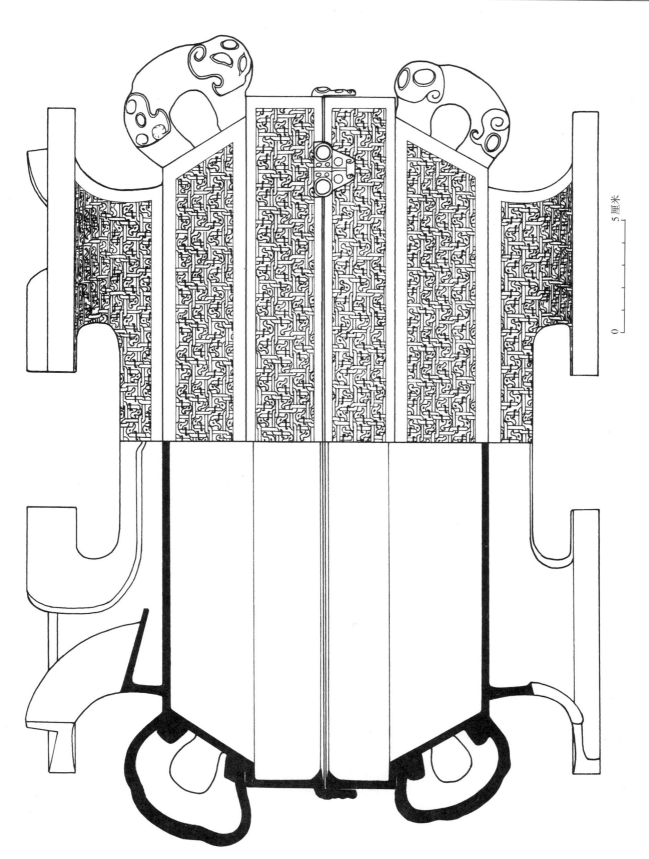

0　　　5厘米

图二八　A 型铜簠（M2：49）

口衔环柄，柄尾端亦为一兽头，两眼鼓出，鼻、嘴分明。器身和方座四面都满饰变形蟠螭纹。耳根部可见焊接的痕迹。耳中空，可见芯料。腹外壁可见清晰的两条纵向范缝痕迹。方座底沿周边有四个浇冒口痕迹，冒口长分别为 9.9、12.0、8.8、10.5 厘米。口径 18.4 厘米，方座长 18.2、宽 18.1、高 9.0 厘米，通高 25.7 厘米，重 5.0 千克（图二六、二七；彩版一八，2）。

3. 簠

4 件。编号为 M2：48、49、50、51（彩版一九）。皆出土于椁室中东部，呈一字形排列，位于镬鼎和牛形钮盖鼎之间。全器分作上下对称的器身和器盖两部分，其形制及纹饰基本相似。器身与器盖等大同形，呈长方斗口形，二者扣合而成簠。直口，曲折腹内收，平底。盖顶四隅有四个矩形钮，上、下两短边各有一兽首形耳。器底四隅有四个矩形足，足作凹弧形，足间有扁桃形缺口。根据器口与足部的变化及衔扣的多少，可以将其分为二型（表三）。

表三　铜簠主要数据表

（长度单位：厘米）

器号	型式	通高	盖口长	盖口宽	器口长	器口宽	壁厚	足高	重量（千克）
M2：49	A 型	25.8	30.4	22.4	29.2	21.8	0.3～0.4	4.9	9.5
M2：48	B 型	24.5	27.5	20.4	27.8	20.3	0.3～0.5	5.2	6.4
M2：50	B 型	24.4	27.3	20.5	27.0	20.2	0.3～0.6	5.0	5.6
M2：51	B 型	24.0	27.8	20.0	27.7	20.0	0.3～0.5	5.2	6.2

A 型　1 件。

标本 M2：49，器表附有黄色、褐色、浅绿色锈斑。器身为长方体，器盖与器身相同。方直口，口部直壁较短，斜腹，平底，四矩足，口径略大于足径。盖顶四钮之间用内折的宽缘相连，宽缘厚且宽，略上卷，上缘凸出钮平面，下缘中部向内突出呈桃尖状。盖口四边有兽首形衔扣共六个，两长边各有两个，两短边各有一个。器盖和器身两端斜腹上各有一兽首形半环耳。四足之间有扁桃状缺口，四足内面凹下，内沿起一周折棱。通体饰纤细的蟠虺纹。耳为分铸，与器身是通过榫卯结构、加注焊料的方法连接的，连接之处可见焊料。在盖顶和器底内的平面上铸有一正一反相同铭文二行6字：

之　　盛

征（御）君

臣　　繁

此器出土时一耳脱落，在相应的部位留有榫头一对。锈蚀较重，局部纹饰已模糊不清。此器后经修复。盖口长 30.4、宽 22.4 厘米，器口长 29.2、宽 21.8 厘米，壁厚 0.3～0.4 厘米，足高 4.9 厘米，通高 25.8 厘米，重 9.5 千克（图二八、二九；彩版二〇）。

B 型　3 件。编号为 M2：48、50、51，其形制、纹饰、大小基本相同。器表都附有褐色、蓝色锈斑，局部纹饰模糊不清。器身为长方体，器盖与器身相同。方直口，口部直壁较 A 型长，斜腹，平底，四矩足，口径略与足径相等。簠盖口沿四边正中各置一对称舌形衔扣，以防盖于器身时滑落，盖和器身两端斜腹各有一兽首形半环耳一个。盖和器身的四角，附有矩形钮、矩形足各四个，钮足作凹弧形外撇。在四钮与四足之间形成窄长方形空档，器盖的四钮空档之间用内折的

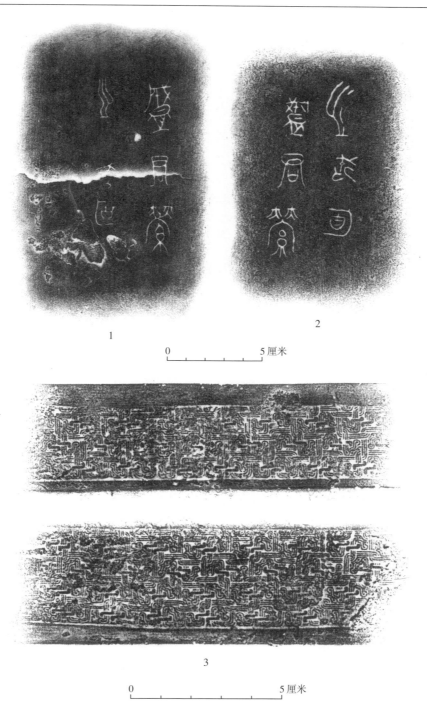

1

0   5厘米

3

0   5厘米

图二九 A型铜簋（M2∶49）铭文、纹饰拓片
1.盖内铭文 2.器底内铭文 3.腹部纹饰

宽缘相连，缘略上卷，上缘凸出钮平面。器底四足空档之间内沿起一周折棱。通体饰纤细的蟠虺纹。双耳为分铸，与器身是通过榫卯结构、加注铅的焊接方法连接的，连接之处可见铅焊料。耳中空，内见芯料。

标本M2∶50，盖口长27.3、宽20.5厘米，器口长27.0、宽20.2厘米，壁厚0.3～0.6厘米，足

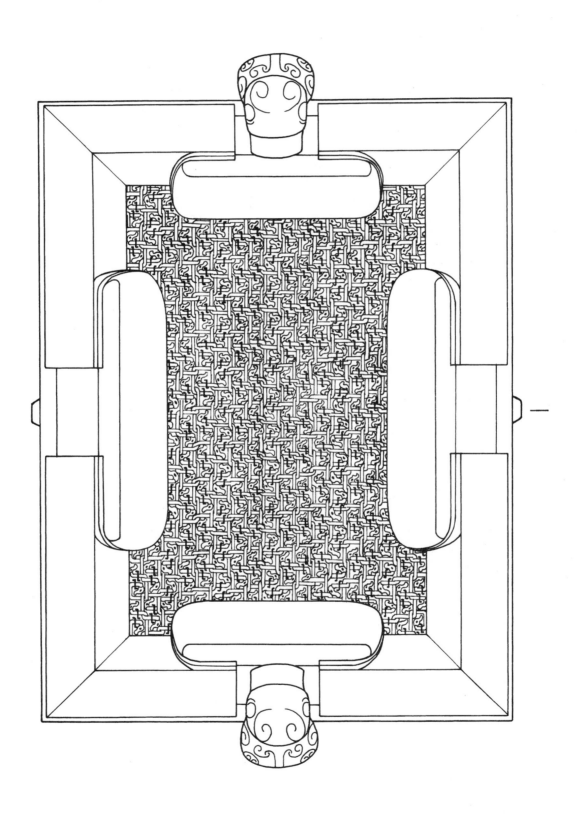

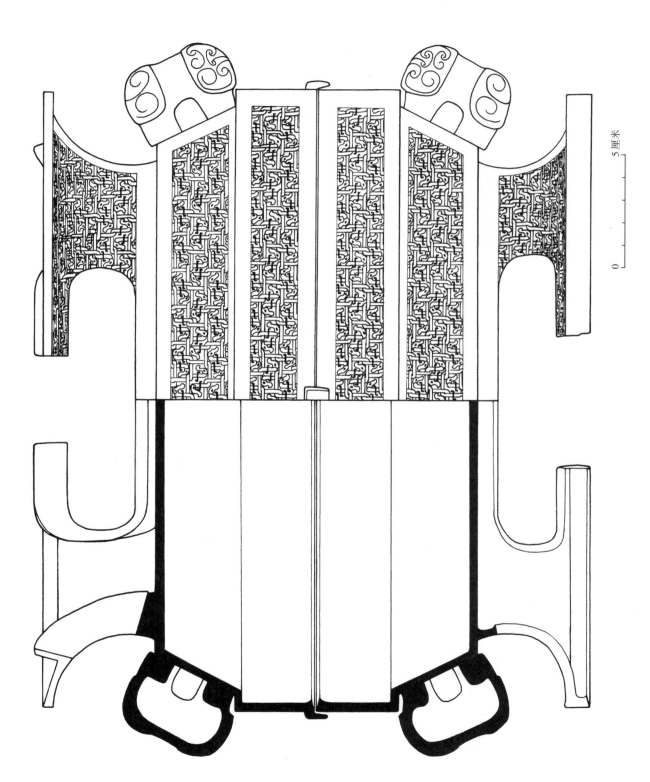

5厘米

0

图三○ B型铜簠（M2：50）

高 5.0 厘米，通高 24.4 厘米，重 5.6 千克（图三〇；图版一四，2）。

标本 M2：48，盖口长 27.5、宽 20.4 厘米，器口长 27.8、宽 20.3 厘米，壁厚 0.3～0.5 厘米，足高 5.2 厘米，通高 24.5 厘米，重 6.4 千克（图版一五，1）。

标本 M2：51，盖口长 27.8、宽 20.0 厘米，器口长 27.7、宽 20.0 厘米，壁厚 0.3～0.5 厘米，足高 5.2 厘米，通高 24.0 厘米，重 6.2 千克（图版一五，2）。

4. 鬲

10 件。编号为 M2：16、19、20、21、23、25、26、28、29、78，出土时 M2：78 大鬲在九鼎八簋之西，9 件小鬲在其东，呈三排并列，其中有 5 件小鬲之上各覆盖 1 件陶豆。按其形制、大小的不同，可将其分为二型（表四）。

A 型　1 件。大鬲。

标本 M2：78，出土时在 M2：66 升鼎西旁。器表附有黄色、蓝色、浅绿色锈斑。此器形制、纹饰都是仿陶鬲铸造的。敞口，方唇，沿面上扬，束颈，溜肩。口径大于腹径，深腹，裆稍瘦，三柱款足。颈至足部通体饰绳纹。腹部有一补铸痕迹，未经修整和打磨处理。器腹有三条纵向范缝痕迹，足尖至裆部有一个三角形范缝痕迹，三角形范缝中心有一浇冒口痕迹，冒口长 2.2 厘米。足底面各有一个浇冒口痕迹。冒口长分别为 0.8、0.8、1.3 厘米。口径 25.8、裆高 6.0、通高 23.8 厘米，重 3.8 千克（图三一；图版一六，1）。

B 型　9 件。小鬲。编号为 M2：16、19、20、21、23、25、26、28、29，皆出于椁室中东部（彩版二一）。9 件小鬲排成三排，每排三件，呈三三列式。出土时在其中 5 件鬲口部之上各倒置 1 件陶豆（图版一六，2）。B 型鬲形体较小，形制、大小基本相同，应属于一套礼器。按其颈部变化和铸造方法的不同，可分二亚型。

Ba 型　3 件。编号为 M2：23、26、29，敛口，折沿，方唇。短直颈，颈内壁折成一周细凸棱，中间内凹。弧裆，三锥形款足。通体素面。口沿至腹中部清晰可见二道纵向范缝痕迹，与腹中部一周横向范缝痕迹相接，在铸制工艺上，属于横向分型加纵向分型制范。

标本 M2：29，此器出土时内置鹿骨（附表三），口径 9.1、通高 10.9 厘米，重 0.9 千克。（图三二，1；彩版二二，1）。

表四　铜鬲主要数据表

（长度单位：厘米）

器号	型式	口径	通高	重量（千克）
M2：78	A 型	25.8	23.8	3.8
M2：23	Ba 型	9.4	11.0	0.9
M2：26	Ba 型	9.3	10.6	0.9
M2：29	Ba 型	9.1	10.9	0.9
M2：16	Bb 型	9.2	10.9	0.8
M2：19	Bb 型	9.2	10.8	0.8
M2：20	Bb 型	9.3	11.2	0.9
M2：21	Bb 型	9.1	10.9	0.7
M2：25	Bb 型	9.4	11.1	0.9
M2：28	Bb 型	9.3	11.0	0.8

标本 M2：23，肩部有补铸痕迹。口径 9.4、通高 11.0 厘米，重 0.9 千克。

标本 M2：26，口径 9.3、通高 10.6 厘米，重 0.9 千克（彩版二二，2）。

Bb 型　6 件。编号为 M2：16、19、20、21、25、28，敛口，折沿，方唇。颈较 A 型稍短，颈内直壁。弧裆，三锥形款足。通体素面。口沿至足尖可见三条清晰的纵向范缝痕迹，裆内和足部有一个三角形范缝痕迹，在铸制工艺上，属于纵向分型制范。三足尖各有一个浇冒口痕迹，均位于三角形范缝内，冒口长均为 2 厘米。

标本 M2：19，口径 9.2、通高 10.8 厘米，重 0.8 千克（图三二，2）。

标本 M2：28，口径 9.3、通高 11.0 厘米，重 0.8 千克（彩版二二，3、4）。

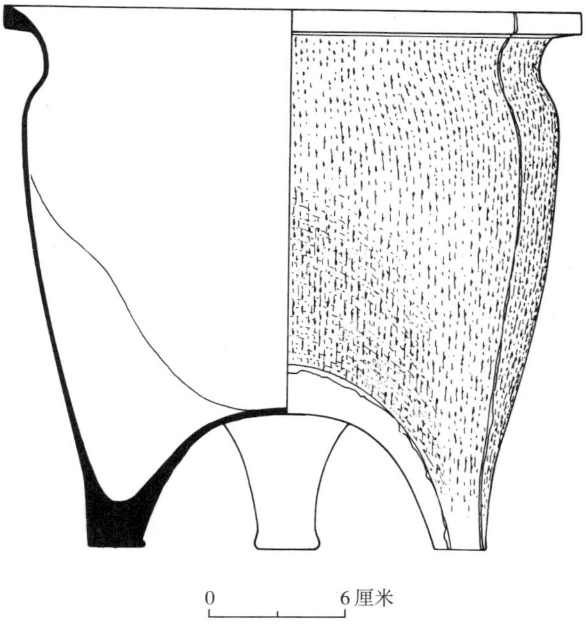

5. 甗

1 件。

标本 M2：53，出土于椁室中东部。此器为分体甗，由上体甑与下体鬲两器物组合而成。通体附有较厚的烟炱。

甑体，直口微敛，厚方唇。短直颈。深腹，下腹部内收至底部，内折形成矮圈足，正好对接插入鬲口沿内。底内有八条窄长方两两相对形呈放射状的镂孔箅眼。器身颈部有四个龙头，两个为一组对称地分布于器身两侧，每一侧的二龙头皆为背向并列，二龙卷曲而成环形附耳。双环耳内外面均饰涡纹和斜角卷云纹，环耳根下腹部外折成一周方形小台，小台下为一周圆形凸棱，棱

图三一　A 型铜鬲（M2：78）

0　　　　6 厘米

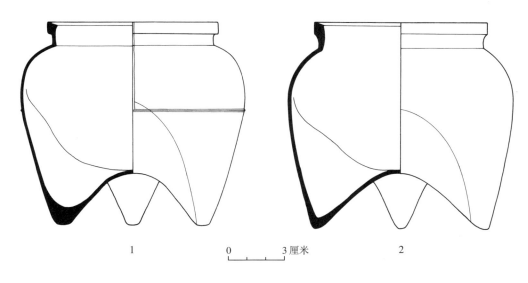

图三二　B 型铜鬲

1. Ba 型（M2：29）　2. Bb 型（M2：19）

0　　　3 厘米

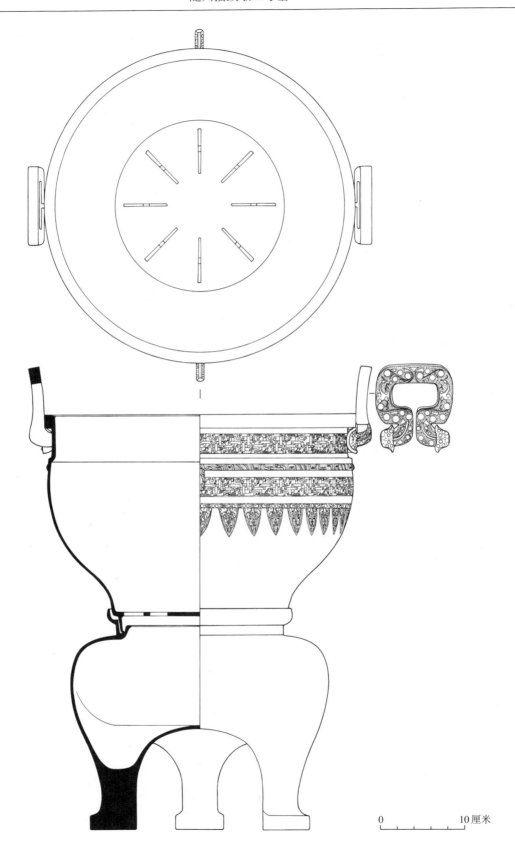

图三三　铜甗（M2∶53）

0　　　　　　10厘米

上饰连续的三角云纹，凸棱下的上腹部有一对对称的小环形钮，钮上饰斜角卷云纹，颈和上腹部分别饰一周细腻繁缛的蟠虺纹，腹中部饰一周三角形垂叶云纹。腹下部有两处补疤，补疤呈不规则状，大者为7.8厘米×5.4厘米、小者为4.8厘米×3.5厘米。

鬲体，敛口，束颈，广肩，鼓腹，高裆，裆部内凹，三蹄形款足。鬲口外沿向上伸出高领一圈，高领与内口沿之间形成一周子母状的凹槽，以承甑的矮圈足。鬲体素面。鬲体从肩至足可见清晰的三条范缝痕迹，器底有清晰的三角形缝范痕迹。三足底均可见浇冒口痕迹，冒口长分别为3.0、3.7、4.0厘米。

甑口径36.9、腹深23.4厘米，鬲高23.8厘米，通高54.4厘米，重10.7千克（图三三、三四；彩版二三；图版一七）。

6. 尊缶

4件。编号为M2∶6、7、13、14。根据形制的不同，可分为二型。

A型 2件。方尊缶。编号为M2∶6、7，皆出土于椁室东壁中部。形制、纹饰、大小完全相同。器身口、腹、足横截面均为方形。

标本M2∶7，器表附有黄色泥姜锈、绿色锈斑。有盖，盝顶形，盖沿内折，盖缘四角均为90°，方唇，沿上有四个对称的舌形衔扣。器身直口，方唇，外折沿。长方颈，溜肩，方鼓腹，最大腹径在下部。腹壁呈弧形，四隅有棱。腹中部均匀地分布四个环形耳。平底，方圈足。器盖盖顶中心为素面，四坡面各饰一组鸟首龙纹，鸟首龙纹都是两两相对。纹样按器盖的形状而布局呈梯形，上窄下宽，上下均以菱形纹为边饰。环耳上饰三角纹、贝纹、圆点纹。环耳之间的腹上部饰一周鸟首龙纹纹带。每边两组，一周共八组。一周纹带的上下以菱形纹为边饰，鸟首龙纹每组都是相

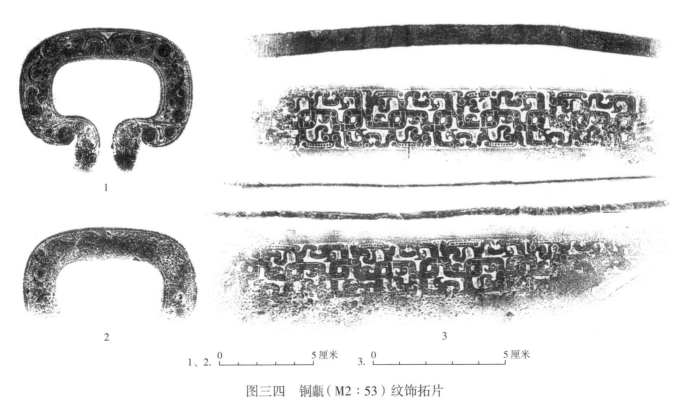

图三四 铜甗（M2∶53）纹饰拓片
1. 耳外侧 2. 耳内侧 3. 上腹部

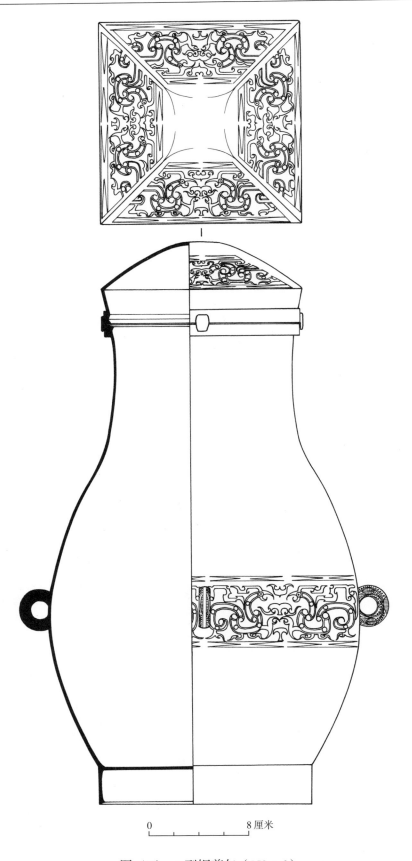

0 _____ 8厘米

图三五　A 型铜尊缶（M2：6）

向一对，鸟首高冠，张口，龙有前后两足，纹饰凸起，是以浅浮雕的技法铸成。余部素面。方圈足边缘有一浇冒口痕迹，冒口长为7.6厘米。器口边长15.4厘米，腹径24.7、腹深35.3、足高3.2厘米，器底长17.1、宽16.5厘米，通高44.9厘米，重7.5千克（彩版二四，1）。

标本M2：6，出土时和M2：7并列排放。圈足底沿周边有四个浇冒口痕迹，冒口长分别为7.6、7.7、7.2、7.5厘米。器口边长15.5厘米，腹径24.7、腹深35.1、足高3.0厘米，器底边长17.0厘米，通高44.7厘米，重7.3千克（图三五、三六；彩版二四，1）。

B型　2件。圆尊缶。编号为M2：13、14，皆出土于椁室中东部偏北。形制、纹饰、大小皆相同。

标本M2：13，器表附黄色、褐色、绿色锈斑。有盖，隆顶。盖面缘部均匀地分布四个环形钮。盖沿内折，盖口均匀地分布三个舌形衔扣。器身直口，方唇沿承盖。长颈微束，圆肩，鼓腹，最大腹径在中部，且对称地分布有四个环形耳，环耳截面呈椭圆形。环耳之间对称地分布四个圆泡形的乳突。下腹壁内收，平底，矮圈足。盖面环形钮满饰圆圈和圆点纹。盖面布满纹饰，纹饰以盖顶为中心，以细弦纹、凹弦纹为界，纹饰由内向外可分五重：一重为连续云雷纹；二重为蟠龙纹，龙与龙缠绕在一起；三重为连续绚索纹；四重为连续云雷纹；五重接近盖口，为繁缛细密的蟠虺纹。腹中部四环耳上满饰三角纹、圆点纹和贝纹。乳突上为三分式旋涡纹。环耳与乳突之间的腹部饰蟠虺纹，环耳上下各有一周圆形凸棱，棱上满饰连续的三角云纹，内填圆点纹，蟠虺纹带上下以细弦纹为边饰，余部为素面。环形耳是采用了分型嵌范工艺实现与器盖整铸。圈足可见一周范缝痕迹，底内存有范芯。圈足底沿周边有四个浇冒口痕迹，冒口长分别为4.4、4.2、4.9、

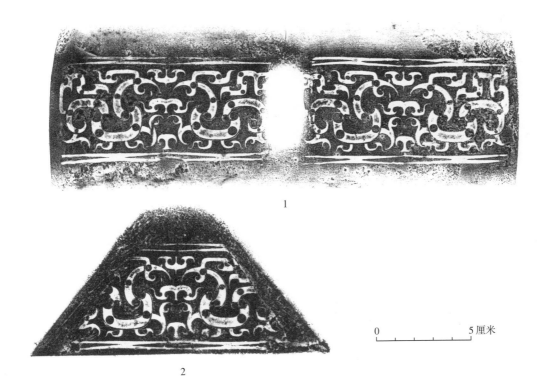

1

2

图三六　A型铜尊缶（M2：6）纹饰拓片
1.腹部　2.盖面局部

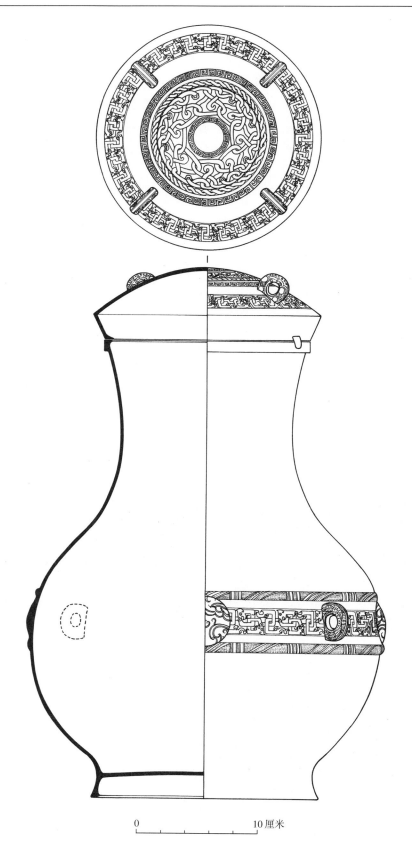

0　　　　　　　　　　10厘米

图三七　B型铜尊缶（M2：13）

4.8厘米。口径16.8、腹径29.6、底径18.8、通高43.4厘米，重5.6千克（图三七、三八；彩版二四，2）。

标本M2：14，形制、纹饰与M2：13完全相似，尺寸略有差异，器底有补铸痕迹。不同于M2：13的是盖面上的四个环钮为先铸，后来卯上与器盖连接的。因为这四个环钮与盖面相交处有纹饰，

1

2

0   5厘米

图三八　B型铜尊缶（M2：13）纹饰拓片

1.盖面　2.腹部

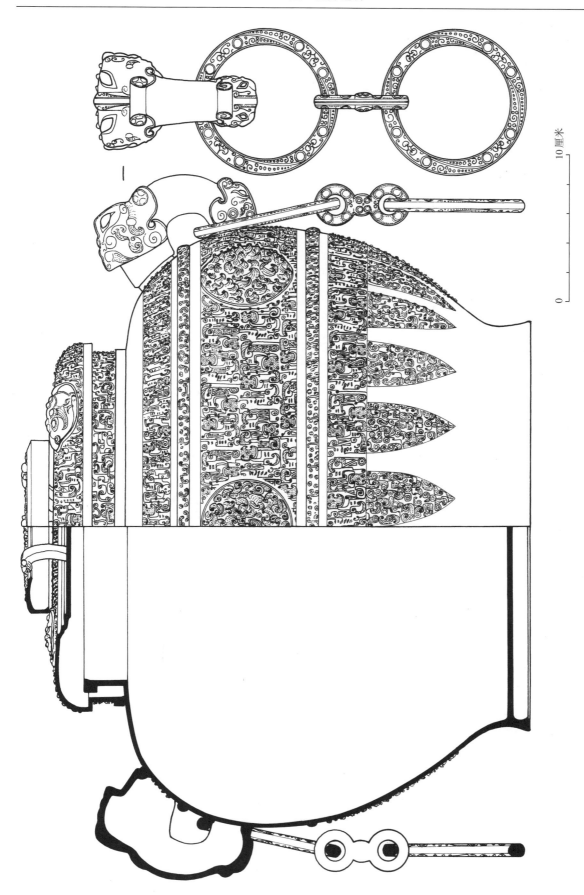

图三九 A型铜鉴缶（M2：77）

而 M2：13 的则无，这与 M2：13 环形耳铸法相同。圈足底沿周边有四个浇冒口痕迹，冒口长分别为 5.2、5.4、5.5、5.7 厘米。口径 17.4、腹径 28.4、底径 18.9、通高 43.2 厘米，重 5.8 千克（彩版二四，2）。

7. 盥缶

2 件。编号为 M2：76、77，皆出土于椁室中东部偏西。根据盖、耳部的形状及局部纹饰的不同，可以分为二型。

A 型　1 件。

标本 M2：77，器表附有褐色、黄色、浅绿色锈斑。覆盘形盖，盖顶中心凹下呈一圆饼形，平顶中心有一个五龙衔环圆形捉手。盖面周沿外鼓，近盖沿处均匀地分布四个对称的椭圆饼形乳突。盖缘内折呈短直颈，方唇置于肩上，罩住器口。器身直口，方唇，短直颈，广肩，鼓腹下收，最大腹径在上部。肩腹间有两个对称的兽首形环耳，双耳是先铸后焊接的。双耳上各套一提链，提链由四个圆环套合而成：两端的双环是大圆环，圆环横截面为椭圆形；中间两个小环固定在一起呈"8"字形双环，此环由两个半圆环组成，也可分开。平底，矮圈足略外侈。盖顶中心内凹部分由内向外饰三重纹饰：一重为四分式旋涡纹；二重为连续重环纹；三重为变形蟠螭纹。圆形捉手上均匀地分布五个龙头，龙嘴衔环，龙眼圆鼓，隆鼻，角上细刻斜线纹，面部饰卷云纹，龙身弯曲呈弧形与盖顶相连。龙头之间的捉手面上饰变形蟠螭纹。盖缘上满饰变形蟠螭纹，四个椭圆饼形乳突上饰兽面纹，盖沿上亦饰一周变形蟠螭纹。器身肩部饰一周变形蟠螭纹。兽首形环耳为双兽首，其上端兽首大于下端兽首。环耳顶端平面布施三个龙头，中间龙头略大于两侧，龙头的眼、鼻、嘴轮廓分明。下端的兽首为倒立形，眼、鼻、嘴部位都小于上端兽首，兽首面部满饰卷云纹。环耳上的提链圆环上满饰斜三角卷云纹，"8"字形双环上正面饰卷云纹和圆点纹。器身肩部和腹中部各饰一周圆形凸棱，棱上满饰连续的星点式变形蟠螭纹。两周凸棱之间均匀地分布六个凸起的圆泡状乳突，乳突上、乳突之间均饰变形蟠螭纹。下腹部饰一周变形蟠螭纹带，下饰一周垂叶纹内填变形蟠螭纹。圆形捉手采用分型叠铸工艺实现与器盖整铸。环耳与器身是通过焊接的方法加以连接的，连接处可见焊料。环耳中空可见范芯。口径 22.4、腹径 41.2、底径 28.0、通高 35.0 厘米，重 15.5 千克（图三九、四〇；彩版二五，1；彩版二六）。

B 型　1 件。

标本 M2：76，器表附有黄色、褐色、浅绿色锈斑。覆盘形盖，盖顶中心凹下呈一圆饼形，平顶中心有一个四龙衔环圆形捉手。盖面周沿外鼓，近盖沿处均匀地分布四个对称的椭圆饼形乳突。盖缘内折呈短直颈，方唇置于肩上，罩住器口。器身直口，方唇，短直颈，广肩，鼓腹下收，最大腹径在上部，肩腹间有两个对称的兽首形环耳，双耳是先铸后焊接的。双耳上各套一提链，提链由四个圆环套合而成，两端的双环是大圆环，圆环横截面为椭圆形，中间两个小环固定在一起呈"8"字形双环，此环由两个半圆环组成，亦可分开。平底，圈足较 M2：77 矮，略外侈。盖顶中心内凹部分无纹饰，圆形捉手上均匀地分布着四条龙头，龙嘴衔着环，眼、鼻轮廓分明，龙身呈扁凸棱状，弯曲为弧形与盖顶相连，捉手圆面上从内向外饰两重纹饰：一重为卷云纹；另一重为三角云纹。盖面外围平面满饰变形蟠螭纹，四个椭圆饼形乳突上饰三分式龙纹，龙身上有细刻斜线纹。器身肩部饰一周变形蟠螭纹，其上下各饰一周细弦纹。兽首形环耳的兽首面部饰卷云纹，提链的两端圆环为素面，中间的"8"字形双环正面饰三角云纹。器身肩部和腹中部各饰一周圆形

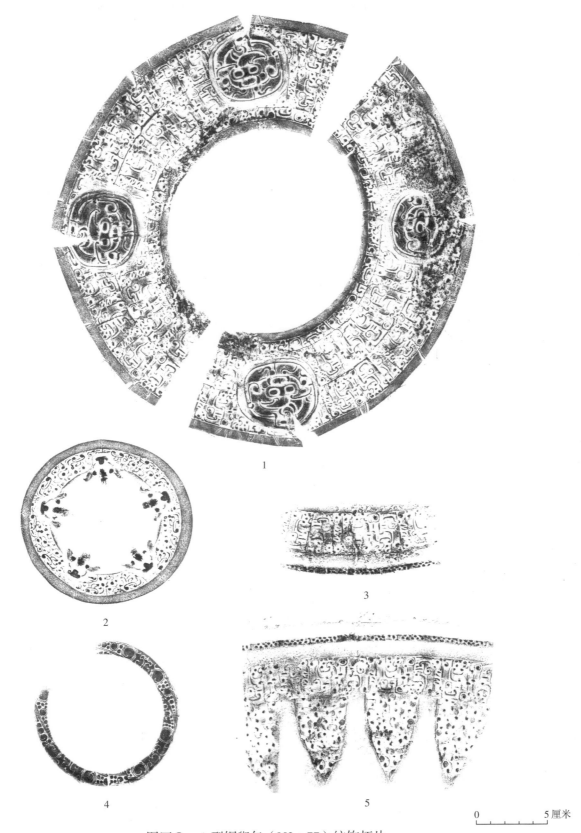

图四〇 A 型铜盥缶（M2：77）纹饰拓片
1. 盖面 2. 盖面圆形捉手 3. 肩部 4. 提链环 5. 腹部

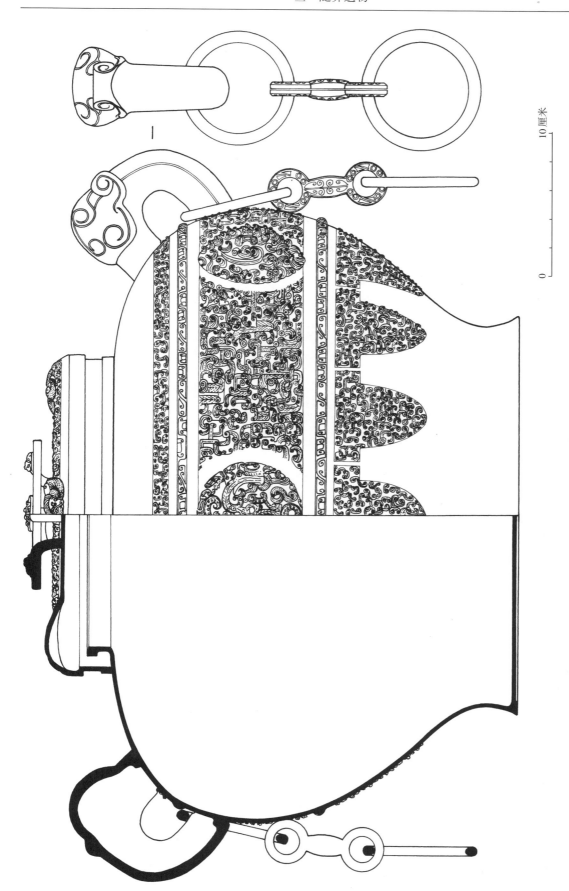

10厘米

0

图四一 B型铜鉴缶（M2：76）

凸棱，棱上满饰连续的三角云纹。两周凸棱之间均匀地分布六个凸起的圆泡状乳突，乳突上及乳突之间满饰变形蟠螭纹。下腹部饰一周细弦纹，下饰一周垂叶纹。垂叶纹不规整，有的两端都呈三角形，内填变形蟠螭纹。圆形捉手采用了分型叠铸工艺实现与器盖整铸。环耳与器身是通过焊接的方法加以连接的，连接处可见焊料。器身上可见三条纵向范缝痕迹，圈足沿面一周有六个浇冒口痕迹，冒口长分别为7.5、8.0、8.1、9.0、6.6、7.7厘米。口径19.8、腹径43.0、底径28.0、通高35.0厘米，重13.7千克（图四一；彩版二五，2）。

8. 壶

4件。编号为M2∶4、5、8、52。根据形制的不同，可将其分为二型。

A型　2件。方壶。编号为M2∶4、5，皆出土于椁室东壁中部。两件大小、形制、纹饰基本相同。

标本M2∶4，此器器表附黄色泥姜锈及褐色、浅绿色锈斑。器呈方体。有盖，盖呈八瓣形镂孔花冠状，无顶，盖沿内折，垂成子口，以套于壶口内。器身直口微侈，方唇沿承盖。方形颈中部微束，颈部有多个不同形状的垫片，长颈部两侧附一对称伏龙形长耳。器身四隅上下都有棱。方溜肩，在颈与肩交接处有一周方形宽箍，箍凸出呈一周宽带，中间有一道凸棱。腹部呈方形，下腹内收，腹中部及腹底与圈足连接处各有一周宽带凸棱。腹部四方中部由箍至足各有一纵向宽带，与横宽带凸棱相交呈"十"字形格栏，纵向宽带为平面。平底，长方形圈足。器盖满饰蟠龙纹。方颈上下各饰一周蟠螭纹。耳，龙形，龙的足部饰卷云纹，龙身中部满饰三角云纹、连续三角纹。腹部的十字格栏内及长方圈足均满饰蟠螭纹。双耳与器身是通过榫卯结构，用铅浇焊的方法加以连接的，连接处可见铅料。龙形耳的头部与龙身也是通过榫卯结构，用铅浇焊的方法加以连接的。圈足内壁存有芯料，圈足沿面一周有四个浇冒口痕迹，冒口长分别为9.2、9.5、8.7、9.0厘米。器口长17.8、宽15.1厘米，腹径23.0～25.6、圈足长20.4、宽18.8厘米，盖高12.9、通高57.0厘米，重13.7千克（图四二；彩版二七，1）。

标本M2∶5，器表附有黄色、褐色、浅绿色锈斑。整个器身略小于M2∶4。器呈方体。有盖，盖呈八瓣形镂孔花冠状，无顶，盖沿内折垂成子口，以套于长方形壶口内。器身直口微侈，方唇沿承盖，长方形颈微束，颈部附一对称伏龙形长耳。两耳头部尾端各有一对称浅圆孔，孔内曾有填充物，现已脱落。方溜肩，在颈、肩交接处有一周方形宽箍，箍凸出器壁呈一周宽带，中部有一道细凸棱。器身四隅上下都有棱，腹部呈方形，中间鼓，下腹斜内收，腹中部最鼓处、腹底与圈足连接处各有一周宽带凸棱。腹部四方中部由箍至足各有一纵向宽带与横向宽带，凸棱相交呈"十"字形格栏，纵向宽带中间有一细凸棱。平底，长方形圈足。器盖满饰蟠龙纹，蟠龙纹之间用弦纹作边饰。方颈上下各饰一周蟠螭纹。颈两侧的龙形耳，龙眼部四周饰卷云纹，足趾部饰鳞纹，足根部饰卷云纹，龙身中部满饰三角云纹、连续三角纹。腹部的十字格栏内、长方圈足均满饰蟠螭纹。耳与器身是通过榫卯结构、经铅浇焊的方法连接的，连接之处可见焊料。龙形耳的头部与龙身是通过榫卯再用焊接的方法连接的。耳中空，可见范芯。圈足内壁可见范芯泥，圈足沿面一周有四个浇冒口痕迹，冒口长分别为6.5、5.4、5.5、6.4厘米。器口长15.2、腹径24.0～26.4、圈足长18.4、盖高12.7、通高57.0厘米，重13.5千克（图四三、四四；彩版二八）。

B型　2件。圆壶。编号为M2∶8、52，皆出土于椁室中东部。两件形制及纹饰相同，大小略有差异。两壶均拱形弧盖，盖缘均匀地分布四个对称的似鸟首的扁形钮，盖沿内折垂成子口，以

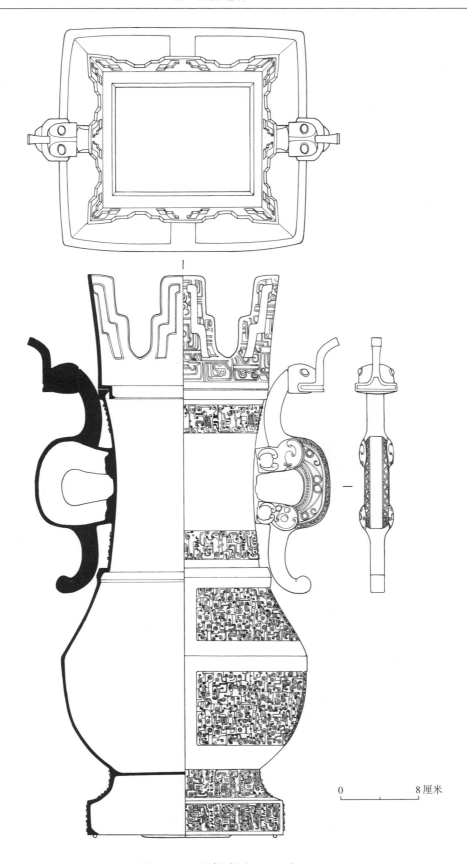

图四二　A型铜壶（M2：4）

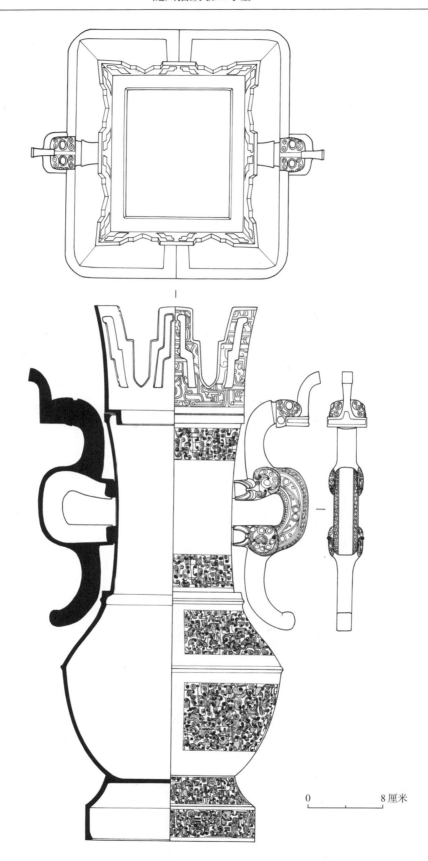

图四三 A型铜壶（M2：5）

0   8厘米

套于壶口内。器身直口微侈，方唇，束颈，圆肩，鼓腹，最大腹径在上部。肩部有两个对称的铺首衔环，衔环横截面为椭圆形。平底，圈足较高。腹部饰有三组凹弦纹，每三道为一组。铺首衔环的环钮两侧饰重环纹，中间饰绚索纹，衔环两面均饰连续的重环纹。扁形钮是采用分型嵌范工艺实现与器盖整铸。铺首衔环是通过榫卯结构，用焊接的方法与腹身铸接的。圈足内存有芯料。圈足沿面一周有三个浇冒口痕迹，长11.5~12厘米。

标本M2：8，出土时内盛鹿骨（附表三）。口径10.9、腹径23.1、通高36.5厘米，重3.9千克（图四五，1；图版一八，1）。

标本M2：52，口径11.2、腹径23.5、通高36.7厘米，重3.3千克（图版一八，2）。

9. 豆

3件。编号为M2：12、15、38，皆出土于椁室东部，M2：12、15两件豆均与M2：13圆尊缶相邻，M2：38豆紧靠M2：32镬鼎。据其形制的不同，可分为二型。

A 型　1件。方盖豆。

标本M2：38，器表附有黄色、蓝色锈斑。有盖，盖与豆盘皆呈方斗形。上下四隅有棱。盖顶微弧近平，四角各有一个环状钮。盖近口处另有两个对称的环形耳。盖口为方缘，口沿四边各对称分布一舌形衔扣。器身直口，方唇。深腹，上腹部有两个对称的环形耳，下腹部斜腹内收，小平底。圆柱形柄较短。圆盘形圈足，柄与足连接处有一周圆形凸棱，柄中空可见范芯。通体素面。口径17.4、腹径17.2、豆座径13.6、通高29.6厘米，重4.4千克（图四五，2；彩版二七，3）。

B 型　2件。盘豆。编号为M2：12、15，形制、大小相同。侈口，斜直壁，折腹，浅盘圜底。豆柄细长，上、下部略粗，中部略细，豆柄下接喇叭形豆座。通体素面。豆座与豆柄内可见范芯。盘豆的铸造方法为豆盘与豆柄分铸后，施以焊接。而A型豆使用的是分型制模和分型嵌范技术铸成。

标本M2：12，豆盘径18.9、豆座径12.7、高18.9厘米，重1.8千克（图四六，1；图版一八，3）。

标本M2：15，豆盘径18.8、豆座径12.8、高19.8厘米，重1.8千克（图版一八，4）。

10. 釜

1件。

标本M2：11，出土于椁室东部偏北。敞口微敛，平折沿，溜肩，深腹，下腹斜收。底稍内凹近平，通体素面。器腹壁从口沿至底可见三条纵向范缝痕迹，器底有一周圆形范缝痕迹。三外范范缝与圆形底范痕相连。此器出土时内盛鹿骨（附表三）。口部已变形，口径为33.5~34.8、腹径31.4、腹深19.2、高20.4厘米，重3.4千克（图四六，2；图版一九，1、2）。

11. 盘

1件。

1

2

0 ———— 5厘米

图四四　A 型铜壶（M2：5）纹饰拓片
1. 壶盖花冠　2. 圈足

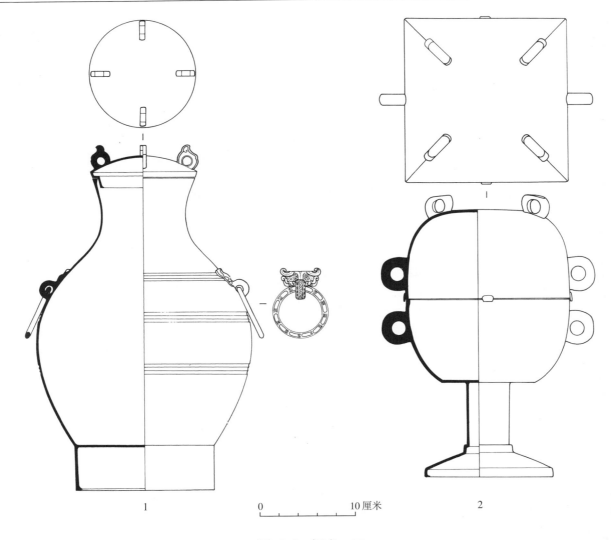

图四五　铜壶、豆
1. B 型壶（M2：8）　2. A 型豆（M2：38）

标本 M2：75，出土于椁室中部偏南。直口微敛，方唇沿。上腹壁斜直，对称地饰有两个环形双耳套一圆环，环截面呈椭圆形。折腹，下腹壁内收，平底，矮圈足。通体素面。环形双耳与器身通过榫卯结构铸成，内壁可见榫头呈圆形。器底中心可见一长方形浇冒口痕迹，冒口长 5.3 厘米。底部有多处补铸痕迹。此器出土时内置铜匜 1 件（图版一九，3）。口径 33.2、腹径 34.4、底径 24.0、高 9.2 厘米，重 3.7 千克（图四七，1；彩版二七，2）。

12. 匜

1 件。

标本 M2：74，出土时置于盘内。器形似瓢。流部较短，上翘。匜身俯视呈椭圆形。敞口，弧腹，平底，矮圈足。通体素面。圈足内壁见范芯。口径 17.0、底径 7.8、腹深 6.0、流长 7.4、流宽 6.0、通长 20.8、高 8.5 厘米，重 1.1 千克（图四七，4；彩版二七，2）。

13. 匕

3 件。编号为 M2：35、36、57，据其形制的不同，可分为二型。

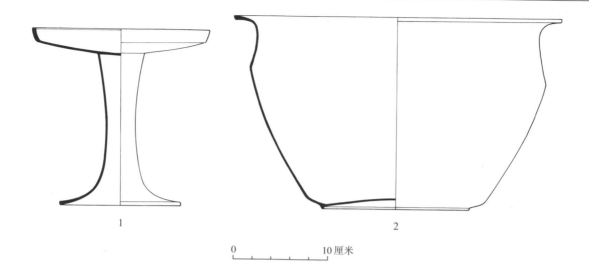

0　　　　　　　　　10厘米

图四六　铜豆、釜
1. B型豆（M2∶12）　2. 釜（M2∶11）

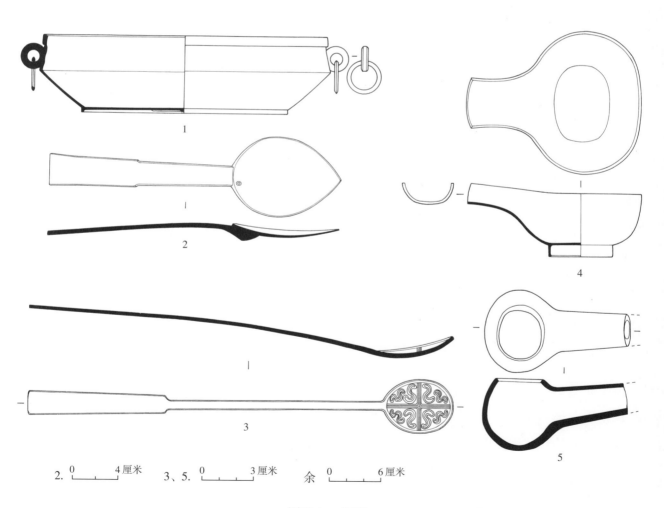

2. 0 ___ 4厘米　　3、5. 0 ___ 3厘米　　余 0 ___ 6厘米

图四七　铜器
1. 盘（M2∶75）　2. A型匕（M2∶57）　3. B型匕（M2∶35）　4. 匜（M2∶74）　5. 斗（M2∶3）

A 型　1 件。

标本 M2：57，出土时置于 M2：58 升鼎内。形体较大，匕斗呈桃尖状。柄微拱，分前后两段：前段较窄，后段较宽呈长方梯形。在柄与斗连接处的正面有一小圆孔，背面有一梯形加厚层，以示加固。通体无纹。通长 24.5、斗长 9.2、宽 6.8、柄长 15.3、宽 2.7 厘米，重 0.2 千克（图四七，2；图版一九，4）。

B 型　2 件。

编号为 M2：35、36（图版一九，5），出土时置于陶豆与铜鬲之间。形体较 A 型瘦小，其形制、大小、纹饰完全相同。匕斗为椭圆形，柄为细长方形杆，中部稍拱曲，尾端较宽略呈长方梯形。匕斗以二纵与二横交叉呈四道细弦纹，将斗内面分为四瓣，瓣内均饰蟠龙纹。

标本 M2：35，通长 25.1、斗长 4.4、宽 3.3、柄长 20.7、宽 1.4 厘米，重 0.1 千克（图四七，3）。

标本 M2：36，通长 25.0、斗长 4.1、宽 3.1、柄长 20.9、宽 1.3 厘米，重 0.1 千克。

14. 斗

1 件。标本 M2：3，出土于椁室东壁北部，与方壶为邻。器体形似烟斗。斗身为椭圆形，敛口，口沿宽窄不一，壁厚。圆柄中空并与斗身相通，柄尾端有断痕，通体无纹。最大径 4.9、最小径 2.8、腹深 4.2、残长 8.5 厘米，重 0.2 千克（图四七，5；彩版二七，4）。

（二）乐　器

出土青铜乐器有甬钟和建鼓座两种，共 2 件（套）37 件，占青铜器总量的 11.3%。另外相伴出有甬钟挂钩 22 件。青铜乐器有 29 件出自椁室南部，8 件在椁室西部。这些乐器均为打击乐器，现分述如下。

1. 甬钟

36 件。编号为 M2：80～114、116（彩版三〇、三一）。通高在 75.1～96.7 厘米之间的称为大甬钟，通高在 30.0～43.2 厘米之间的称为小甬钟（表五）。出土时基本保持着下葬时的状况，其中 29 件在椁室南部靠南壁成列式分两排平放，7 件在椁室西部的西壁并列立置 2 件，二者之间平放 5 件。不见有钟架随葬。从甬钟出土位置来看，此套甬钟在下葬前应分两层呈曲尺形悬挂。

全套甬钟均保存完好，击之仍可发音。钟体扁如合瓦，铣边有棱，舞平，上有八棱形长甬，甬下部有旋、斡，经 X 光检测，甬中空，内有泥芯。体上部略窄，下部稍宽，呈直线外侈，于部向上收成弧形，铣部下阔。钟体内腔相对于鼓部正中左右两侧，均有一个从钟口向上延伸到中部的音脊，音脊有的呈弧形，有的呈窄长方形，其分布基本对称。在钟腔内相对篆带处居中的位置，分布四个长方形芯撑孔，有的已穿（表六）。八棱形长甬、斡部均饰变形蟠螭纹。甬部上的纹饰都是用单元纹饰范拼兑技术铸成的，单元纹饰范之间可见铸造时留下的范线，有的范线较为明显，未经过任何处理。舞部以甬底为中心，分成对称的四格，布施繁密的变形蟠螭纹。在舞部横径线上，甬把两侧对称地留有两个浇冒口残茬。钟体上饰有龙纹或绚索纹的凸棱，将钟体的钲部及篆带、枚带界隔开，篆部的上下缘和篆带及外侧均饰变形蟠螭纹，枚带无纹。枚有长枚和短枚两种。8 件长枚钟上均有三十六个乳钉状枚，每三枚一组为枚带，三个枚带为一区，全钟共计十二个枚带，四区。枚体为素面，枚带亦为素面。28 件短枚钟上共有二十个突出的圆泡形短枚，短枚五个

表五 铜甬钟主要数据表

（长度单位：厘米）

器号	型式	通高	甬（钮）长	上径	下径	舞修	舞广	铣长	中长	铣间	鼓间	壁厚正鼓	侧鼓	枚高	径	重量（千克）
M2：80	Aa型	96.7	43.4	5.9	9.9	34.3	27.4	53.3	40.7	37.6	29.9	1.8	2.4	3.4	3.0	75.8
M2：81	Aa型	96.7	43.4	5.8	9.6	34.6	27.4	53.3	40.6	38.1	29.9	2.1	2.2	3.4	3.0	78.8
M2：93	Aa型	86.8	38.4	5.8	9.2	29.3	23.2	48.4	35.8	32.8	26.0	1.0	1.8	3.6	3.1	46.5
M2：94	Aa型	86.4	38.0	6.0	9.2	29.2	22.6	48.4	36.4	32.6	26.0	1.6	2.4	3.4	3.1	48.9
M2：89	Ab型	75.1	32.1	4.8	6.5	25.2	20.1	43.0	32.2	27.3	24.0	2.0	2.2	3.4	2.7	39.4
M2：90	Ab型	75.6	31.6	4.6	6.7	25.3	20.0	44.0	32.2	27.6	24.3	2.4	2.3	3.4	2.8	40.4
M2：91	Ab型	79.0	33.5	5.4	8.3	28.0	21.4	45.5	32.7	30.6	23.8	1.4	1.6	3.3	2.7	38.3
M2：92	Ab型	79.4	33.4	5.6	8.2	28.6	21.4	46.0	33.7	31.0	22.5	1.6	1.6	3.1	2.8	38.6
M2：82	Ba型	36.5	16.2	3.4	4.5	13.6	10.1	20.3	17.0	14.6	11.6	1.6	2.2			5.9
M2：85	Ba型	43.2	19.9	3.7	4.6	15.4	11.2	23.3	18.9	16.7	13.5	1.1	1.8			7.7
M2：86	Ba型	36.3	16.2	3.4	4.2	13.8	10.3	20.1	16.6	14.6	11.6	1.5	1.5			6.5
M2：88	Ba型	43.0	19.7	3.9	5.0	14.6	11.2	23.3	18.8	16.4	13.3	0.7	1.0			8.3
M2：95	Ba型	37.3	17.0	3.3	4.6	13.6	10.5	20.3	17.2	14.3	11.8	1.5	2.1			5.5
M2：97	Ba型	39.2	17.8	3.5	4.9	14.3	10.9	21.4	17.2	15.5	12.5	1.5	1.7			6.9
M2：103	Ba型	43.2	19.9	3.6	5.1	15.3	11.1	23.3	19.1	16.8	13.6	1.6	1.8			8.0
M2：104	Ba型	38.9	18.0	3.6	5.0	14.6	11.0	20.9	17.4	15.7	12.5	1.4	2.1			6.0
M2：106	Ba型	38.8	17.8	3.7	4.9	14.5	11.0	21.0	17.2	15.6	12.4	1.3	2.3			6.6
M2：111	Ba型	42.9	19.7	3.6	5.0	15.5	11.3	23.2	19.1	16.7	13.5	1.2	1.1			8.5
M2：114	Ba型	37.9	17.9	3.5	4.8	13.8	10.4	20.0	16.7	14.7	11.7	1.9	1.7			6.7
M2：116	Ba型	38.4	17.2	3.7	4.7	14.7	10.9	21.2	17.1	15.8	12.4	0.9	1.7			6.8
M2：83	Bb型	35.0	15.9	3.1	4.2	12.9	8.9	19.1	16.0	14.5	10.5	1.5	2.7			5.8
M2：84	Bb型	33.2	15.4	3.4	4.3	11.8	9.2	17.8	14.4	13.7	10.4	2.7	3.1			6.7
M2：87	Bb型	35.8	16.8	3.3	4.5	12.9	9.2	19.0	15.5	14.7	10.7	1.4	1.7			5.2
M2：96	Bb型	30.2	14.2	3.1	3.9	10.7	8.4	16.0	13.5	12.0	9.2	2.3	3.1			5.6
M2：98	Bb型	30.0	14.5	3.0	3.7	10.2	8.4	15.5	13.5	11.9	9.2	1.5	2.6			4.5
M2：99	Bb型	31.0	15.2	3.0	3.8	10.6	8.2	15.8	13.1	12.0	9.0	1.7	2.0			4.2
M2：100	Bb型	36.1	16.9	3.7	4.5	12.9	9.1	19.2	15.8	14.4	10.9	1.6	2.1			6.3
M2：101	Bb型	33.5	15.6	3.1	4.0	12.0	9.0	17.9	14.9	13.8	10.6	1.9	2.0			4.8
M2：102	Bb型	33.5	15.9	3.0	4.1	11.9	9.1	17.6	14.5	13.7	10.6	1.4	1.8			5.6
M2：105	Bb型	33.4	15.7	3.2	4.2	11.9	9.0	17.7	14.5	13.9	10.7	2.7	3.6			7.5
M2：107	Bb型	30.7	15.1	3.0	3.8	10.5	8.3	15.6	13.4	12.0	9.2	2.3	3.1			4.7
M2：108	Bb型	33.3	16.0	3.2	4.6	11.7	9.2	17.3	14.5	13.5	10.5	2.5	3.1			7.0
M2：109	Bb型	33.2	15.5	3.2	4.3	11.9	9.0	17.7	14.4	13.5	10.6	2.5	3.2			7.1
M2：110	Bb型	30.4	14.8	2.8	3.6	10.4	8.4	15.6	13.2	12.0	9.3	2.1	2.3			4.2
M2：112	Bb型	30.7	15.1	3.1	3.7	10.5	8.2	15.6	13.7	11.9	9.3	2.5	2.6			4.9
M2：113	Bb型	34.3	15.6	3.2	4.3	12.9	9.1	18.7	15.9	14.3	10.7	1.4	1.8			4.5

表六　铜甬钟基本情况统计表

器号	型式	主体纹样	芯撑孔	腔内磨砺部位
M2：80	Aa 型	神人操蛇	没有芯撑孔	八个部位经磨砺
M2：81	Aa 型	神人操蛇	没有芯撑孔	八个部位经磨砺
M2：89	Ab 型	兽面纹	有 4 个长方形芯撑孔，全部穿透	八个部位经磨砺
M2：90	Ab 型	兽面纹	有 4 个长方形芯撑孔，有 2 个穿透	八个部位经磨砺
M2：91	Ab 型	兽面纹	有 4 个长方形芯撑孔，有 3 个穿透	八个部位经磨砺
M2：92	Ab 型	兽面纹	有 4 个长方形芯撑孔，均未穿透	八个部位经磨砺
M2：93	Aa 型	神人操蛇	没有芯撑孔	八个部位经磨砺
M2：94	Aa 型	神人操蛇	没有芯撑孔	八个部位经磨砺
M2：82	Ba 型	双体龙纹	有 4 个长方形芯撑孔，有 1 个穿透	铣内壁一边磨砺
M2：85	Ba 型	双体龙纹	有 4 个长方形芯撑孔，有 1 个穿透	鼓内壁经磨砺
M2：86	Ba 型	双体龙纹	有 4 个长方形芯撑孔，有 1 个穿透	多经磨砺
M2：88	Ba 型	双体龙纹	有 4 个长方形芯撑孔，均未穿透	多经磨砺
M2：95	Ba 型	双体龙纹	有 4 个长方形芯撑孔，有 3 个穿透	铣内壁经磨砺
M2：97	Ba 型	双体龙纹	有 4 个长方形芯撑孔，有 2 个穿透	多经磨砺
M2：103	Ba 型	双体龙纹	有 4 个长方形芯撑孔，有 2 个穿透	未经任何磨砺
M2：104	Ba 型	双体龙纹	有 4 个长方形芯撑孔，有 3 个穿透	铣内壁经磨砺
M2：106	Ba 型	双体龙纹	有 4 个长方形芯撑孔，均穿透	一侧铣内壁和一侧正鼓内壁经磨砺
M2：111	Ba 型	双体龙纹	有 4 个长方形芯撑孔，有 3 个穿透	八个部位经磨砺
M2：114	Ba 型	双体龙纹	有 4 个长方形芯撑孔，有 3 个穿透	多经磨砺
M2：116	Ba 型	双体龙纹	有 4 个长方形芯撑孔，均未穿透	多经磨砺
M2：83	Bb 型	单体龙纹	有 4 个长方形芯撑孔，有 2 个穿透	未经任何磨砺
M2：84	Bb 型	单体龙纹	有 4 个长方形芯撑孔，有 2 个穿透	未经任何磨砺
M2：87	Bb 型	单体龙纹	有 4 个长方形芯撑孔，均未穿透	多经磨砺
M2：96	Bb 型	单体龙纹	有 4 个长方形芯撑孔，均未穿透	未经任何磨砺
M2：98	Bb 型	单体龙纹	有 4 个长方形芯撑孔，均未穿透	多经磨砺
M2：99	Bb 型	单体龙纹	有 4 个长方形芯撑孔，有 1 个穿透	未经任何磨砺
M2：100	Bb 型	单体龙纹	有 4 个长方形芯撑孔，有 2 个穿透	八个部位经磨砺
M2：101	Bb 型	单体龙纹	有 4 个长方形芯撑孔，有 2 个穿透	铣内壁经磨砺
M2：102	Bb 型	单体龙纹	有 4 个长方形芯撑孔，均未穿透	铣内壁、正鼓一边经磨砺
M2：105	Bb 型	单体龙纹	有 4 个长方形芯撑孔，有 2 个穿透	未经任何磨砺
M2：107	Bb 型	单体龙纹	有 4 个长方形芯撑孔，有 1 个穿透	未经任何磨砺
M2：108	Bb 型	单体龙纹	有 4 个长方形芯撑孔，均未穿透	未经任何磨砺
M2：109	Bb 型	单体龙纹	有 4 个长方形芯撑孔，有 2 个穿透	未经任何磨砺
M2：110	Bb 型	单体龙纹	有 4 个长方形芯撑孔，有 1 个穿透	未经任何磨砺
M2：112	Bb 型	单体龙纹	有 4 个长方形芯撑孔，有 2 个穿透	未经任何磨砺
M2：113	Bb 型	单体龙纹	有 4 个长方形芯撑孔，有 2 个穿透	未经任何磨砺

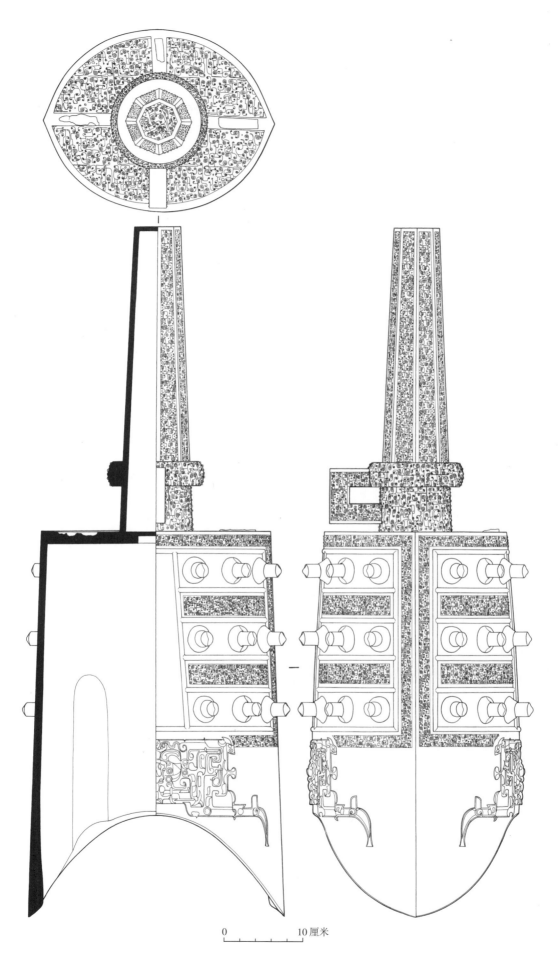

0   10厘米

图四八　Aa 型铜甬钟（M2：93）

为一区，每面两区，全钟四区。圆泡形枚体上饰一条蟠龙纹，篆部满饰变形蟠螭纹。正鼓部饰有兽面纹、神人操蛇纹和龙纹等，其中龙纹又有单体、双体两种。

（1）甬钟形制

36 件甬钟形制大体相同，形体大小不一。依其甬钟的大小、枚的形制不同，可分为二型。

A 型　8 件。大甬钟。编号为 M2：80、81、89～94，均为长枚钟。形体较大，形制相同，大小有别，纹饰大同小异。根据正鼓部纹饰内容不同，分成两亚型。

Aa 型　4 件。神人操蛇纹大甬钟。编号为 M2：80、81、93、94，在其正鼓部饰有半浮雕神人操蛇跨龙的图像。神人高鼻深目，嘴巴微闭。两臂由左右两侧向上屈伸，双手各操一卷曲蛇体。上体赤裸，文身，紧束腰带，下肢张开，胯乘龙躯，龙躯下连龙首，龙首有一对向后弯曲的长角，其面部鼓起的双目和突起的鼻梁，颇似一具水牛头的形象。神人图像的两侧，似盘卧纠结的抽象龙躯，龙躯上阴刻有三角纹和圈点纹。

标本 M2：93，长甬，甬部上细下粗，旋以上为八棱柱体，衡平，衡面亦为八棱形，棱线分明，衡上棱线面窄，衡面饰变形蟠螭纹。甬部的八棱柱体棱脊为双棱线而显得棱角分明，棱面上密布变形蟠螭纹，从而构成斑斑点点的表面，触之有棘手之感。棱面纹样为单元纹饰范拼兑的，每一棱面为八组纹样。甬下部之旋，为环绕甬把而凸起的一圈凸箍带，其上遍饰变形蟠螭纹，纹样四组。旋上之幹，设在钟体一面的中轴线上，为长方形钮，其正面、顶面、下面均为素面，左右两侧面饰变形蟠螭纹。旋与舞之间的圆柱面上亦绕饰变形蟠螭纹。舞部以甬根为中心，划分成对称的四格，布施繁密的变形蟠螭纹，在舞部横径线上，甬把两侧对称地留有两个浇冒口残茬。钲部和篆带、枚带均以凸棱界隔，凸棱上布施细密的龙纹，龙首两两上下相靠，龙尾卷成三角形，两两相对，三角形内填细小的圆点。钲部两侧、篆带上下之间各有九个长枚突出，其枚三三并列

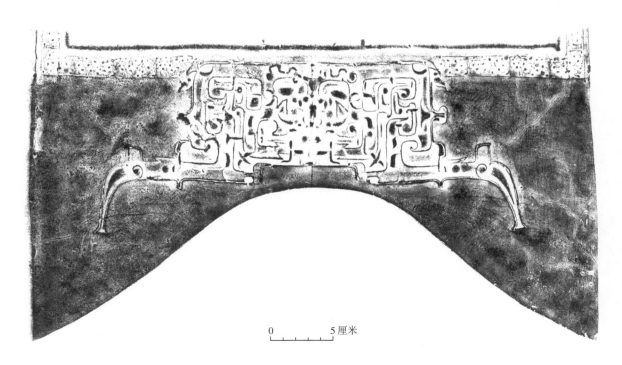

0　　　　　5厘米

图四九　Aa 型铜甬钟（M2：93）鼓部纹饰拓片

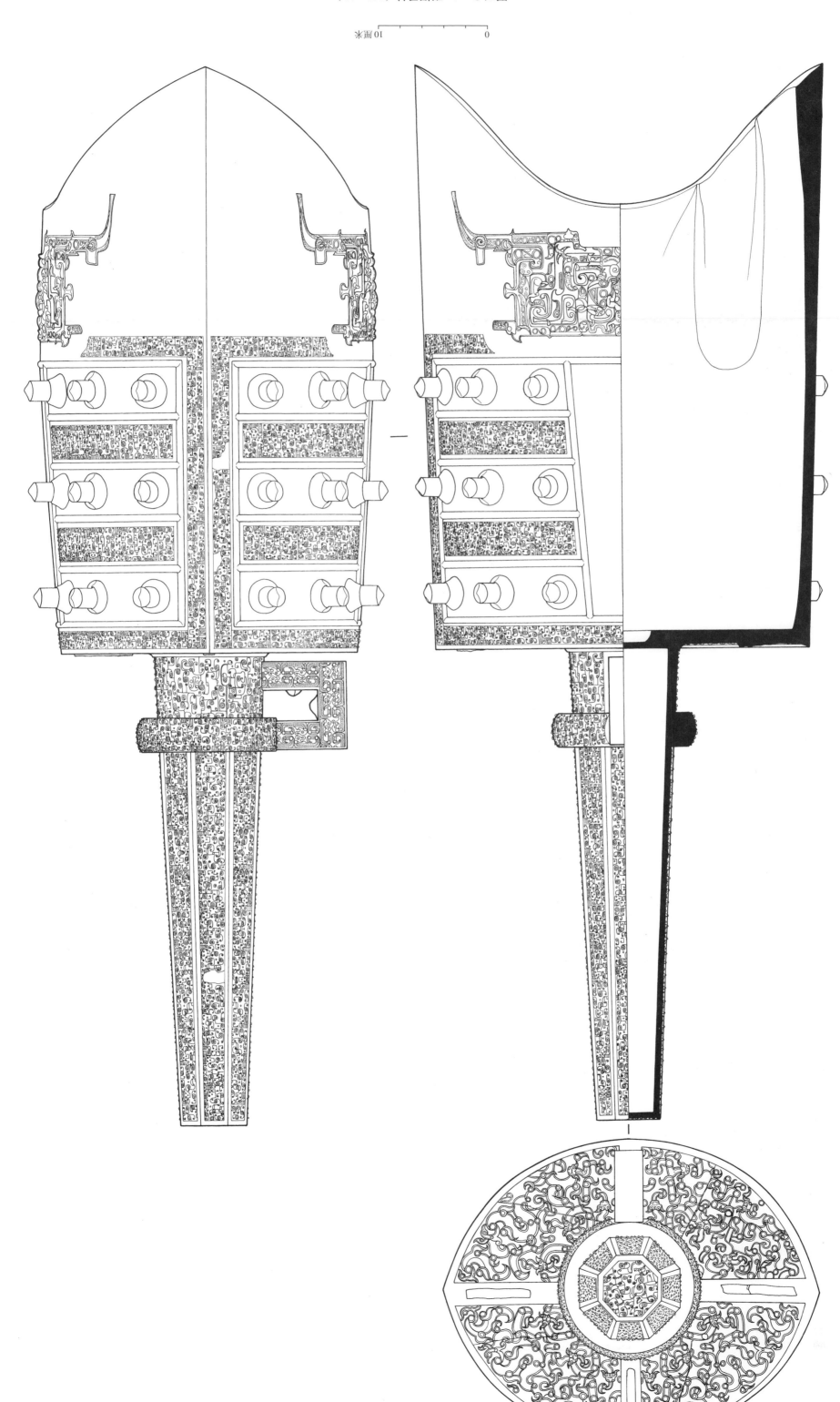

0　　　　　　　10厘米

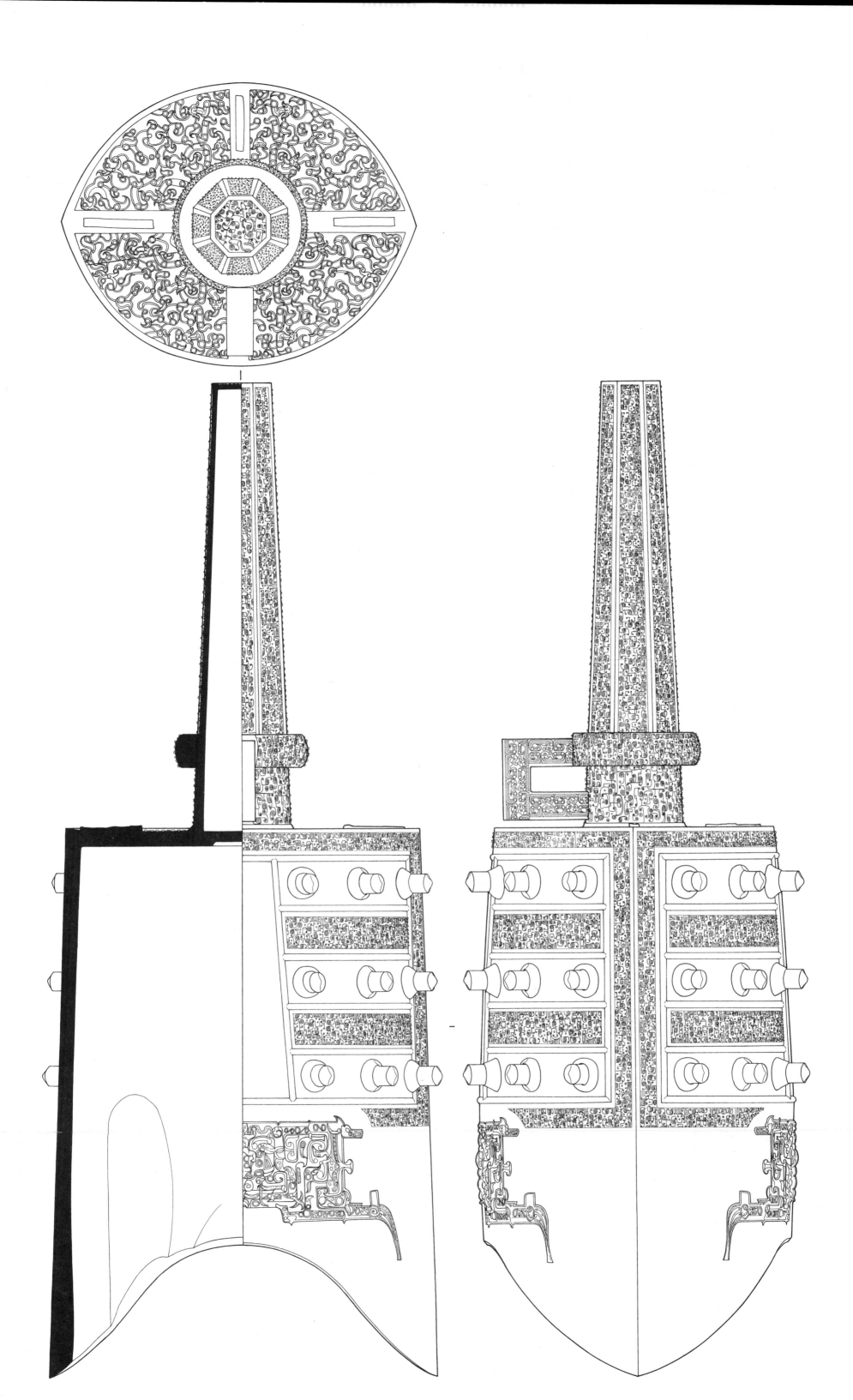

为一区，每区九个枚，组成三个枚带，每面两区六个枚带，全钟共三十六个枚。枚均侈出较高，作乳钉状，束腰，顶端周沿较粗，正中凸似攒尖状，根部较粗呈圆锥座状。枚体无纹，篆部枚带为素面，篆带均饰变形蟠螭纹。篆部的上下缘及铣部棱线两侧饰连续的变形蟠螭纹带。其下缘纹带分左右两段，各段的外端分别与左右侧纹带相连，内端分别和鼓部纹饰相连。正鼓部饰有半浮雕神人操蛇跨龙的图像。钟壁厚薄不一，腔内相对于鼓部正中的左右两侧，均有一条带状凸起从钟口延伸到中部，形成四个基本对称的音脊。腔顶面较光滑平整，正中与甬相接处有一圆形芯撑孔。在腔内相对篆带处居中的位置没有芯撑孔。钟体内壁分别有八个部位经磨砺，以音脊、两铣内角及正鼓部中心近口沿处磨砺程度最大，受磨面均较光滑（图四八、四九；彩版三二、三三）。

标本 M2∶80，衡上棱线面窄，施变形蟠螭纹。甬部锈蚀。斡部内侧的正面和下面分别有一个呈四棱的小锥体，恰好处在挂钟的地方，可能是为防止此钟被撞击时，前后晃动幅度过大，影响音响效果而专门设计的。斡部的长方形钮正面为素面。斡部上端有一圆形补铸痕迹。舞部横径线上，甬把底部两侧对称地分布两个浇冒口残茬。在甬与舞连接处有一周铸痕。钲部和篆带、枚带均以凸棱界隔，凸棱上布施细密的龙纹，龙首两两上下相靠，龙尾卷成三角形，两两相对，三角形内填细小的圆点。篆带饰变形蟠螭纹。部分枚根部粗糙，未经磨砺。钲部两侧凸棱有四处铜残渣未清理。腔顶正中有一圆形芯撑孔。在腔内相对篆带处居中的位置没有芯撑孔。钟体内壁分别有八个部位经磨砺（图五〇；彩版二九）。

标本 M2∶81，钟体的舞部、篆带、钲部锈蚀较重。衡上棱线面窄，布满变形蟠螭纹。舞部横径线上，甬把两侧对称地分布两个浇冒口残茬。斡部长方形钮正中有一范缝。钲部和篆带、枚带均以凸棱界隔，凸棱上布施细密的龙纹，龙首两两上下相靠，龙尾卷成三角形，两两相对，三角形内填细小的圆点。篆带上饰变形蟠螭纹。腔顶面粗糙，尚有余渣未清理，正中为一圆形芯撑孔。在腔内相对篆带处居中的位置没有芯撑孔。钟体内壁分别有八个部位经磨砺（图五一、五二；彩版三四，1、3）。

标本 M2∶94，衡上棱线面窄，施变形蟠螭纹。舞部横径线上，甬把两侧对称地分布两个浇冒口残茬，凸出舞面。斡部长方形钮正面为素面。钲部和篆带、枚带均以凸棱界隔，凸棱上布施细密的龙纹，龙首两两上下相靠，龙尾卷成三角形，两两相对，三角形内填细小的圆点。篆带上饰变形蟠螭纹。腔顶正中为圆形芯撑孔，顶面粗糙。在腔内相对篆带处居中位置没有芯撑孔。钟体内壁分别有八个部位经磨砺（图五三；彩版三六，1）。

Ab 型　4件。兽面纹大甬钟。编号为 M2∶89、90、91、92，在其正鼓部饰有兽面纹。兽面双角短阔，鼻梁较为突出，双目近于方形，兽面两侧可见利爪和卷曲的龙躯。

标本 M2∶91，长甬，甬部上细下粗，旋以上为八棱柱体，旋以下为圆柱体。衡平，衡面为八棱形，棱线分明，棱线面较宽。衡面正中为一圆圈，内饰变形蟠螭纹，纹样是采用单元纹饰范拼兑技术而成的。甬部八棱柱体，棱脊为双棱线，棱线面较宽而显得棱角分明，棱面均饰同一单体的变形蟠螭纹，从而构成斑斑点点的表面，触之有棘手之感。棱面的纹样为单元纹饰，每面施以七组单元纹样，八面共施五十六组。甬下部之旋，为环绕甬把而凸起的一圈凸箍带，其上遍饰变形蟠螭纹。旋上之斡，设在钟体一面的中轴线上，为长方形钮，钮的正中部为一宽凸棱，高出斡部的表面，钮正面、顶面、下面均为素面，左、右两侧面饰变形蟠螭纹。旋与舞之间的甬根的圆柱面上亦绕饰变形蟠螭纹。舞部以甬根为中心，划分成对称的四格，布施繁密的变形蟠螭纹。在

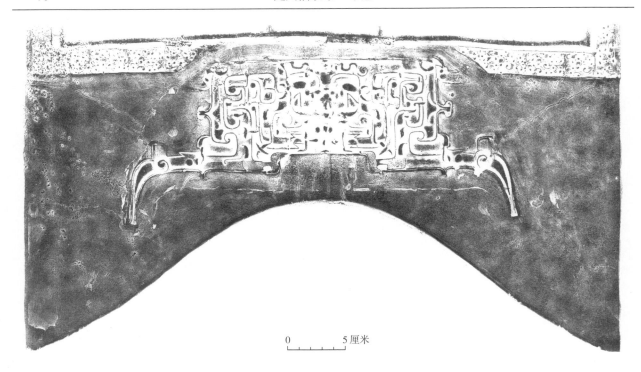

0 ━━━━━ 5厘米

图五二　Aa 型铜甬钟（M2：81）鼓部纹饰拓片

舞部横径线上，甬把两侧对称地分布两个浇冒口残茬。钲部和篆部的篆带、枚带均以凸棱界隔，凸棱上布施细密的双条绚索纹，中心填以圈点。钲部两侧的篆部内各有突出的九个长枚，其枚呈三三并列为一区，每区九个枚，组成三个枚带，每面两区六个枚带，全钟共三十六个枚。枚均侈出较高，作乳钉状，束腰，顶端周沿较粗，正中凸似攒尖状，根部较粗呈圆锥座状，枚体无纹，枚带为素面。篆带均饰蟠龙纹，龙头朝上和朝下两两相对形成一组纹样，一个篆带施三组，全钟八个篆带，共二十四组。篆部的上下缘及铣部棱线两侧饰连续的变形蟠螭纹带，其下缘纹带分左右两段，各段的外端分别与左右侧纹带相连，内端分别和鼓部纹饰相连。在其正鼓部装饰兽面纹，兽面双角短阔，鼻梁较为突出，双目近于方形，兽面两侧可见利爪和卷曲的龙躯。钟壁厚薄不匀，腔内相对于鼓部正中的左、右两侧，均有一条带状凸起从钟口延伸到中部，形成四个基本对称的音脊。腔顶面较光滑平整，正中与甬相接处，有一圆形芯撑孔，还有四个窄长方形芯撑孔，对称地分布在腔内相对篆带处居中的位置，其中有三个已穿。钟体内壁分别有八个部位经磨砺，以音脊、两铣内角及正鼓部中心近口沿处磨砺程度最大，受磨面均较光滑（图五四；彩版三四，2；彩版三五）。

标本 M2：89，衡面粗糙，素面。衡面有一芯撑孔，且裸露永久性泥芯。斡之长方形钮正面正中有一细范线把它分成左右两半。在舞部横径线上，甬把两侧对称地分布两个浇铸口痕迹，舞面上有少量熔渣未清。钲部和篆带、枚带均以凸棱界隔，凸棱上饰细密的龙纹，龙首两两上下相靠，龙尾卷成三角形，两两相对，三角形内填小圆点。篆带均饰变形蟠螭纹。腔顶平整，有一圆形芯撑孔。有四个长方形芯撑孔对称地分布在腔内相对篆带处居中位置，均穿透。钟体内壁分别有八个部位经磨砺（图五五；彩版三六，2）。

标本 M2：90，衡面不平，素面。甬把有一方棱面留有长 16 厘米的铸镏痕。在斡部长方形钮

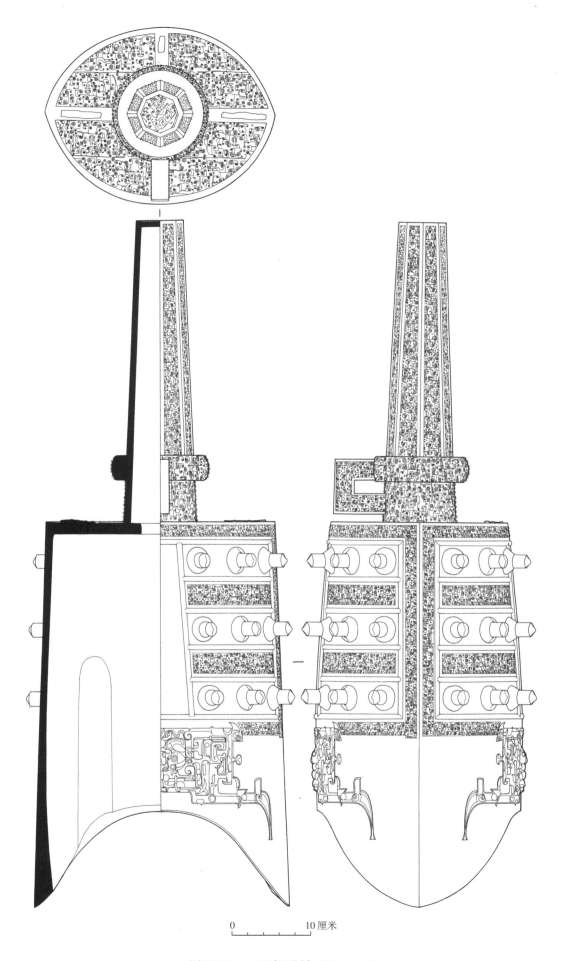

图五三 Aa型铜甬钟（M2∶94）

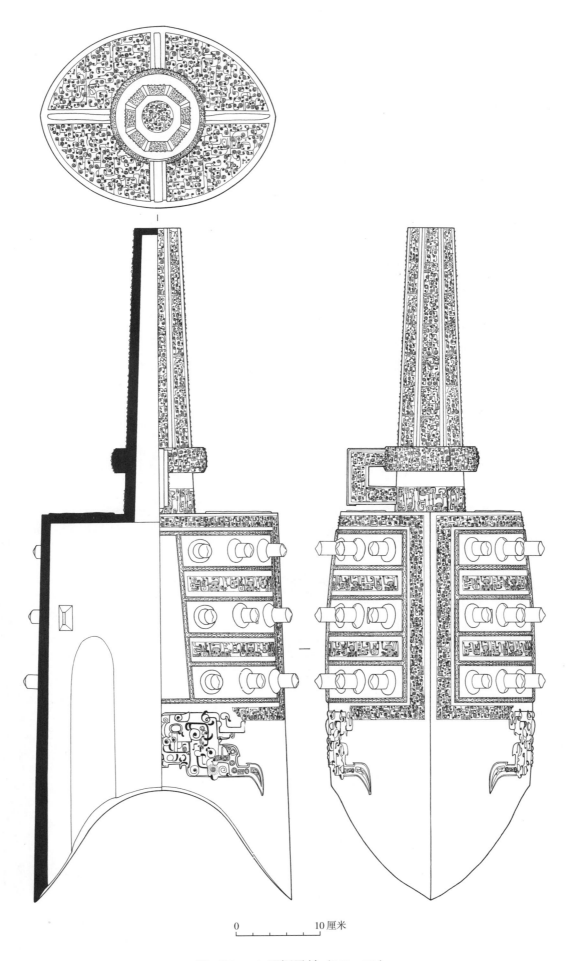

0　　　　　　　10厘米

图五四　Ab 型铜甬钟（M2：91）

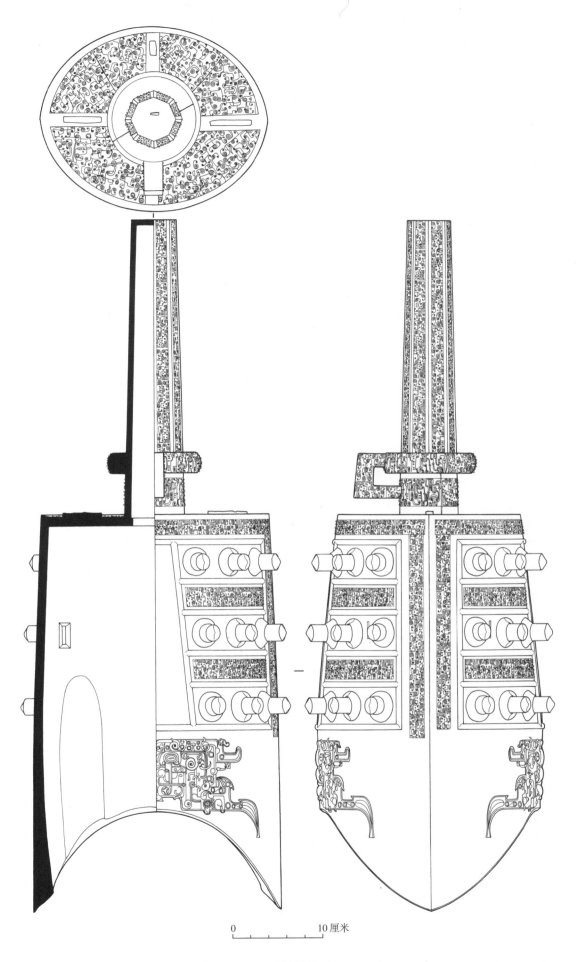

图五五　Ab 型铜甬钟（M2：89）

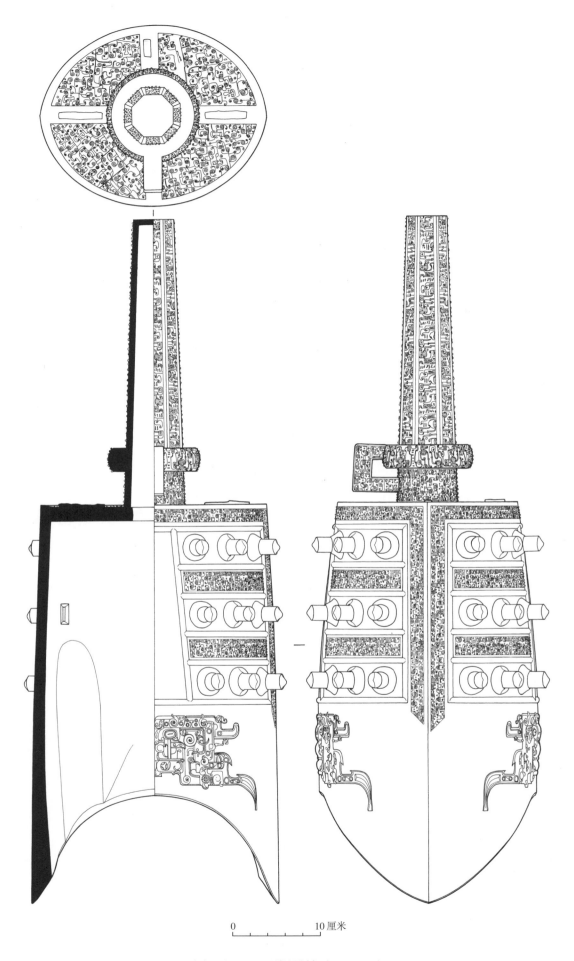

0   10厘米

图五六　Ab 型铜甬钟（M2：90）

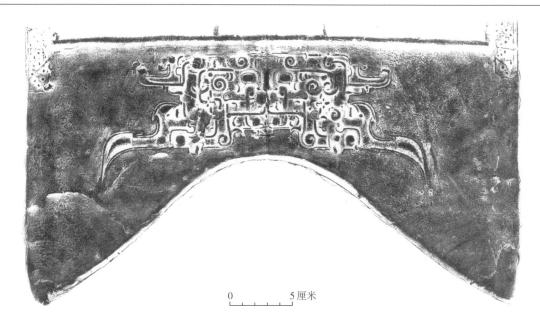

0 　　　　　　　　5厘米

图五七　Ab 型铜甬钟（M2：90）鼓部纹饰拓片

正面正中，有一细范缝线因错位而把钮分成两部分，造成左低右高。在舞部横径线上，甬把两侧对称地分布两个浇冒口痕迹。钲部和篆带、枚带均以凸棱界隔，凸棱上饰细密的龙纹，龙首两两上下相靠，龙尾卷成三角形，两两相对，三角形内填小圆点。篆带均饰变形蟠螭纹。腔顶平整，有一圆形芯撑孔。有四个长方形芯撑孔对称地分布在腔内相对篆带处居中位置，两个已穿透。钟体内壁分别有八个部位经磨砺（图五六、五七；彩版三六，3）。

标本 M2：92，衡面为八棱形，棱线分明，棱线面较宽，正中为一圆圈，内饰变形蟠螭纹。幹部为长方形钮，钮的正中部为一宽凸棱，高出幹部的平面。舞部横径线上，甬把根部两侧对称地分布两个浇冒口痕迹。凸棱上布施细密的双条绚索纹，中心填以圆点。篆带纹饰在有幹面（正面）的两区均为蟠龙纹，无幹面的左边一区为蟠龙纹，右边一区为变形蟠螭纹。腔顶面平整，中间为一圆形芯撑孔。有四个长方形芯撑孔对称地分布在腔内相对篆带处居中位置，四孔均未穿透。钟体内壁有八个部位经磨砺（图五八、五九；彩版三七）。

B 型　28件。均为短枚钟。形体较小，形制相同，大小有别，纹饰大同小异。据正鼓部龙纹的差异，分为两亚型。

Ba 型　12件。双体龙纹小甬钟。编号为 M2：82、85、86、88、95、97、103、104、106、111、114、116，在其正鼓部以双体龙纹为中线，龙身为两组，龙头两两相对，龙尾卷曲分别朝上或朝下，龙的首、身、尾均用细线阴刻而成。

标本 M2：88，长甬，甬部上细下粗，旋以上为八棱柱体，旋以下为圆柱体。衡平，衡面无纹，中部有一小芯撑孔，且裸露永久性泥芯。甬部棱脊突起而显得棱角分明，棱面上密布同一单体变形蟠螭纹，从而构成斑斑点点的表面，触之有棘手之感。龙体阴刻圈点纹、三角纹和勾连纹。甬下部之旋为环绕甬把一周凸箍带，其上遍饰变形蟠螭纹，并匀称地布饰圆泡形四乳，乳突饰一条卷曲的龙纹。旋上之幹，设在甬体下部正面的中轴线上，为环钮状，幹之正面为兽面纹，两侧饰龙纹、绚索纹，旋与舞之间的圆柱体甬面亦绕饰一周变形蟠螭纹。舞部以甬根为中心，划分为

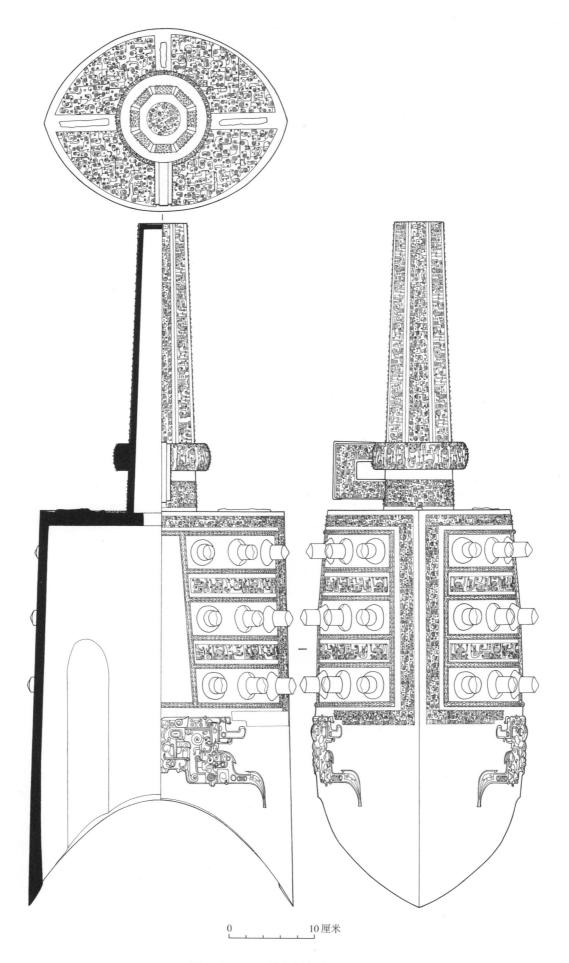

0　　　　　　　　　10厘米

图五八　Ab 型铜甬钟（M2：92）

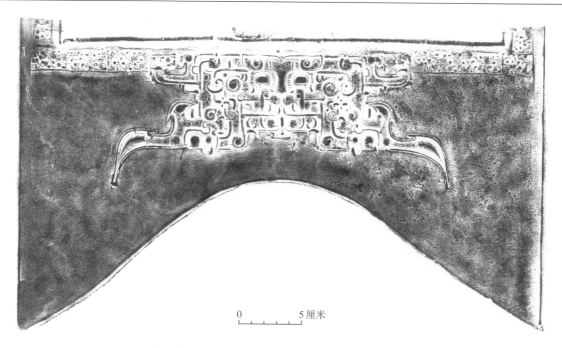

0 ┴┴┴┴┴ 5厘米

图五九　Ab 型铜甬钟（M2∶92）鼓部纹饰拓片

对称的四格，均饰繁细的变形蟠螭纹。以凸棱界隔出钲部和篆部，凸棱上以细线阴刻绚索纹，内填小圆点。篆部饰变形蟠螭纹，并匀称地布饰五乳突出平面形成短枚。每面两个篆部，每个篆部五个枚，全钟共二十个枚。枚面饰一条蟠龙纹。篆部的上下缘及铣部棱线两侧饰连续的变形蟠螭纹带，其下缘纹带分左右两段，各段的外端分别与左右侧纹带相连，内端分别接近鼓部纹饰。在正鼓部以双体龙纹为中线，两侧花纹对称，各饰三条蟠龙，龙首分别朝中、朝旁和朝下，龙首双目鼓出，双角后卷，侈长舌，龙体阴刻圈点纹、三角纹和勾连纹。钟壁厚薄不匀，腔内相对于鼓部正中的左右两侧，均有一条凸起的带状音脊，从钟口延伸至中部消失，形成四条分布基本对称的纵向凸带。腔顶面平整，较光滑，正中与甬相接处有一近正方形芯撑孔。腔内相对篆带处居中的位置，对称分布有四个均未穿透的长方形浅芯撑孔。腔体内壁多经磨砺，以纵向凸带、两铣内角及正鼓部中心近口沿处磨砺程度最甚，受磨面均较光滑（图六〇、六一；彩版三八，1、2）。

标本 M2∶82，钟体锈蚀严重。衡平，素面。斡部不太规整，稍向右倾斜。旋上有四乳为素面。钲部及篆部两侧凸棱上饰细密的阴刻绚索纹。腔顶正中有一正方形芯撑孔。顶面较粗糙。在腔内相对篆带处居中位置对称地分布有四个窄长方形浅芯撑孔，其中一个已穿透。腔内凸状带略显粗糙，铣内壁一边经磨砺（图六二；彩版三六，4）。

标本 M2∶85，衡平，素面。旋上有四乳为素面。钲部及篆部两侧凸棱上饰细密的阴刻绚索纹。篆部周缘饰变形蟠螭纹带，内填阴刻细密的绚索纹、圈点纹、三角纹和勾连纹。正鼓部纹样中轴线上为两条龙，龙头清晰，目、鼻、身、尾，均用细线阴刻而成。腔顶中心为一近正方形浅芯撑孔，在腔内相对篆带处居中位置对称地分布有四个窄长方形浅芯撑孔，其中一芯撑孔已穿透。腔内锈蚀较重，显得粗糙，鼓内壁经磨砺（图六三、六四；彩版三八，3、4）。

标本 M2∶86，衡平，素面，衡中有一窄长方形芯撑孔。旋上有四乳为素面。钲部及篆部两侧凸棱上饰细密的阴刻绚索纹。腔顶正中有一正方形芯撑孔。在腔内相对篆带处居中位置对称地分

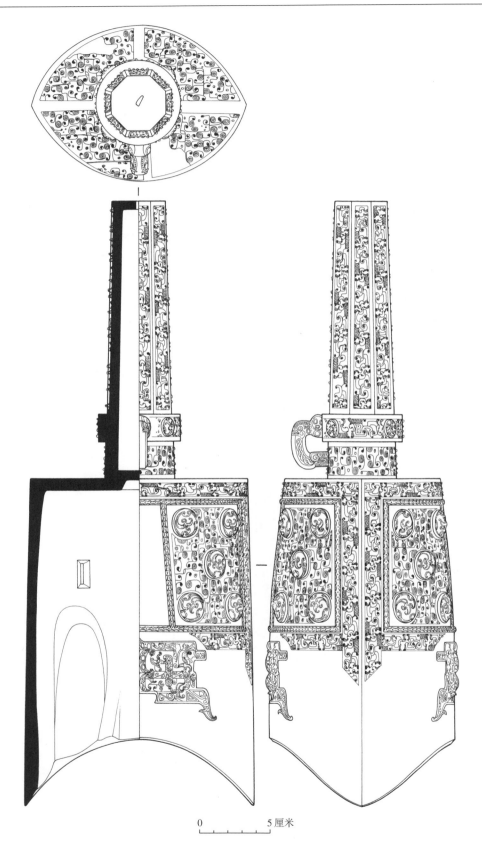

0   5厘米

图六〇　Ba 型铜甬钟（M2：88）

布有四个窄长方形浅芯撑孔，其中一芯撑孔
已穿透。钟体内壁多经磨砺，较光滑。正面左
铣边有旧磕伤（图六五、六六；彩版三九）。

标本 M2：95，衡面凹凸不平，素面。旋
上有四乳为素面。钲部及篆部两侧凸棱上饰
细密的阴刻绚索纹。腔顶正中与甬相接处有
一菱形芯撑孔。分布在腔内相对篆带处居中
位置有四个芯撑孔，其中有三个长方形芯撑
孔均已穿透。铣内壁经磨砺（图六七；彩版
四○，1）。

标本 M2：97，衡平，素面。甬把棱面有
三个芯撑孔，且裸露芯料。甬根与舞连接处
有一周铸镏。旋上有四乳为素面。钲部及篆
部两侧凸棱上饰细密的阴刻绚索纹。腔顶正
中有一正方形浅芯撑孔。在腔内相对篆带处
居中位置对称地分布有四个窄长方形芯撑
孔，其中两个芯撑孔已穿透。钟体内壁多经
磨砺，右铣边有旧磕伤（图六八；彩版四○，
3、4）。

标本 M2：103，衡平，素面，衡面中心
有一芯撑孔，裸露芯料。旋上四乳均饰一条
卷曲的龙纹。钲部两侧凸棱上无纹饰，篆部

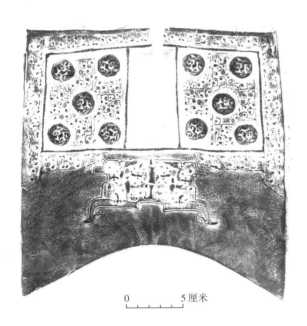

0 ———— 5厘米

图六一　Ba 型铜甬钟（M2：88）纹饰拓片

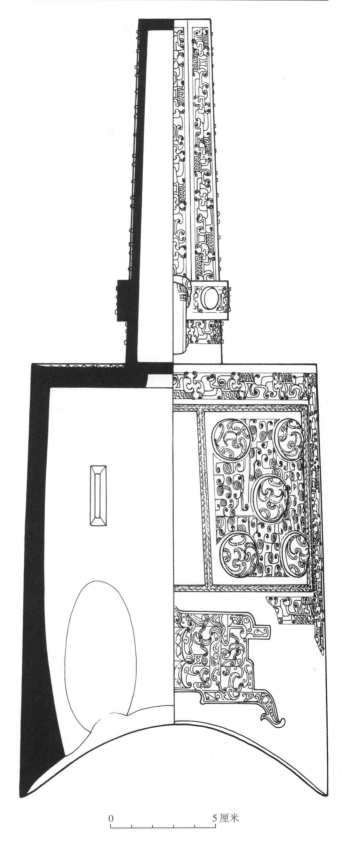

0 ———— 5厘米

图六二　Ba 型铜甬钟（M2：82）

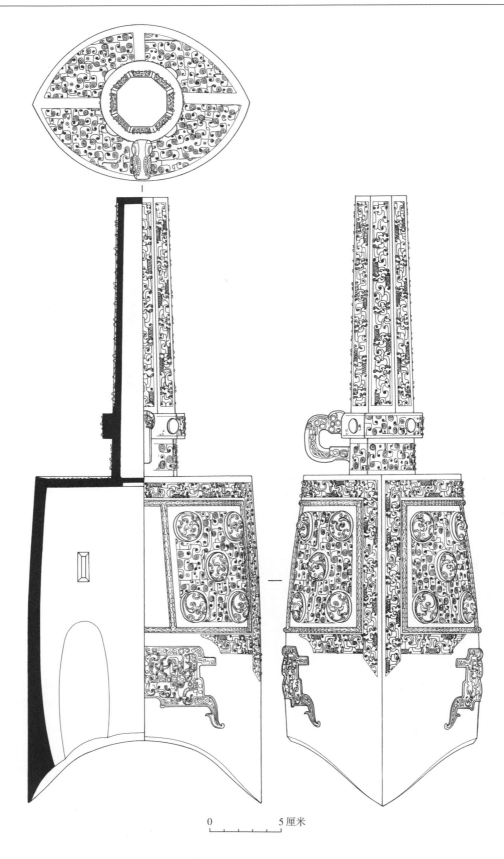

0   5厘米

图六三　Ba 型铜甬钟（M2：85）

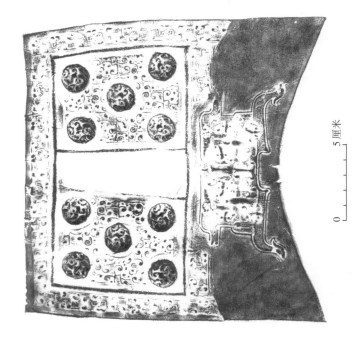

图六五　Ba型铜甬钟（M2∶86）纹饰拓片

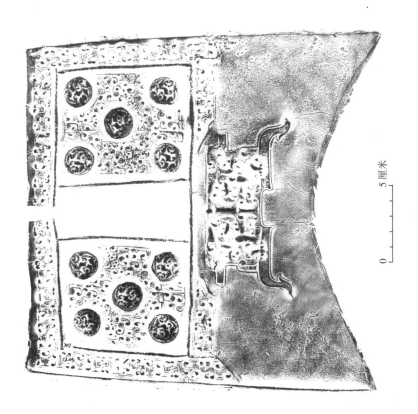

图六四　Ba型铜甬钟（M2∶85）纹饰拓片

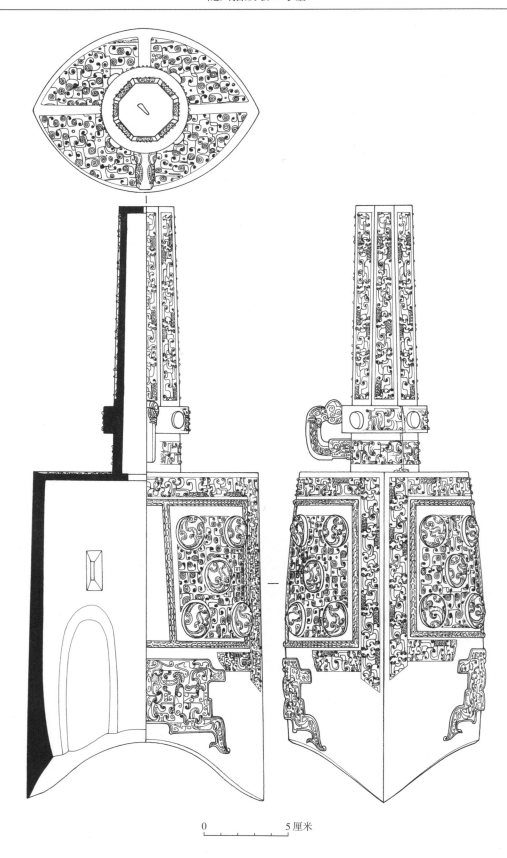

0   5厘米

图六六　Ba 型铜甬钟（M2：86）

上下侧、外侧及钲部上下侧的凸棱上饰细密的
阴刻绚索纹。腔顶中心为一长方形芯撑孔。腔
内相对篆带处居中位置对称地分布有四个窄长
方形浅芯撑孔，其中有两个芯撑孔已穿透，钟
体内壁未经磨砺（图六九；彩版四〇，2）。

　　标本 M2：104，钟体锈蚀较重。衡平，素
面，衡面中部有一窄长方形芯撑孔，且裸露芯
料。旋部四乳均饰一条卷曲的龙纹。钲部及篆
部两侧凸棱上饰细密的阴刻绚索纹。腔顶中心
有一近正方形芯撑孔。腔内相对篆带处居中位
置对称地分布有四个窄长方形浅芯撑孔，其中
有三处芯撑孔已穿透。钟体铣内壁经磨砺（图
七〇；彩版四一，1）。

　　标本 M2：106，衡平，素面，衡中部有一
芯撑孔，且裸露芯料。旋上四乳均饰一条卷曲
的龙纹。钲部及篆部两侧凸棱上饰细密的阴刻
绚索纹。腔顶平整，正中与甬相接处为一近正
方形芯撑孔。腔内相对篆带处居中位置对称地
分布有四个均已穿透的窄长方形浅芯撑孔。钟
体仅一侧正鼓内壁和一侧铣内壁进行过简单的
磨砺（图七一；彩版四一，2、3）。

　　标本 M2：111，衡平，素面。旋上四乳均
饰一条卷曲的龙纹。钲部两侧凸棱上无纹饰，
篆部上下侧、外侧及钲部上下侧的凸棱上饰细
密的阴刻绚索纹。腔顶正中与甬相接处有一长
方形芯撑孔。腔内相对篆带处居中位置对称地
分布有四个窄长方形浅芯撑孔，其中有三个芯
撑孔已穿透。钟体内壁有八个部位经磨砺（图
七二；彩版四一，4）。

　　标本 M2：114，衡平，素面。旋上有四乳
为素面。钲部及篆部两侧凸棱上饰细密的阴刻
绚索纹。腔顶正中与甬部相接处为一近正方形
浅芯撑孔。腔内相对篆带处居中位置对称地分
布有四个芯撑孔，其中有三个芯撑孔已穿透。
钟体内壁多经磨砺，但因锈蚀严重，内壁仍不
光滑，略显粗糙（图七三；彩版四二，1）。

　　标本 M2：116，衡平，素面。旋部的凸箍

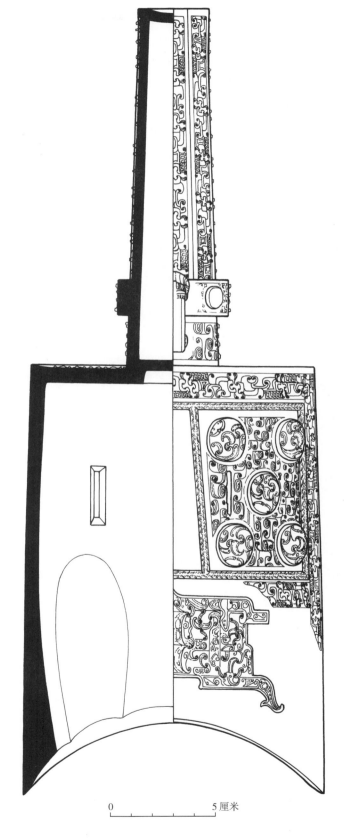

0　　　　　　　　5厘米

图六七　Ba 型铜甬钟（M2：95）

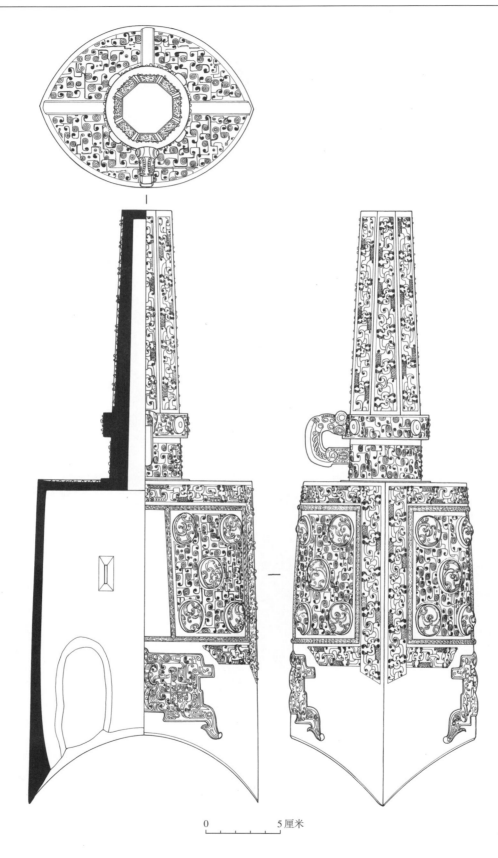

0　　　　　　5厘米

图六八　Ba型铜甬钟（M2：97）

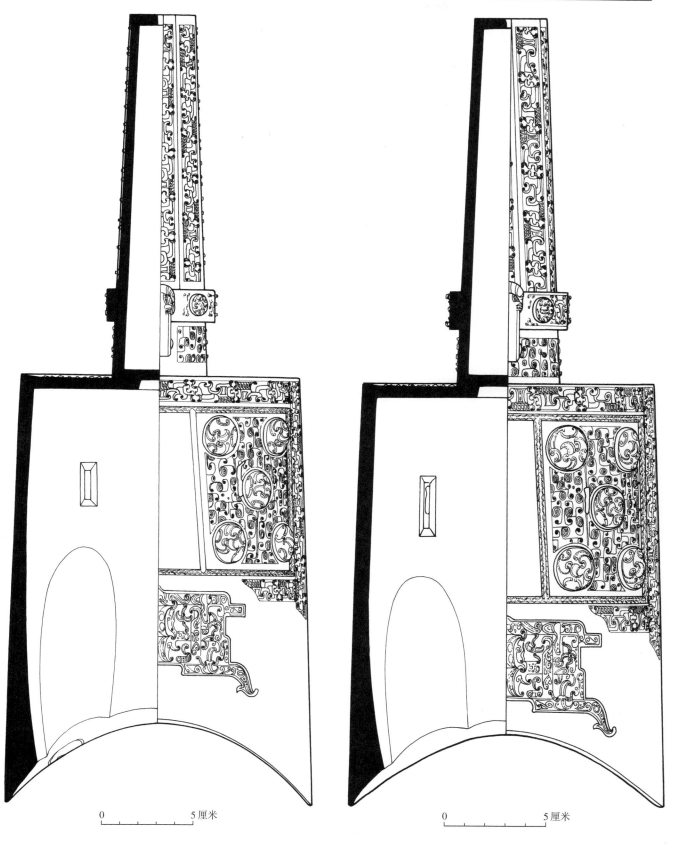

0 ⸺ 5厘米

0 ⸺ 5厘米

图六九　Ba型铜甬钟（M2：103）　　　　　　图七○　Ba型铜甬钟（M2：104）

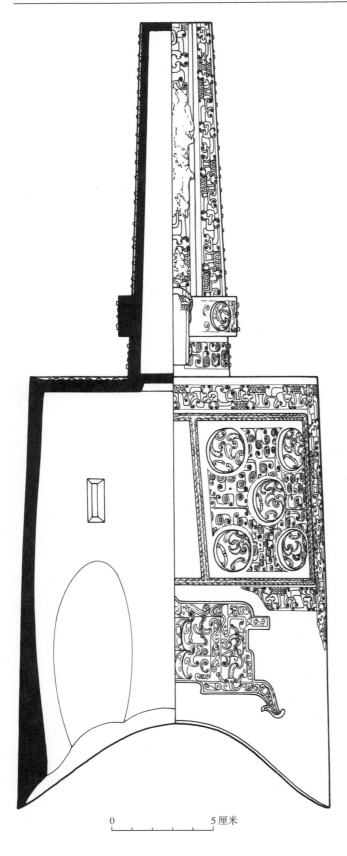

图七一　Ba 型铜甬钟（M2∶106）

带上没有饰四乳。钲部及篆部两侧凸棱上饰细密的阴刻绚索纹。鼓部纹样以龙身为中线，龙身分两组，龙头、龙尾两两相对，龙尾卷曲分别朝上或朝下，头、身、尾均用细线阴刻而成。钟体锈蚀较重，腔顶中心有一正方形芯撑孔。腔内相对篆带处居中位置对称地分布有四个长方形浅芯撑孔，均未穿透。内壁多经磨砺（图七四；彩版四三，1、2）。

Bb 型　16 件。单体龙纹小甬钟。编号为 M2∶83、84、87、96、98、99、100、101、102、105、107、108、109、110、112、113。在其正鼓部，以龙身为中线，龙身为单体。两侧花纹对称，各饰三条蟠龙，龙首双目鼓出，双角后卷，侈长舌，龙体阴刻圈点纹、三角纹和勾连纹。

标本 M2∶110，甬部上细下粗，旋以上为八棱柱体，旋以下为圆柱体。衡平，衡面素面，中部有一芯撑孔，且裸露永久性泥芯的芯料。甬部棱脊突起而显得棱角分明，棱面上密布同一单体变形蟠螭纹，从而构成斑斑点点的表面，触之有棘手之感。甬下部之旋为环绕甬把而凸起的一圈凸箍带，其上遍饰变形蟠螭纹，并匀称地布饰圆泡形四乳，乳突素面。斡在甬下部正面的中轴线上，为环钮状。斡上部正面为兽面，两侧面饰龙纹、绚索纹。旋与舞之间的甬为圆柱体，表面绕饰变形蟠螭纹。舞部以甬根为中心，划分成对称的四格，均饰繁细的变形蟠螭纹。以凸棱界隔出钲部和篆部，凸棱用繁密的细线阴刻绚索纹；篆部饰变形蟠螭纹，并匀称地布饰圆泡形五乳突出平面形成短枚，其布局呈上下二二并列，正中心有一枚，每面两区，全钟共二十枚。在圆泡形短枚表面饰一条蟠龙纹。篆部上下缘及铣部棱线两侧饰连续的变形蟠螭纹带，其下缘纹带分左右两段，每段的外端分别与左右侧纹带相连，内端分别接近正鼓部纹饰。正鼓部饰以蟠龙纹组成的兽

0　　　　　　　5 厘米

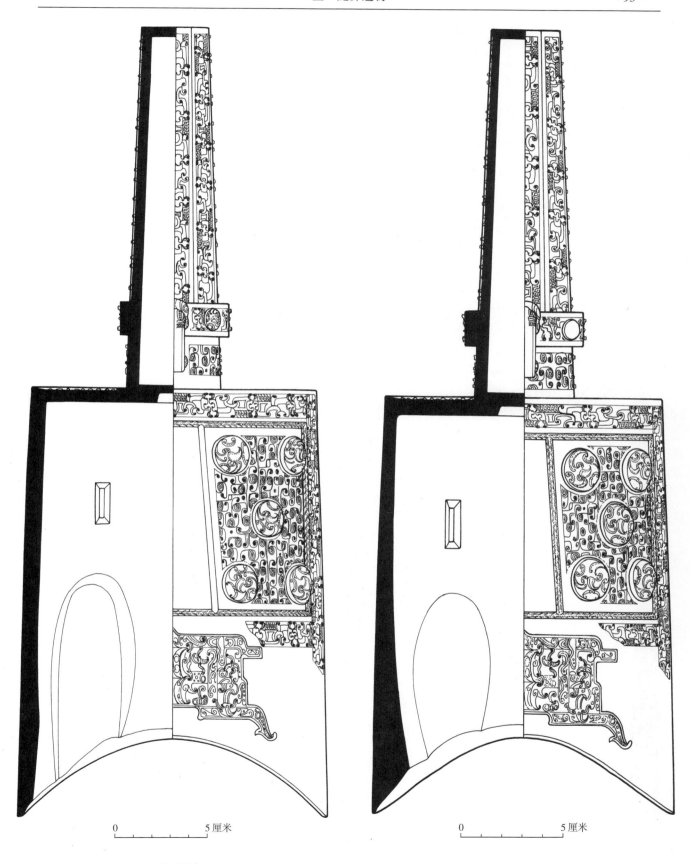

0   5厘米   0   5厘米

图七二　Ba型铜甬钟（M2：111）　　　　　　图七三　Ba型铜甬钟（M2：114）

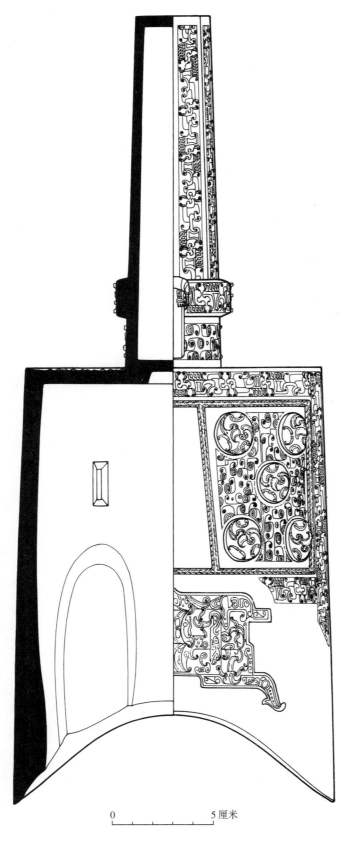

图七四　Ba 型铜甬钟（M2：116）

面纹，纹样以龙躯为中线，两侧花纹对称，各饰三条蟠龙。钟壁厚薄不匀，腔内相对于鼓部正中的左右两侧处，均有一条凸起的带状音脊，从钟口延伸至中部消失，形成四条分布基本对称的纵向凸带。腔顶面较粗糙，正中与甬相接处有一长方形芯撑孔。腔内相对篆带处居中的位置对称地分布有四个窄长方形芯撑孔，其中正面一芯撑孔已穿小孔。内壁未经磨砺。左侧鼓两铣边都有旧磕伤（图七五、七六；彩版四二，2、3）。

标本 M2：83，衡面凹凸不平，素面。在旋部的凸箍带上，靠近斡部左右两侧各饰一素面圆泡形乳突。钲部及篆部两侧凸棱上布施细密的用阴线刻成的绚索纹。腔顶正中与甬相接处有一近圆形芯撑孔。腔内相对篆带处居中位置对称地分布有四个长方形浅芯撑孔，其中有两个已穿透。腔体内壁未经磨砺（图七七；彩版四三，3）。

标本 M2：84，衡平，素面。衡面有一椭圆形芯撑孔，且裸露永久性泥芯。旋上有四乳为素面。钲部及篆部两侧凸棱上饰细密的阴刻绚索纹。篆部、鼓部纹饰清晰。腔顶平整，正中与甬相接处有一长方形浅芯撑孔。腔内相对篆带处居中位置对称地分布有四个长方形浅芯撑孔，其中两个已穿透。钟体内壁未经磨砺（图七八、七九；彩版四四）。

标本 M2：87，锈蚀严重。衡平，素面，衡面中心有一长方形芯撑孔，且裸露永久性泥芯。甬部棱面有两处芯撑孔。旋上有四乳为素面。钲部及篆部两侧凸棱上饰细密的阴刻绚索纹。腔顶平整，正中与甬相接处有一长方形浅芯撑孔。腔内相对篆带处居中位置对称地分布有四个长方形浅芯撑孔，无一穿透。钟体内壁多经磨砺（图八〇；彩版四五，1）。

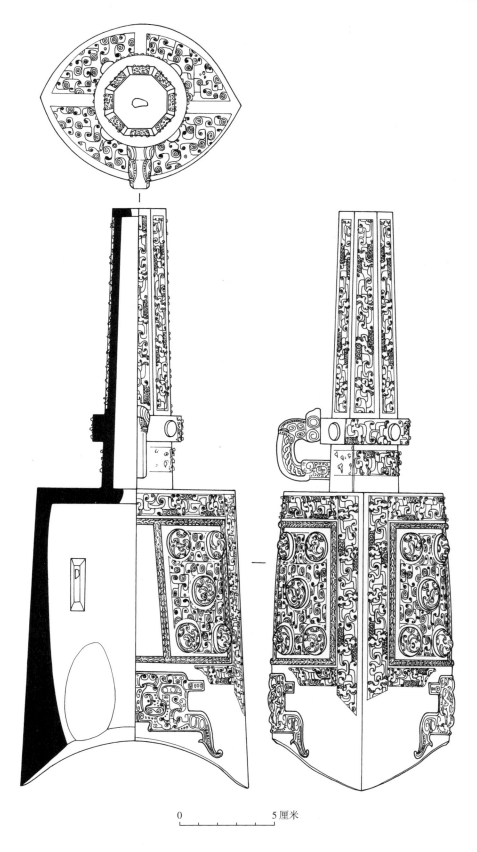

图七五　Bb型铜甬钟（M2：110）

0　　　　　　　5厘米

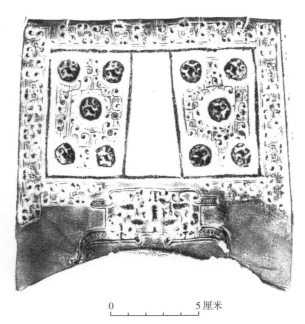

图七六　Bb 型铜甬钟（M2：110）纹饰拓片

　　标本 M2：96，钟体一面锈蚀较重。衡平，素面。旋部凸箍带不太规整，左高右低。旋上有四乳为素面。钲部两侧凸棱上无纹饰，篆部上下侧、外侧及钲部上下侧凸棱上饰细密的阴刻绚索纹。腔顶正中与甬相接处有一较深的长方形芯撑孔。腔内相对篆带处居中位置对称地分布有四个长方形浅芯撑孔，均未穿透。上于部凹凸不平，钟体内壁未经磨砺（图八一，1；彩版四五，2）。

　　标本 M2：98，衡平，素面，衡面中心有一长方形芯撑孔。旋上有四乳为素面。钲部两侧凸棱上没有纹饰，篆部上下侧、外侧及钲部上下侧凸棱上饰细密的阴刻绚索纹。腔顶正中与甬相接处有一长方形芯撑孔。腔内相对篆带处居中位置对称地分布有四个长方形浅芯撑孔，均未穿透。钟体内壁多经磨砺。右侧鼓两铣边都有旧磕伤。胎体较厚重（图八一，2；彩版四五，3、4）。

　　标本 M2：99，衡平，素面。旋上有四乳为素面。钲部及篆部两侧凸棱上饰细密的阴刻绚索纹。腔顶面较粗糙，腔顶正中与

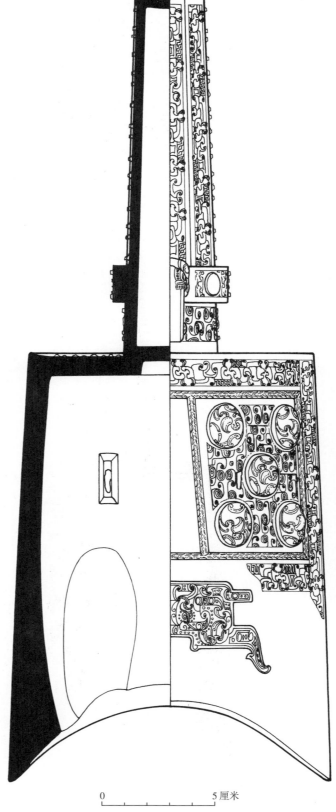

图七七　Bb 型铜甬钟（M2：83）

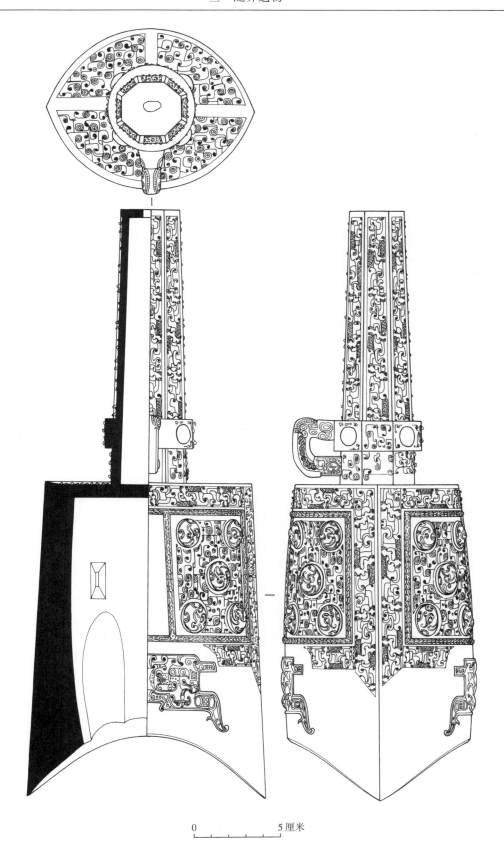

0　　　　　　5厘米

图七八　Bb型铜甬钟（M2∶84）

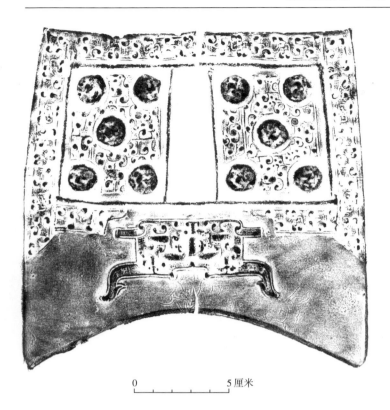

图七九　Bb 型铜甬钟（M2：84）纹饰拓片

甬相接处有一长方形芯撑孔。腔内相对篆带处居中位置对称地分布有四个长方形浅芯撑孔，其中一芯撑孔已穿透。钟体内壁未经磨砺（图八二；彩版四三，4）。

标本 M2：100，衡平，素面，衡面中心有一长方形芯撑孔。旋上有四乳为素面。钲部及篆部两侧凸棱上饰细密的阴刻绚索纹。腔顶正中与甬相接处有一长方形芯撑孔。腔内相对篆带处居中位置对称地分布有四个长方形浅芯撑孔，其中两芯撑孔已穿透。除腔顶外，钟体内壁分别在八个部位磨砺过（图八三；彩版四六，1~3）。

标本 M2：101，衡平，素面，衡面中部有一窄长方形芯撑孔，且裸露永久性泥芯。旋上四乳均饰一条卷曲的龙纹。钲部及篆部两侧凸棱上饰细密的阴刻绚索纹。腔顶正中与甬相接处有一不规则近似圆形的芯撑孔。腔内相对篆带处居中位置对称地分布有四个长方形浅芯撑孔，其中两芯撑孔已穿透。钟体铣内壁经磨砺（图八四；彩版四六，4）。

标本 M2：102，衡平，素面。旋上有四乳为素面。钲部及篆部两侧凸棱上饰细密的阴刻绚索纹。腔顶正中与甬相接处有一正方形芯撑孔。腔内相对篆带处居中位置对称地分布有四个长方形浅芯撑孔，无一穿透。钟体铣内壁及正鼓一边内壁经磨砺（图八五，1；彩版四七，1）。

标本 M2：105，衡平，素面。甬部锈蚀较重。旋上有四乳为素面。钲部两侧凸棱上无纹饰，篆部上下侧、外侧及钲部上下侧凸棱上饰细密的阴刻绚索纹。腔顶平整，正中与甬相接处有一较深的长方形芯撑孔。腔内相对篆带处居中位置对称地分布有四个长方形浅芯撑孔，其中有两芯撑孔已穿透。钟体内壁未经磨砺。右侧鼓面凹凸不平，有两处缺陷（图八五，2；彩版四七，3、4）。

标本 M2：107，衡平，素面，衡面中部有一长方形芯撑孔，且裸露永久性泥芯。甬部棱面有三个芯撑孔。斡部不在中轴线上，向左倾斜，斡钮正面不在同一水平线上，左侧高于右侧。旋上有四乳为素面。钲部及篆部两侧凸棱上饰细密的阴刻绚索纹。腔顶正中与甬相接处有一正方形芯撑孔。腔内相对篆带处居中位置对称地分布有四个长方形浅芯撑孔，其中一芯撑孔已穿透。腔顶面较粗糙，内壁未经磨砺，尚留有铜渣未清。胎体较厚重，右侧鼓两铣边有缺陷（图八六，1；彩版四七，2）。

标本 M2：108，钟体锈蚀，甬、旋、斡、舞、钲部两侧锈蚀较严重。衡平，素面。旋上有四乳为素面。钲部两侧凸棱上无纹饰，篆部上下侧、外侧及钲部上下侧凸棱上饰细密的阴刻绚索纹。腔顶正中与甬相接处有一长方形浅芯撑孔。腔内相对篆带处居中位置对称地分布有四个长方形浅

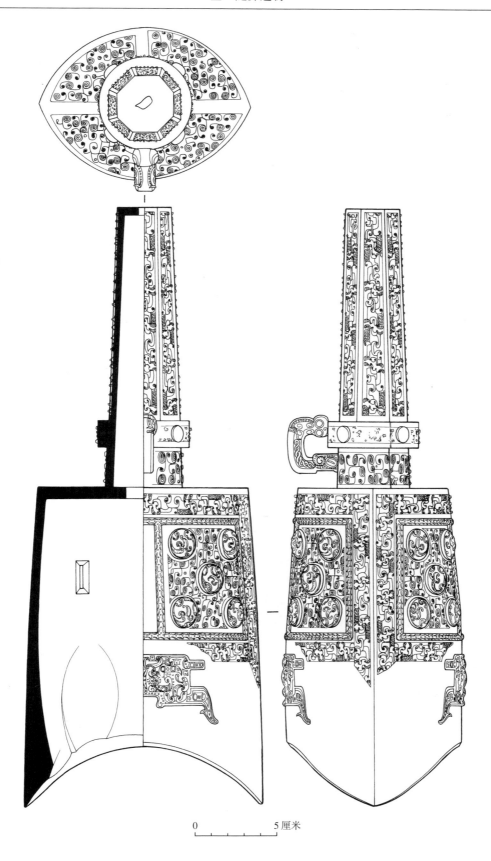

0　　　　　　　5厘米

图八〇　Bb 型铜甬钟（M2：87）

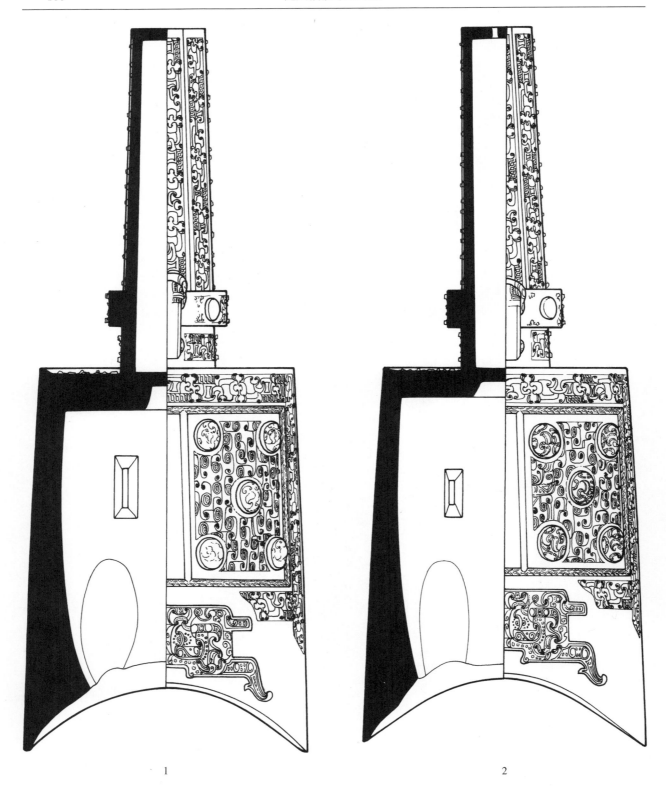

1   2

0   5厘米

图八一 Bb 型铜甬钟
1. M2：96 2. M2：98

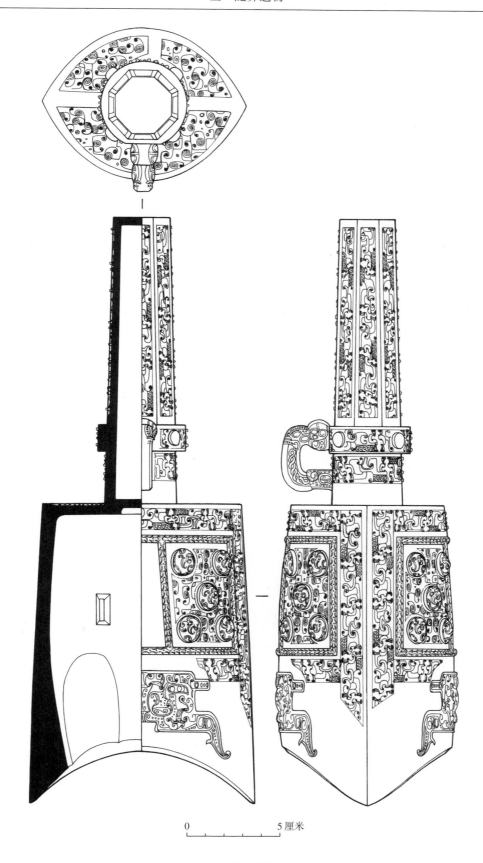

0　　　　　　　　5厘米

图八二　Bb 型铜甬钟（M2：99）

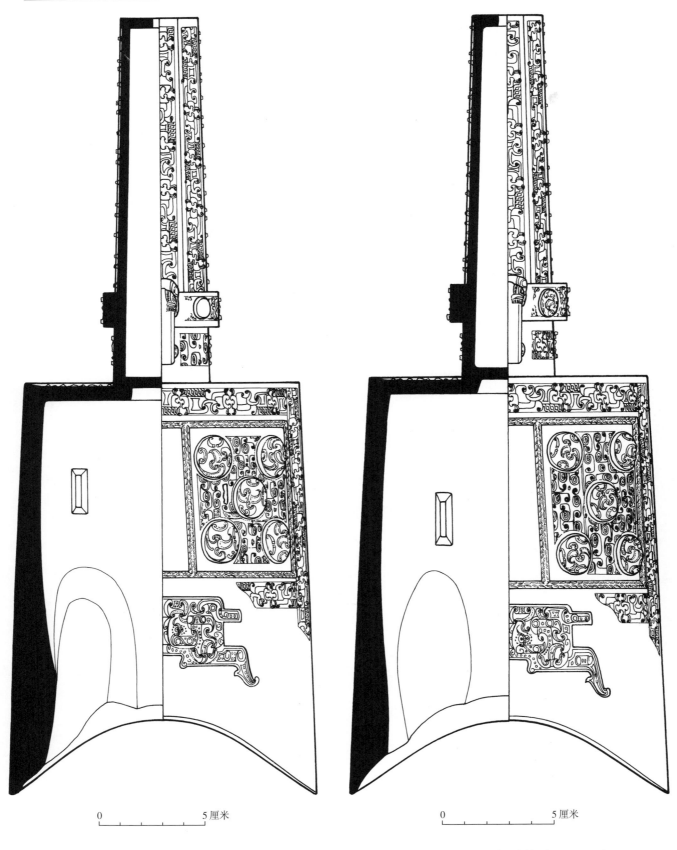

0　　　　　　　5厘米

图八三　Bb 型铜甬钟（M2：100）　　　　　　　　图八四　Bb 型铜甬钟（M2：101）

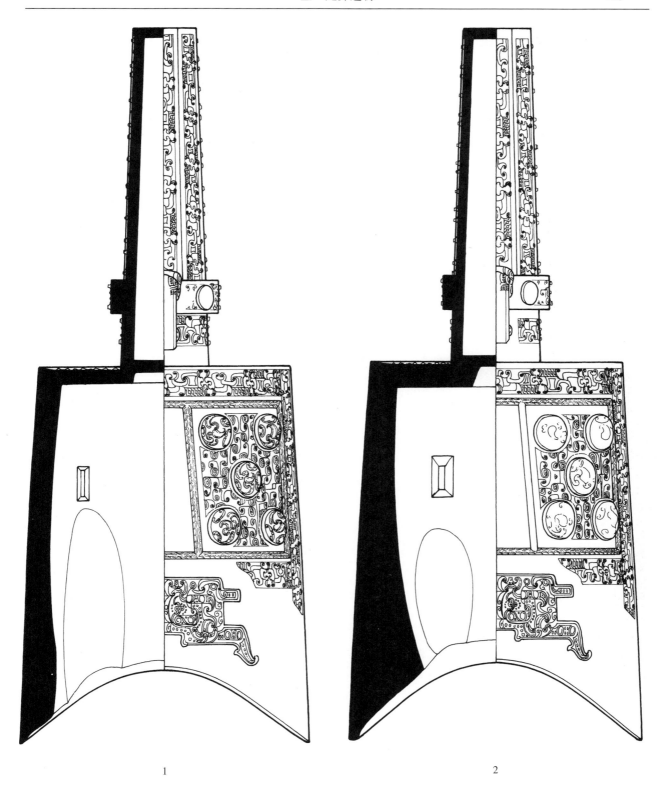

0　　　　　　5厘米

图八五　Bb 型铜甬钟
1. M2∶102　2. M2∶105

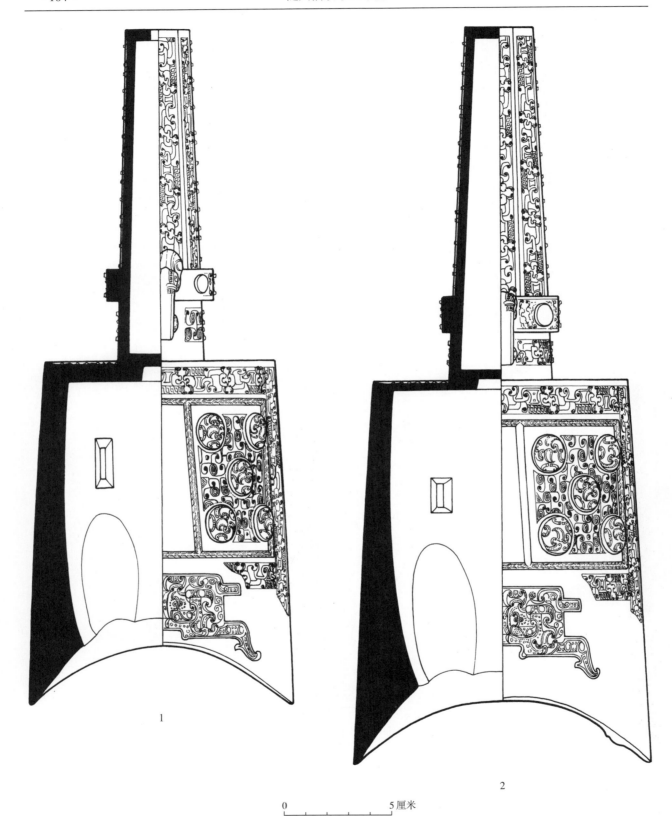

0　　　　　　　　5厘米

图八六　Bb 型铜甬钟
1. M2：107　2. M2：108

芯撑孔，无一穿透。钟体内壁未经磨砺，胎体较厚重（图八六，2；彩版四八，1）。

标本 M2：109，钟体锈蚀，部分纹饰已模糊不清。衡平，素面。旋上有四乳为素面。钲部两侧凸棱上无纹饰，篆部上下侧、外侧及钲部上下侧凸棱上饰细密的阴刻绚索纹。腔顶平整，中心芯撑孔为长方形。腔内相对篆带处居中位置对称地分布有四个长方形浅芯撑孔，其中两芯撑孔已穿透。钟体内壁未经磨砺，左侧鼓铣内有一大凹窝（图八七，1；彩版四八，2）。

标本 M2：112，衡平，素面。衡面中部有一不规则形状的芯撑孔。旋上有四乳为素面。钲部及篆部两侧凸棱上饰细密的阴刻绚索纹。腔顶正中与甬相接处有一长方形芯撑孔较深。腔内相对篆带处居中位置对称地分布有四个长方形浅芯撑孔，其中两芯撑孔已穿透。钟体内壁未经磨砺，胎体较厚重（图八七，2；彩版四八，3）。

标本 M2：113，衡平，素面，衡面有一窄长方形芯撑孔，且裸露永久性泥芯。甬部棱面有一处补铸痕迹（6厘米×3厘米），打磨过，素面。旋上有四乳为素面。钲部及篆部两侧凸棱上饰细密的阴刻绚索纹。腔顶正中与甬相接处有一长方形芯撑孔，余部平整。腔内相对篆带处居中位置对称地分布有四个长方形浅芯撑孔，其中两芯撑孔已穿透。钟体内壁未经磨砺（图八八；彩版四八，4）。

（2）甬钟的铸制

36件甬钟均采用二分法制模、制范。甬部与钟体是采用分型叠铸技术铸成的，即以舞部为界，将甬与舞部分为上下，分开制模、制范，然后将甬范与钟体范上下叠压起来，铸成整体甬钟。

在具体铸造方法上，从大甬钟都有两个浇冒口，且沿舞部横径线对称地分布在甬根部的两侧，得知大甬钟钟体是由上向下浇铸的。例如M2：80、91的浇冒口残茬，均为长方体，凸出舞面，长为6.0～6.8、宽0.6～0.8厘米（彩版四九，1）。浇铸时，钟体的厚度是由泥芯表面凸起的楔形芯撑顶着范面而形成的空腔决定的。就芯撑孔而言，有四个大甬钟M2：89、90、91、92有五个芯撑孔：在舞内正中相对甬部的地方，均有一圆形芯撑孔；腔内相对篆带处居中的位置对称地分布有四个长方形芯撑孔（彩版四九，2）；其他四件大甬钟（M2：80、81、93、94）有腔顶的圆形芯撑孔，但腔内篆带处无四个长方形浅芯撑孔。这说明大甬钟都是正立着浇铸的，如此铸成的钟，不存在外模错位，或出现多肉、缺肉现象，铸成后都很规整。

小甬钟与大甬钟不同的是，它浇冒口不在舞部，而在于部的钟口上（彩版四九，3）：因在钟口沿相对侧鼓部的位置，每个钟都有对称的四个浇冒口，这说明浇铸时是甬部和舞部朝下，钟口朝上。这种倒置浇铸的钟，不及大甬钟规整，存在不同程度的补铸或部分缺陷。例如M2：113棱面有一补铸残痕；M2：86、97铣边有残缺；M2：96、106、109、110等甬钟有砂眼，缺肉、多肉、错范等残缺；M2：98右侧鼓两铣间都有旧磕伤；M2：84钟出现甬与钟体在铸接时，偏离中轴线的现象。另外，钟的表面及内腔的打磨多不彻底，口沿上还有遗留浇冒口残痕，有的溶渣没有清除。

甬钟钟体上花纹的制作均采用纹饰拚兑技术，即在同一个单元纹饰模盒中，先做好一批相同的单元纹饰范，然后一块块拚兑起来，摆放在钟体模的纹饰带上，或同一钟体的不同部位的纹饰带上，这样一个单元纹样可装饰多件钟体。以M2：91为例，钟体甬部为八棱形，棱面上的纹饰即采用了单元纹饰范拚兑技术，每面施以七组同样的单元纹样，八面共饰五十六组，纹饰范线较明显（彩版四九，4）。

36件甬钟出土时，保存完好，每件钟都击之有音，只是音质有优劣之分。经过测试，36件甬

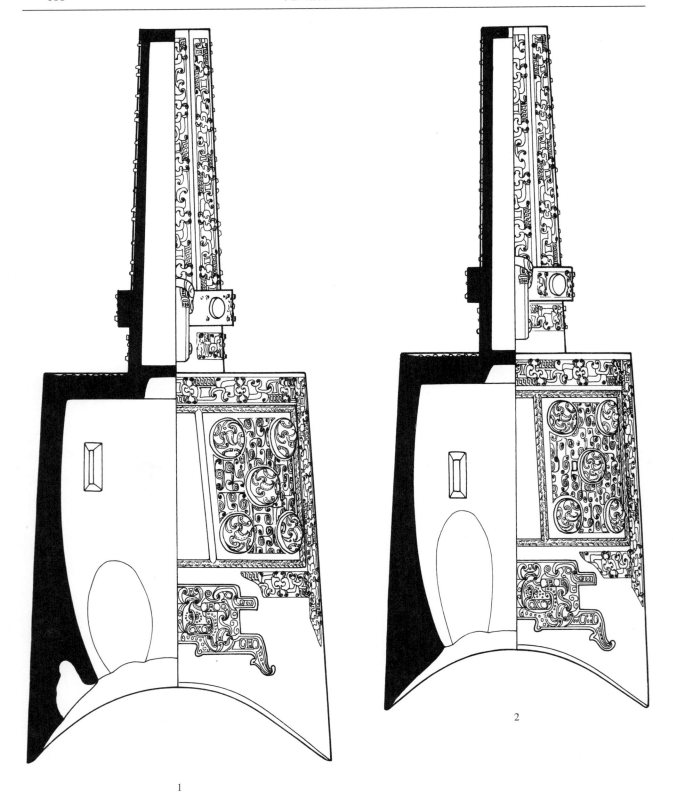

1

2

0　　　　　　　　5厘米

图八七　Bb 型铜甬钟
1. M2：109　2. M2：112

钟均为双音钟，其中有16件甬钟呈三度关系，有20件甬钟呈其他音程关系，其音律与曾侯乙编钟一脉相承。

2. 建鼓座

1件。

标本M2：79，位于椁室西部，与M2：81大甬钟并列。出土时仅存青铜建鼓座，未见建鼓。座体呈圆堆形，座顶中心为承插鼓楗的直颈圈。中部隆起近似半球体，腹下部的座底为短直壁，座口沿内折呈尖唇一周。中空，内壁遗留有范土。顶面、腹面、底口部分别以两组凸弦纹界隔呈三周纹带。颈圈为素面。顶面纹饰可分十个单元，每个单元为独立组合的蟠龙纹，均以一条大龙为主体纹，其首、鼻、眼、口部分明，四周附和数条小龙，龙体相互盘绕。腹部纹饰也分十个单元，每个单元内饰六条龙，相互盘绕。底部饰一周繁缛的蟠螭纹。从残留而未经打磨的范缝得知，该器由三块外范和一个泥芯组合浑铸而成。颈圈口径11.2、腹径38.6、最大底径37.5、最小底径37.0、通高17.2厘米，重18.0千克（图八九、九〇；彩版五〇）。

3. 甬钟挂钩

22件。

标本M2：115（22件），甬钟挂钩出土时，散放在椁室南部的部分钟或磬上及其周围。其中M2：90甬钟钲部置有5件（图版二〇，1），M2：91甬钟钲部放置1件，M2：103甬钟斡部挂有1件挂钩（图版二〇，2），基本保持着下葬时的位置。22件挂钩形制、大小完全相同。钩体呈S形，截面为扁圆体，通体素面。铸形为二合范铸成，范缝线在钩体侧面的中心（图版二〇，3）。

标本M2：115-1，长6.3厘米，截面最大径0.9、最小径0.55厘米（图九一）。

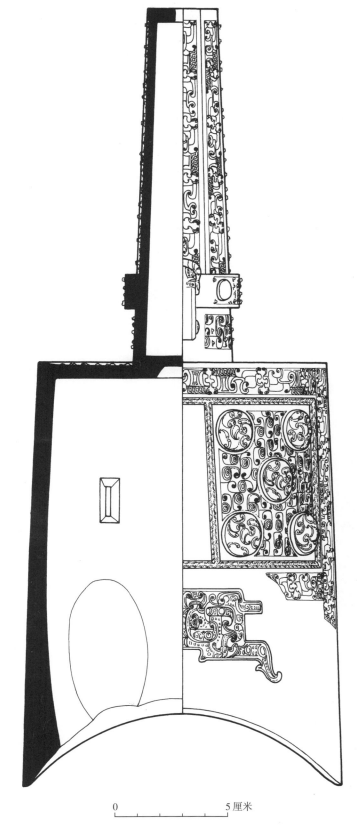

0　　　　　　5厘米

图八八　Bb型铜甬钟（M2：113）

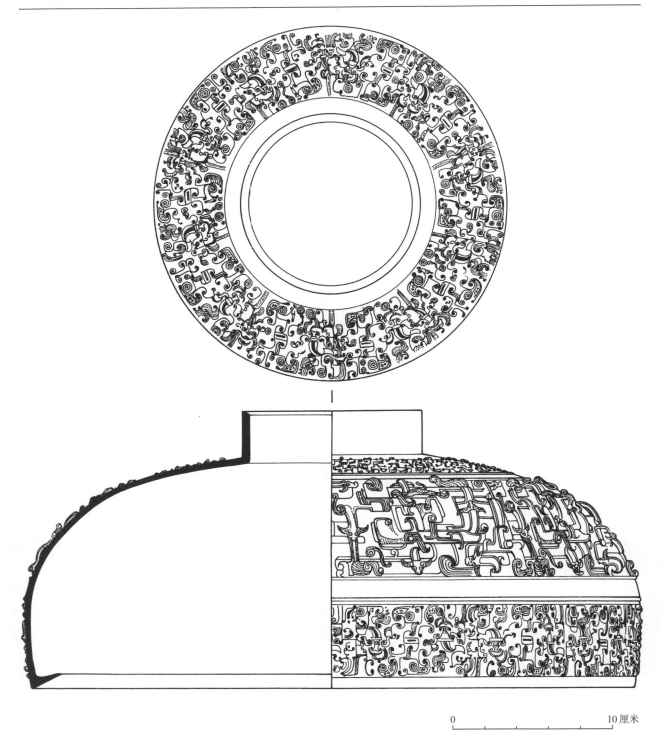

图八九　铜建鼓座（M2：79）

0　　　　　　　　　　　10厘米

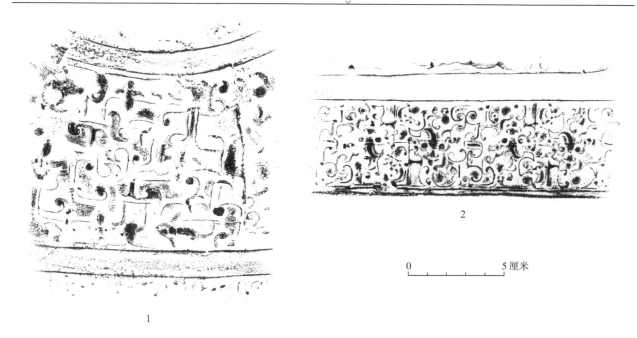

图九〇　铜建鼓座（M2：79）纹饰拓片
1. 腹部　2. 底部

（三）生活用器

共5件，占青铜器总量的1.5%。器形有炭盆、箕、器盖、钩形器、漏斗五种。

1. 炭盆

1件。

标本M2：72，出土于椁室中部偏南，与M2：76盥缶相邻。大口内敛，宽平沿，浅腹，弧壁。器身上腹部有四个圆形环钮，其两个一组对称分布于器身两侧，钮内各套一条五节环链，两条环链并行合于尾端与半椭圆形提手相连，从而形成二道提链。提链为锁链式，锁链每节为双环相连形，

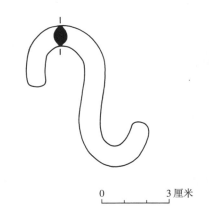

图九一　铜甬钟挂钩（M2：115-1）

提链尾端的半椭圆形提手为两条龙卷曲而成。圜底近平，底有三个矮兽形蹄足，蹄足内侧较平，外面呈弧形，横截面呈半圆形。器上腹饰变形蟠螭纹，纹饰细密，构成斑斑点点的表面。锁链两侧第一节素面，二至三节满饰卷云纹，提手上满饰斜角卷云纹。足根部正面中间以一道扉棱表示兽的鼻和嘴，足根、蹄形足均饰卷云纹。钮是采用分型嵌范工艺与器盖整铸。器腹可见三条纵向范缝痕迹，器底有范缝一周，器底中心有一浇冒口痕迹，冒口长4.1厘米。器底附有烟炱。此器出土时内置箕1件（M2：174）。口径51.6、提链长35.0、通高49.6厘米，重11.8千克（图九二、九三；彩版五一，1）。

2. 箕

1件。

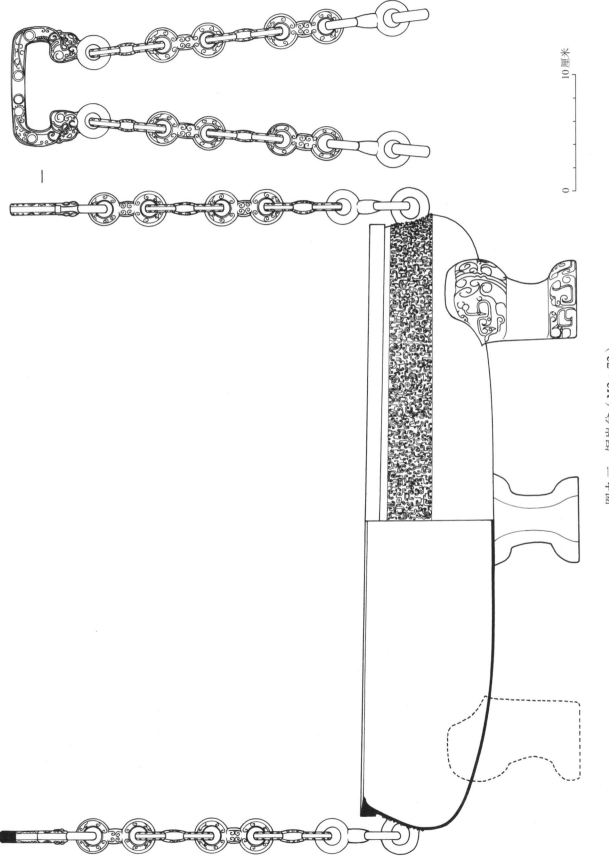

图九二　铜炭盆（M2：72）

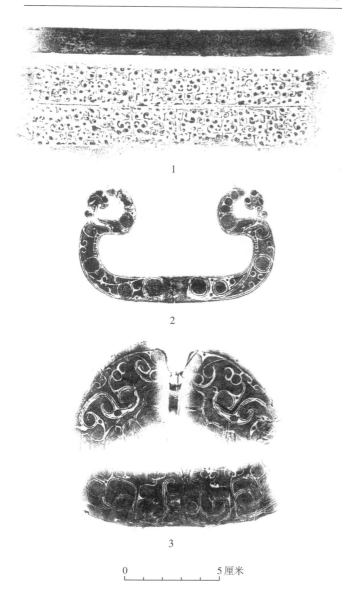

图九三　铜炭盆（M2：72）纹饰拓片
1. 腹部　2. 提链提手　3. 足部

标本 M2：174，出土时置于炭盆（M2：72）内。前宽后窄。口部两端侈出，中部内凹，口沿内折，腹腔前浅后深，后壁直，箕底微弧近平。通体素面。通长23.3、口部宽20.3、通高3.2厘米，重0.5千克（图九四；彩版五一，1、2）。

3. 器盖

1件。

标本 M2：30，出土时置于两方尊缶之间，盖在 M2：31 漏斗之上。器形较小。盖面圆弧，盖顶微隆，顶部有一半圆套环钮，环截面为扁圆形。口微敛，平沿。盖面以盖顶为中心饰三道细凹弦纹，弦纹之间从里向外有四重纹饰：一重为四分式勾连云纹；二重为连续勾连云纹；三重为连续菱纹与云纹相间；四重为连续勾连云纹。口径8.3、通高2.6厘米，重0.1千克（图九五；彩版五一，3）。

4. 钩形器

1件。

标本 M2：73，出土时置于匜内（见图版

一九，3）。钩呈长喙鸟形，上颌呈三角脊，下颌为扁体状，头部有凸出的双眼。柄为圆杆形，中空内存范土，銎口外有一周凸箍，可置木柄，全器形似鹤嘴，通体无纹。通长17.2、柄长15.1、柄径2.15、钩长8.3厘米，重0.3千克（图九六，1；图版二〇，4）。

5. 漏斗

1件。

标本 M2：31，出土时置于两方尊缶之间。上

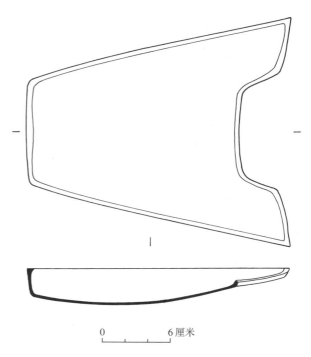

图九四　铜箕（M2：174）

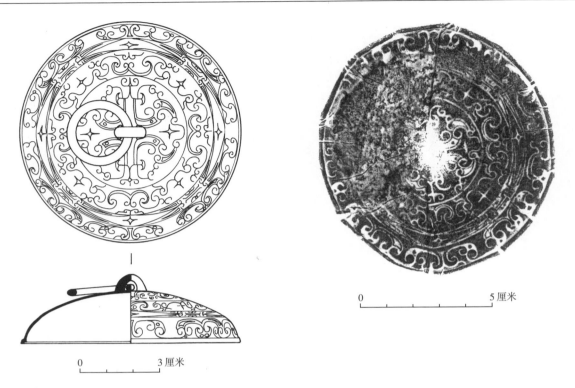

图九五　铜器盖（M2：30）及其拓片

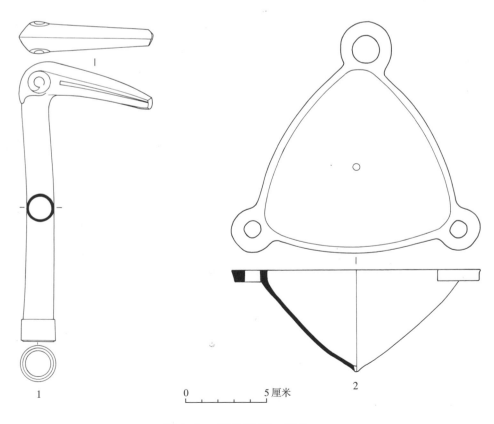

图九六　铜钩形器、漏斗
1. 钩形器（M2：73）　2. 漏斗（M2：31）

有 M2：30 器盖。器身作三角锥体状，斗口为等边三角形，三边外弧。三角外各伸出一圆形环钮。三钮与器身为浑铸。尖底，内有一个小圆孔，通体素面。斗边长 12.0、腹深 6.2、通高 6.2 厘米，重 0.4 千克（图九六，2；彩版五二，2）。

（四）车马器

共计 144 件（套），占青铜器总量的 34.8%。车马器出土时位置相对比较分散，主要集中在椁室西南角、西壁中偏北部和东北隅。器形有车盖立叉、车軎、衔、节约、马络饰、壁插六种。

1. 车盖立叉

4 件。编号为 M2：2、9、158-1、158-2，出土时分散在椁室东北隅。其形制、纹饰完全相同，大小相近。器身呈"S"形，上部叉头呈正方形，中部为圆柄形，下部为一圆形銎。柄体较细，呈弯曲状，其中部圆柄内侧有一小平面带。銎口较大，中空，銎口外有一周饰麦穗纹凸箍，距銎口 2 厘米处，有一个或两个对称的圆形孔，以便装插销，其中 M2：158-1 一孔，M2：158-2 二孔。上部方形叉头两外侧均饰兽面纹。两兽面的面部均填圆点纹。此二兽面纹应为一雄一雌。銎口至弯曲处饰三重纹饰：一重为一周宽带状蟠螭纹，内填卷云纹；二重为一周三角雷纹；三重为垂叶云纹一周（表七；彩版五二，1）。

标本 M2：158-1，叉头长 3.0、叉头宽 3.0、通长 22.4、銎口径 3.4 厘米，重 0.4 千克（图九七）。

2. 车軎

5 件。编号为 M2：135、148、149、150、151，其中 4 件出自椁室西壁中偏北处，与 M2：80 大甬钟为邻，1 件出自椁室南部西南角。据其形制的不同，可分为二型（表八）。

A 型 2 件。编号为 M2：149、150，形制、纹饰、大小基本相同。形体瘦长，器身下部有一周圆形凸箍。凸箍以上为八棱柱形，上细下粗，以下为圆柱形，底部外折呈方宽缘。圆柱体底部

表七 铜车盖立叉主要数据表

（长度单位：厘米）

器号	叉头长	叉头宽	通长	銎口径	重量（千克）
M2：2	3.0	2.8	21.8	3.5	0.4
M2：9	3.1	3.0	22.4	3.5	0.4
M2：158-1	3.0	3.0	22.4	3.4	0.4
M2：158-2	3.0	2.9	22.8	3.4	0.5

表八 铜车軎主要数据表

（长度单位：厘米）

器号	型式	端径	底径	底内径	辖长	通高	重量（千克）	备注
M2：149	A 型	3.5	6.4	3.6	6.6	7.7	0.3	
M2：150	A 型	3.4	6.3	3.6	6.6	7.8	0.3	
M2：135	B 型	3.2	6.8	3.9		7.2	0.3	无辖
M2：148	B 型	3.9	7.0	3.9	6.9	7.5	0.5	
M2：151	B 型	3.2	6.8	3.8	6.5	7.0	0.4	

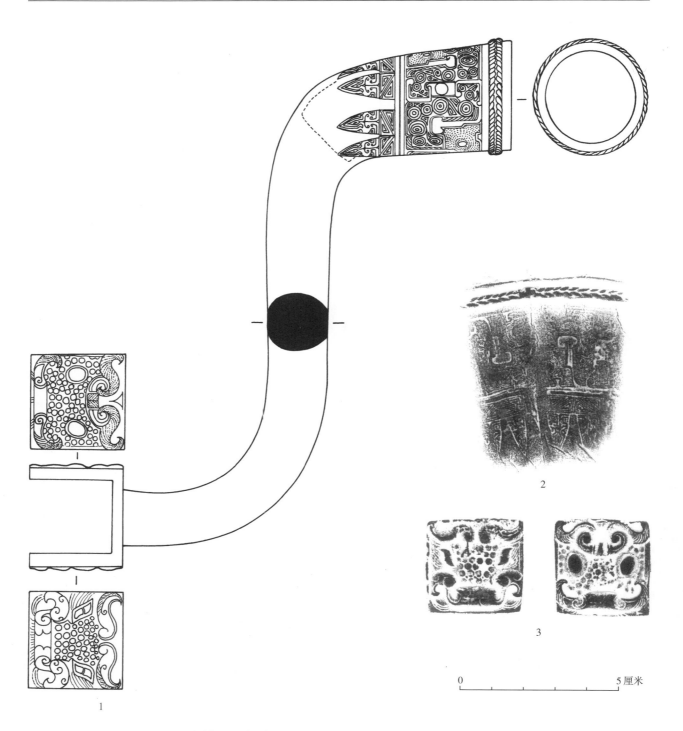

图九七　铜车盖立叉（M2：158-1）及其纹饰拓片
1. 车盖立叉　2. 銮部纹饰　3. 叉部正、反面纹饰

有对称的用于穿辖的两个长方形穿孔。辖体作长方条形，辖首为兽首形。通体饰纹，顶部饰三分式旋涡纹，八棱体靠顶部缘边依次饰菱形纹和贝纹各一周，八棱面均饰勾连云纹，凸箍上饰一周菱形纹，圆柱体环饰一周勾连云纹，底部方宽缘也饰勾连云纹一周（彩版五二，3、4）。

标本M2：149，端径3.5、底径6.4、底内径3.6、辖长6.6、通高7.7厘米，重0.3千克（图九八）。

B型　3件。编号为M2：135、148、151，出土时M2：135在椁室西南角，M2：148、151在椁室西壁中偏北部，与M2：80大甬钟相邻。形制、大小相近，只是M2：135无辖。与A型相比，形体粗矮。圆柱体底部有对称的两个用于穿辖的长方形穿孔，其中一孔的外侧有鼻，外端封闭，鼻两侧有长方形穿孔。辖首作方体状，正面微弧；辖身呈长方条形，其末端插入害的鼻内，与鼻的侧穿相对应，便于安装插销。通体除凸箍上下各饰一周细凸弦纹外，其他部位均为素面（图版二一，1）。

标本M2：135，端径3.2、底径6.8、底内径3.9、通高7.2厘米，重0.3千克（图九九，1）。

标本M2：151，端径3.2、底径6.8、底内径3.8、辖长6.5、通高7.0厘米，重0.4千克（图九九，2）。

0　　　　　　　　　　5厘米

图九八　A型铜车害（M2：149）及其纹饰拓片
1.M2：149　2.端部纹饰　3.辖首纹饰　4.八棱柱体纹饰　5.下端纹饰

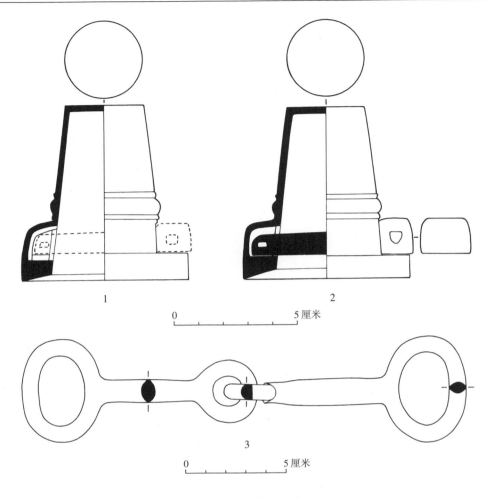

0　　　　　　　　5厘米

0　　　　　　　　5厘米

图九九　铜车軎、衔
1、2. B型车軎（M2∶135、M2∶151）　3. 衔（M2∶137）

3. 衔

6件。编号为M2∶129、137、140、144-1、144-2、146，出土时分别在椁室西部和南部，其形制、大小相近。由青铜棒两端各附铜环相衔而成，外侧两环较大，作椭圆形；内侧两环较小，作圆形。两小环衔接处有磨损痕迹。大小环的横截面均为扁圆体。为二合范铸成，各自铸好后，将其中一小环打开一缺口，套入另一小环，再补铸缺口。补铸缺口的位置补痕明显。整器可见清晰的范缝痕迹（表九）。

标本M2∶137，通长22.4、大环径5.3×4.0、小环径3.2厘米，重0.2千克（图九九，3；彩版五三，1）。

4. 节约

16件。编号为M2∶133-1～133-6、143-1～143-10，出土时散落在椁室西南角和西壁中偏北处。其形制、大小、纹饰相同。形似圆饼，顶面圆拱，底部对称向上伸出四个支撑与顶面边缘相连，器身的侧面形成四个对称的方穿，以系革带。顶面中心饰四分式旋涡纹，近外缘处饰一周联珠纹，其外侧面无纹。均有不同程度的残损或变形（图版二二，2）。

标本M2∶133-1，直径4.6、厚1.2厘米（图一〇〇，2）。

表九 铜衔主要数据表

（长度单位：厘米）

器号	通长	大环径	小环径	重量（千克）
M2：129	22.5	5.2 × 3.9	2.9	0.2
M2：137	22.4	5.3 × 4.0	3.2	0.2
M2：140	22.2	5.3 × 3.9	3.1	0.2
M2：144-1	22.9	5.2 × 3.8	3.2	0.2
M2：144-2	22.6	5.3 × 4.1	3.3	0.2
M2：146	22.1	5.1 × 3.9	3.1	0.2

5. 马络饰

102 件。编号为 M2：134-1 ~ 134-37、136-1 ~ 136-15、139-1 ~ 139-15、142-1 ~ 142-35，出土时主要散落在椁室西南角，少数在西壁中偏北处，有的在两排甬钟尾端，有的在建鼓座旁。据其形制、大小和纹饰的不同，可分为二型。

A 型　58 件。编号为 M2：134-1 ~ 134-21、136-1 ~ 136-9、139-1、142-1 ~ 142-27，方形络饰。均有不同程度的破损或变形，少数变形严重。器身作方扁筒状，四折角上圆下方，中空以穿革带。顶面均以细斜方格纹作地纹，饰三角卷云纹，局部布施小圆点。底面有异，其中有 6 件（M2：134-1 ~ 134-6）底部为素平面，其他均为方框形，无纹饰（图版二一，2）。

标本 M2：136-7，长 3.2、宽 2.8、厚 0.5 厘米（图一○○，1）。

B 型　44 件。编号为 M2：134-22 ~ 134-37、136-10 ~ 136-15、139-2 ~ 139-15、142-28 ~ 142-35，长方形络饰。形制、大小、纹饰相同。器身为长方扁筒状，四折角均为圆形，中空以穿革带。顶面纹饰为两两并列成四排的八个小方格，小方格上分布四个对称的三角形，内填四个小圆点。底为平面（图版二一，3）。

标本 M2：136-12，长 2.8、宽 1.7、厚 0.8 厘米（图一○○，3）。

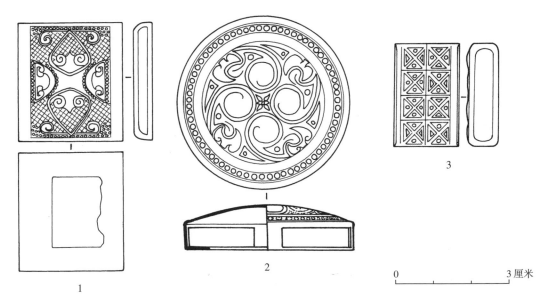

图一○○　铜马络饰、节约

1. A 型马络饰（M2：136-7）　2. 节约（M2：133-1）　3. B 型马络饰（M2：136-12）

表一〇　铜壁插主要数据表

（长度单位：厘米）

器号	型式	通长	宽	高	重量（千克）
M2：163-1	A 型	8.9	4.0	1.7	0.05
M2：163-2	A 型	9.0	4.3	1.5	0.05
M2：163-3	B 型	7.9	4.4	1.4	0.04
M2：163-4	B 型	7.9	4.3	1.4	0.04
M2：163-5	B 型	7.6	4.4	1.4	0.04
M2：163-6	B 型	7.7	4.5	1.4	0.04
M2：163-7	C 型	7.9	5.0	1.8	0.06
M2：163-8	C 型	8.2	4.8	1.6	0.06
M2：163-9	C 型	8.2	4.7	1.7	0.06
M2：163-10	C 型	8.3	4.7	1.6	0.05
M2：163-11	C 型	8.0	4.9	1.8	0.05

6. 壁插

11件。编号为M2：163-1～163-11，出土时散落在主棺棺痕内中部。器身为长方体，两端有半圆桥形钮，钮的两端均伸出一兽首饰。按其形制及纹饰的不同，可分为三型（表一〇）。

A 型　2件。编号为标本M2：163-1、163-2，形制、纹饰相同，大小略有差别。器身为半圆筒状。两端各有一半圆宽带状桥形钮，钮两端均伸出一龙首装饰。正中部有一半圆窄带桥形钮，并用两条拱形条饰在此相交，其两端与龙首相连，以形成斜十字镂孔装饰。M2：163-2底面正中有一长方条形穿孔，M2：163-1为一凹槽未穿透。两端钮面饰兽面纹，中部钮上无纹，两条形饰上均有二道弦纹（图版二二，1）。

标本M2：163-2，通长9.0、宽4.3、高1.5厘米，重0.05千克（图一〇一，1）。

B 型　4件。编号为M2：163-3～163-6，形制、纹饰完全相同，大小略有差别。器体短宽，而且底面一端窄一端宽，两端各有一半圆宽带状桥形钮，钮两端均伸出一牛首装饰。底部为素平面。两端半圆桥形钮面上均饰菱形三角云纹，内填两排联珠纹作边饰，牛角上饰三角纹（图版二二，3）。

标本M2：163-4，通长7.9、宽4.3、高1.4厘米，重0.04千克（图一〇一，2）。

C 型　5件。编号为M2：163-7～163-11，形制、纹饰完全相同，大小略有差别。器体短宽。两端各有一半圆宽带状桥形钮，钮两端各伸出一兽首装饰。兽首两角相向朝上呈盘旋状，作进攻姿势。两桥形钮面上饰三重菱形纹，两边饰联珠纹（图版二二，4）。

标本M2：163-7，通长7.9、宽5.0、高1.8厘米，重0.06千克（图一〇一，3）。

（五）饰　件

共54件，占青铜器总量的16.5%。器形有鸟形、板形饰件两种。

1. 鸟形饰件

36件。编号为M2：166-1～166-36，出土时散落在板形饰件上和主棺内东侧。其形制、大小相同。饰件形似鸟，鸟身呈"S"弯曲形，短尾上卷与鸟身相连，长方足。鸟身素面。整体呈扁平状，正面圆弧，背面水平，为单范铸成（表一一；彩版五三，2）。

标本 M2：166-7，通长 21.8、通宽 11.5 厘米，长方足长 4.4、宽 1.9 厘米，厚 0.2 厘米，重 0.11 千克（图一〇二，1）。

2. 板形饰件

18 件。编号为 M2：168-1 ~ 168-10、169-1 ~ 169-8，出土时大部分集中在棺痕范围内的东北角，少数分散在棺痕中部靠北边缘（见图版一一，2）。形制基本相同，大小略有差异。板状，呈上窄下宽的梯形，中部偏上两侧有溜肩，底边中部内凹成缺口，两角似半圆形足。上端中部有四个对称的长方形穿，下端两角各有一长方形穿，极少数为方形穿孔。穿孔不甚规则，均为錾孔，每个穿的周壁都有錾后折断的痕迹，未经任何加工，有的被錾的穿块尚未取下，錾痕尚存。板饰四周边缘未经打磨，有范缝毛刺或锐棱，应为一块有型腔的范与一块平板范对合铸造而成。均为素面（表一二）。

标本 M2：168-2，上端四个穿孔可见錾痕，上排两个穿孔为不规则形状：下端的一个为一近正方形穿孔，另一个为一不规则小孔。通长 33.0、上宽 18.5、下宽 26.4、厚 0.3 厘米，重 1.2 千克（图版二三，2）。

标本 M2：169-5，其上遗留有竹席腐烂痕迹。通长 33.1、上宽 17.7、下宽 26.5、厚 0.3 厘米，重 1.4 千克（图版二三，3、4）。

标本 M2：168-9，通长 33.5、上宽 18.0、下宽 26.3、厚 0.2 厘米，重 1.3 千克（图一〇二，4）。

标本 M2：169-3，通长 33.6、上宽 18.1、下宽 26.5、厚 0.4 厘米，重 1.0 千克（图版二三，1）。

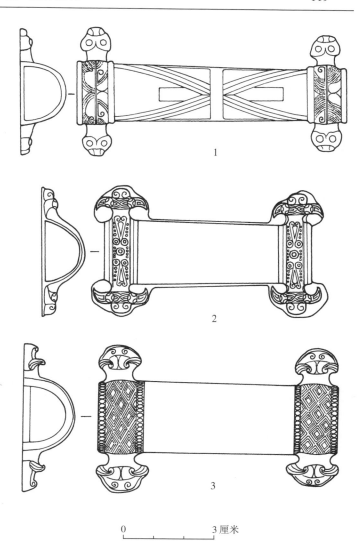

图一〇一　铜壁插
1. A 型（M2：163-2）　2. B 型（M2：163-4）　3. C 型（M2：163-7）

二　玉、石器

共 24 件。

表一一　铜鸟形饰件主要数据表

（长度单位：厘米）

器号	通长	长方足长	足宽	厚	重量（千克）
M2：166-1	22.0	4.1	1.9	0.3	0.11
M2：166-2	22.3	4.1	2.4	0.4	0.12
M2：166-3	残长 22.0	残	残	2.0	0.11
M2：166-4	22.0	4.0	2.0	0.4	0.12
M2：166-5	22.1	4.0	1.8	0.3	0.12
M2：166-6	21.4	3.6	1.9	0.4	0.12
M2：166-7	21.8	4.4	1.9	0.2	0.11
M2：166-8	残长 21.9	残缺	残缺	0.3	0.10
M2：166-9	21.8	3.8	1.6	0.3	0.10
M2：166-10	21.8	4.0	1.8	0.3	0.11
M2：166-11	21.8	4.1	2.0	0.4	0.13
M2：166-12	22.5	4.5	2.0	0.4	0.12
M2：166-13	22.1	4.3	1.9	0.4	0.11
M2：166-14	22.2	4.5	2.0	0.3	0.11
M2：166-15	21.9	3.8	1.8	0.3	0.10
M2：166-16	残长 22.3	3.9	残	0.2	0.10
M2：166-17	22.8	3.9	3.1	0.4	0.13
M2：166-18	22.0	4.2	2.1	0.4	0.12
M2：166-19	22.3	4.4	1.9	0.3	0.11
M2：166-20	21.9	3.9	2.0	0.3	0.12
M2：166-21	22.6	4.9	2.2	0.4	0.12
M2：166-22	22.0	3.9	1.9	0.3	0.11
M2：166-23	22.2	3.8	2.0	0.3	0.12
M2：166-24	22.3	3.3	1.9	0.2	0.12
M2：166-25	21.5	4.5	1.9	0.3	0.12
M2：166-26	22.1	3.8	1.6	0.3	0.12
M2：166-27	22.0	3.8	1.6	0.3	0.11
M2：166-28	22.5	4.2	2.5	0.4	0.12
M2：166-29	残长 22.4	残	残	0.4	0.12
M2：166-30	22.5	3.8	2.8	0.4	0.10
M2：166-31	21.9	3.8	1.6	0.3	0.10
M2：166-32	22.0	3.8	1.7	0.3	0.12
M2：166-33	21.8	4.0	1.8	0.4	0.11
M2：166-34	21.8	4.2	1.8	0.3	0.12
M2：166-35	21.9	3.8	1.7	0.3	0.10
M2：166-36	残断				

表一二 铜板形饰件主要数据表

（长度单位：厘米）

器号	通长	上宽	下宽	厚	重量（千克）
M2：168-1	33.2	18.0	26.4	0.3	1.3
M2：168-2	33.0	18.5	26.4	0.3	1.2
M2：168-3	33.7	18.5	27.2	0.3	1.0
M2：168-4	32.9	18.0	26.0	0.4	1.3
M2：168-5	33.1	17.8	26.0	0.4	1.3
M2：168-6	34.0	18.1	27.0	0.3～0.4	1.5
M2：168-7	33.3	18.1	26.4	0.4～0.5	1.2
M2：168-8	34.6	17.3	26.2	0.3	1.4
M2：168-9	33.5	18.0	26.3	0.2	1.3
M2：168-10	33.6	18.0	26.2	0.3	1.3
M2：169-1	35.0	18.2	27.0	0.4	1.0
M2：169-2	35.0	18.0	27.2	0.4	1.6
M2：169-3	33.6	18.1	26.5	0.4	1.0
M2：169-4	34.5	17.5	26.5	0.4	1.2
M2：169-5	33.1	17.7	26.5	0.3	1.4
M2：169-6	33.5	17.5	26.2	0.3	1.1
M2：169-7	34.6	17.9	27.0	0.3	1.5
M2：169-8	34.5	17.6	26.3	0.3	1.0

（一）礼 器

共2件。器形有石璧和石圭。

1. 石璧

1件。

标本M2：156，出土于主棺棺痕范围内的南部边缘。残破成五块，可以复原。矿化较严重，经取样检测，矿物成分主要是方解石。因受沁，其外表为浅褐色。器形为扁圆形，厚薄不匀，内缘比外缘略厚。外径7.8、内径3.9、肉厚0.7厘米（图一〇二，2）。

2. 石圭

1件。

标本M2：164，出土于主棺棺痕内东头。出土时残成三块，有两块为斜菱形，一块为三角尖状圭首残片。其横截面为长方形。经取样检测，矿物成分主要是白云石。呈白色，局部因受沁呈土黄色。大块残长3.5、宽4.8、厚0.65厘米，中块残长4.2、宽4.5、厚0.4厘米，小块残长1.1、厚0.4厘米（图一〇二，3；图版二三，5）。

（二）乐 器

共12件。器形仅石磬一种。

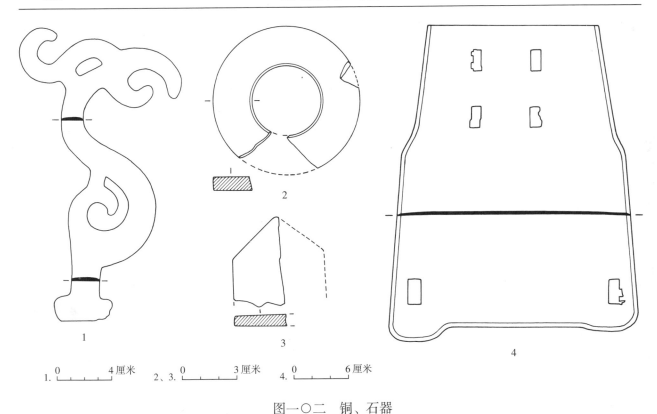

1. ┣0　　　4厘米┫
2、3. ┣0　　　3厘米┫
4. ┣0　　　6厘米┫

图一〇二　铜、石器

1. 铜鸟形饰件（M2：166-7）　2. 石璧（M2：156）　3. 石圭（M2：164）　4. 铜板形饰件（M2：168-9）

石磬

12件。编号为 M2：117～128，出土时在南壁次排小甬钟的中部偏东处，不见磬架。经修复看出，这套石磬是从大到小呈递减排列。

M2：117、119、122、125磬块，经取样检测，矿物成分主要是方解石，颜色有青灰色、白色两种。M2：118、119、120、121、122、123、124、126、127、128为青灰色方解石，其硬度较差，溶蚀严重，叩之无音。M2：117、125为白色方解石，质地较硬，保存稍好。12件磬块形制基本相同，大小厚薄各异。其形制上呈倨句，下作微弧上收。表面经过磨砺，鼓、股相交处有一圆孔，股略宽短，鼓稍窄长。磬体各部位比例不甚统一。磬中最大的一件为 M2：117，通长40.8厘米，鼓博10.6、鼓上边23.5厘米，股博11.5、股上边19.3厘米，厚1.7厘米，倨句150°。最小的一件为 M2：126，通长16.4厘米，鼓博5.7、鼓上边9.4厘米，股博6.0、股上边7.1厘米，厚1.2厘米，倨句159°（表一三；图一〇三；彩版五四）。

（三）饰　件

共10件。器形有玉璜和玛瑙环。

1. 玉璜

2件。编号为 M2：10、33，出土于椁室东北部，M2：33 在 M2：11 铜釜之上，M2：10 在其旁。M2：10经取样检测矿物成分主要是白云石，呈淡青色，两外距边缘两面局部受沁呈灰色，其

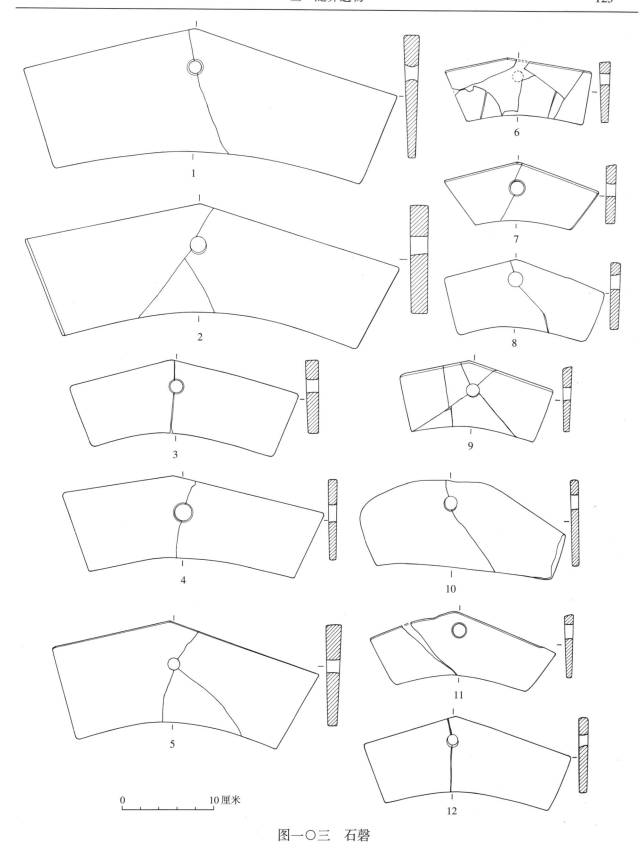

图一〇三 石磬

1. M2：117 2. M2：122 3. M2：119 4. M2：121 5. M2：125 6. M2：126 7. M2：127 8. M2：123 9. M2：118
10. M2：128 11. M2：120 12. M2：124

表一三　石磬主要数据表　　　　　　（长度单位：厘米）

器号	通长	通高	倨句	鼓部		股部		倨孔径		鼓长		股长		底部		厚	
				鼓上角	鼓下角	股上角	股下角	外径	内径	鼓上边	鼓博	股上边	股博	底长	弧高	最厚	最薄
M2∶117	40.8	16.1	150°	85°	96°	87°	96°	1.9	1.5	23.5	10.6	19.3	11.5	33.5	2.6	1.7	0.8
M2∶118	16.9	8.6	149°	89°	96°	90°	95°	1.5	1.3	9.9	6.1	7.7	6.4	13.4	1.4	1.0	0.6
M2∶119	25.1	10.6	152°	85°	95°	84°	87°	1.7	1.4	14.3	7.4	11.4	7.0	19.6	2.6	1.4	1.2
M2∶120	20.4	8.7	138°	79°	108°	86°	107°	1.6	1.5	12.1	5.3	9.8	5.8	14.2	1.7	1.0	0.6
M2∶121	28.8	11.2	157°	79°	100°	79°	97°	2.1	1.9	17.1	7.8	12.3	8.9	22.4	2.2	0.9	0.7
M2∶122	40.8	15.2	150°	80°	98°	81°	96°	2.1	1.9	23.0	10.1	19.5	11.4	32.3	3.3	2.0	1.8
M2∶123	17.5	8.7	145°	90°	96°	90°	91°	1.8	1.6	10.4	5.2	8.1	6.2	13.8	1.4	1.1	0.9
M2∶124	22.9	9.7	145°	94°	98°	90°	96°	1.4	1.2	13.5	6.4	10.6	6.7	18.0	1.6	1.0	0.8
M2∶125	29.4	13.8	148°	79°	98°	88°	91°	1.6	1.5	17.5	9.5	13.3	10.3	22.0	2.6	1.7	1.0
M2∶126	16.4	7.1	159°	89°	90°	77°	103°			9.4	5.7	7.1	6.0	12.7	0.9	1.2	0.8
M2∶127	17.0	7.3	145°	74°	115°	69°	124°	1.5	1.4	9.6	5.2	8.4	6.1	10.4	0.8	1.2	1.0
M2∶128	22.5	11.0	114°	108°	94°	94°	102°	1.8	1.6	14.4	5.1	10.0	6.5	19.2	1.8	0.9	0.8

他也因局部受沁而呈血红色，有光泽。横截面呈长方形。器身中上部有一圆形小穿孔，双面均饰阴刻的卷云纹，线条流畅，图案精美。

标本 M2∶10，体较厚，上角有一处磕伤。器身双面纹饰相同。外距长 16.7、内距长 9.3、中部宽 3.7、厚 0.5、孔径 0.25 厘米（图一〇四，1；彩版五三，3）。

标本 M2∶33，此器厚薄不均，整体较之 M2∶10 薄。器身双面纹饰不尽相同。其中有一面中部的纹饰错纹十分明显，可能是在雕刻过程中，因设计原因而改制过。外距长 16.5、内距长 9.2、中部宽 3.7、厚 0.6 厘米（图一〇四，2、3；彩版五三，4）。

2. 玛瑙环

8 件。编号为 M2∶153、154、155、161、162、167、172、173，出土时分散在主棺棺痕范围内。基本完整，少数有裂痕。M2∶155 经取样检测，矿物成分主要是隐晶质石英，即玛瑙。玉质相同，玉色略有不同，大多因受沁呈土黄色。均为素面。据其形制的不同，可分为二型。

A 型　6 件。编号为 M2∶153、155、161、162、167、173，环体均为圆形，呈半透明状，器表光洁。横截面为扁六棱形。

标本 M2∶153，肉内呈浅黄色，间隔夹杂土黄色。外径 3.8、内径 2.4、肉厚 0.7 厘米（彩版五五，2）。

标本 M2∶155，半透明，因受沁，环体呈淡黄色，局部呈深黄色。外侧有磕伤，肉上有一处缺损。外径 3.5、内径 2.1、肉厚 0.5 厘米（彩版五五，1）。

标本 M2∶161，内侧呈浅土黄色。外侧有两处旧磕伤。外径 6.6、内径 4.4、肉厚 0.7 厘米（图一〇五，1；彩版五五，3）。

标本 M2∶162，半透明，因受沁环体呈淡黄色。外侧有磕伤。外径 4.2、内径 2.7、肉厚 0.6 厘米（彩版五五，1）。

标本 M2：167，青色透明，完好无损。其外棱较薄，内棱较厚。外径4.2、内径2.4、肉厚0.6厘米（图一〇五，3；彩版五五，1）。

标本 M2：173，青色，夹有少量白色、棕色沁斑。外侧有旧磕伤。外径5.7、内径4.5、肉厚0.9厘米（彩版五五，4）。

B型　2件。编号为 M2：154、172，器身为扁圆形，呈半透明状，器表光洁。器体上下为圆面，其外侧一周为平面，内侧有一尖状凸棱（彩版五五，5）。

标本 M2：154，青白色，呈半透明状，略泛灰，局部因受沁呈鸡骨白或鸡血红色，还有少数呈黄色沁斑。周边有旧磕伤，此器出土时断裂成三截，后经修复。外径6.1、内径5.3、肉厚0.8厘米。

标本 M2：172，青色，呈半透明状。内外侧都有旧磕伤。外径5.7、内径4.5、肉厚0.9厘米（图一〇五，2）。

三　陶　器

随掘 M2 出土陶器共计5件，均为陶豆，可复原的仅2件。

陶豆

编号为 M2：17、18、22、24、47，出土时分别倒置在5件小铜鬲之上。该墓共出土了9件小铜鬲，推测下葬时应有9件陶豆，还有4件陶豆可能是墓室椁盖顶倒塌被砸碎而遗失。

标本 M2：17、22，泥质灰陶，施黄色陶衣。侈口，浅腹盘、斜壁较直，底近平，圆柱形柄，喇叭形座。通体素面。

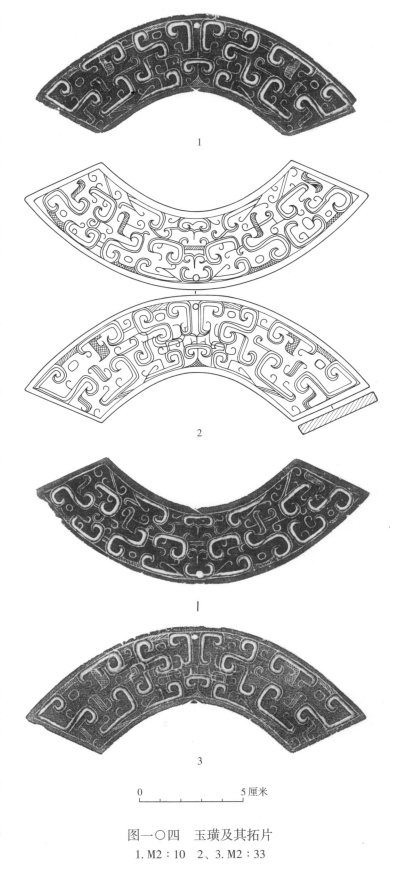

图一〇四　玉璜及其拓片
1. M2：10　2、3. M2：33

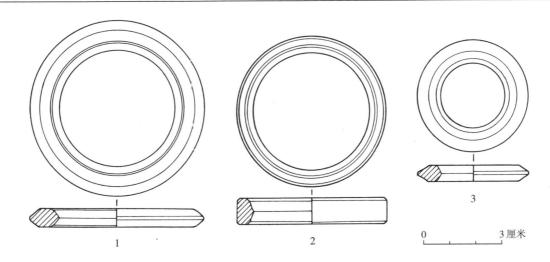

图一○五　玛瑙环
1、3. A型（M2：161、M2：167）　2. B型（M2：172）

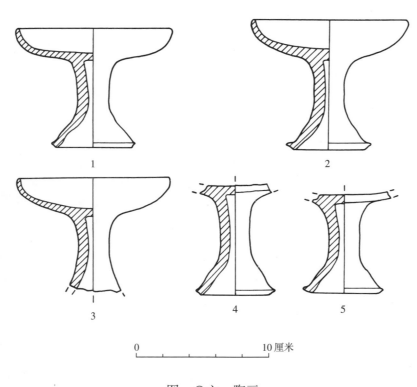

图一○六　陶豆
1. M2：17　2. M2：22　3. M2：47　4. M2：24　5. M2：18

标本M2：17，口径11.8、底径5.8、高9厘米（图一○六，1）。

标本M2：22，口径11.8、底径5.4、高9.8厘米（图一○六，2；图版二四，2）。

标本M2：18，泥质灰陶。豆盘已失。短圆柱形柄，喇叭形座。通体素面。足径5.2、残高7.5厘米（图一○六，5）。

标本M2：24，泥质灰陶。豆盘已失。短圆柱形柄，喇叭形座。通体素面。足径6、残高8.4厘米（图一○六，4）。

标本M2：47，泥质灰陶，施黄色陶衣。豆座已失。口径11.4、残高8.7厘米（图一○六，3）。

四　角　器

8件。有车马器镳和丧葬用器鹿角两种。

1. 镳

7件。编号为M2：130、131、132、138、141、145、147，出土时散落在椁室西南角和西壁

中偏北处，与衔在一起。可辨清器形的
仅有7件。形制相似，呈不规则六棱形，
棱角分明，表面光滑，整体弯曲的弧度
不大，其中M2：131、132的尖端成齐
头。在中部偏粗处均有两穿，穿分梯形
和长方形两种。器身均髹黑漆，个别为
咖啡色，无纹（图版二四，1）。

标本M2：130-1，残长约15.4、最
宽处为1.85、厚1.8厘米（图一○七，
1）。

标本M2：132，残长9.9厘米（图
一○七，3）。

标本M2：138-2，残长9.6厘米（图
一○七，2）。

2. 鹿角

一对。

标本M2：1，出土于椁室东北隅，
均破碎不能复原，可分辨为两只鹿角。
残存部分中有两个叉角，还有两截角
根部，其形状相似，大小基本相同。在
角根长0.6厘米处被削成一周圆形凸
箍，箍上刻连续的斜弧线似绳索纹。凸
箍以下的根部，均修成方形榫头，其中
一面又削成斜面而呈凿口形，以便安
插。凸箍以上为鹿角原形，稍加修整磨
光。最上部的角残长25.6、宽0.5厘米；
角根部残长4.4、宽0.7厘米（图一○
八；图版二四，5）。

五　料　器

均为墓主人的装饰挂件，器形有
紫色水晶珠和环形串珠两种。出土时
都散落在主棺棺痕范围内。

1. 紫色水晶珠

3件。编号为M2：175-1～175-3，

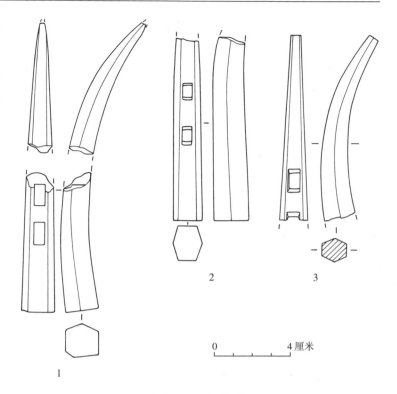

图一○七　角镳
1. M2：130-1　2. M2：138-2　3. M2：132

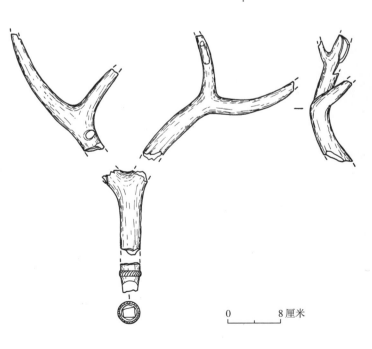

图一○八　鹿角（M2：1）

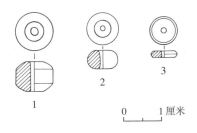

图一○九　水晶珠、料珠
1、2. 紫色水晶珠（M2∶175–1、M2∶175–2）
3. 环形串珠（M2∶157 –1）

天然紫色，水晶半透明。体呈圆球形或扁圆球形，中心穿有一圆孔（彩版五六，3）。

标本 M2∶175–1，体呈圆形，截面为四棱形。直径1.0、高0.8厘米（图一○九，1）。

标本 M2∶175–2、175–3，形制、大小相似。体呈扁圆球形，截面为椭圆形。直径0.8、高0.5厘米（图一○九，2）。

2. 环形串珠

标本 M2∶157，出土于椁室东北隅，与鹿角为邻。部分破损，已不能准确统计其数量，已知完整的为1833枚，其形制、大小相似，均为黑色，体小，圆形扁体中间有一小圆孔，外周边缘分圆形和棱形两种。经取样检测分析，结果是非晶态 SiO_2 成分，是料管的材料。直径约0.6、厚约0.2厘米（图一○九，3；彩版五六，1）。

六　蚌　器

蚌饰　1件（套）。

标本 M2∶171，出土时散落在主棺棺痕中部靠北边缘，在铜板形饰件旁。均残，不能统计其数量，将其定为1件（套）。蚌饰为白色，有光泽，已成粉状，无法辨别其器形。有的有穿孔（图版二四，3）。

七　铅锡器

共计79件，器形有饰件和棺构件（表一四）。

1. 鱼形饰件

64件。编号为M2∶170，出土时散落在棺痕中部靠北边缘，与铜板形饰件在一起。其中有4件比较完整的能辨清鱼首、眼睛、身、尾，有60件能辨认鱼眼，其余残破严重，已无法统计其数量，将能辨认的定为64件。鱼体为薄片状，大小不一，形状各异。鱼身作扁薄的长条形。背上都有一鳍，腹上有一鳍，也有两鳍的。头部宽而尾窄，鱼首均有一圆形的穿孔，以为鱼眼，可索缀。双叉尾。鱼体正面稍弧，背面平，边缘很薄，应为单范铸成。经检测鱼形饰件为铅锡合金

表一四　铅锡器分类统计表

器名	器号	型式	数量	备注
鱼形饰件	分号为 170–1 ~ 170–4		64	只有4件较为完整，其余残缺未编分号，但仍计入总数
棺构件	分号为 160–1 ~ 160–7	A 型	7	只有15件较为完整，其余残缺成150余段，无法统计
	分号为 160–8 ~ 160–15	B 型	8	

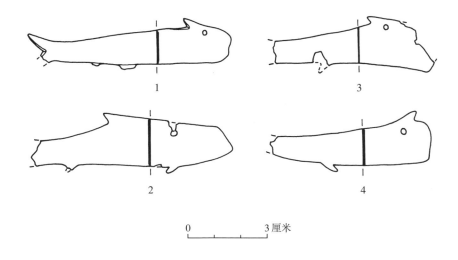

0　　　　　　3厘米

图一一○　铅锡鱼形饰件
1. M2：170-1　2. M2：170-2　3. M2：170-3　4. M2：170-4

铸成。

标本 M2：170-1，较完整。头向右，头后上部有一鳍，腹下两鳍，双叉尾。通长 7.7、厚 0.1 厘米（图一一○，1；图版二四，4）。

标本 M2：170-2，尾残缺，头向右，背中有一鳍，腹下有两鳍，眼较 M2：170-1 后移，鱼身较宽。残长 7.6、厚 0.1 厘米（图一一○，2；图版二四，4）。

标本 M2：170-3，尾残缺，头向右，头后上部有一鳍，腹下也为一鳍，头较大，眼在头部上缘。残长 6.1、厚 0.1 厘米（图一一○，3；图版二四，4）。

标本 M2：170-4，头向右，制作有误：因头与鳍不同向，而且头上长一鳍，眼在鳍后。残长 6.1、厚 0.1 厘米（图一一○，4；图版二四，4）。

2. 棺构件

15 件。编号为 M2：160，出土时散落在主棺棺痕范围内，东西向排列成五排，应为固定主棺棺板的构件，又称棺钉。能辨别器形的有 15 件，可分为方框形和半方框形两种。残缺的共 37 件，还有不能辨别其器形的共有 150 余段。经检测均为铅锡合金料。据其形制的不同，可分为二型。

A 型　7 件。方框形。编号为 M2：160-1 ～ 160-7，均有不同程度的变形，完整的有 5 件。

标本 M2：160-1，大方框形构件。器形为长方形，长 18.4、宽 10.2、厚 2.6 厘米（图一一一，1）。

标本 M2：160-2，小方框形构件。器形为长方形，有一边略小。长 8.6、宽 5.5、厚 1.5 厘米（图一一一，3）。

B 型　8 件。半方框形。编号为 M2：160-8 ～ 160-15，基本完整，略有变形。

标本 M2：160-8，半框形，钉尖与钉身成直角。身长 12.3、钉长 4.7、厚 2.2 厘米（图一一一，2）。

标本 M2：160-9，钉尖内折成锐角，钉尖为方头。身长 9.7、钉残长 3.3、厚 1.5 厘米（图一一一，4）。

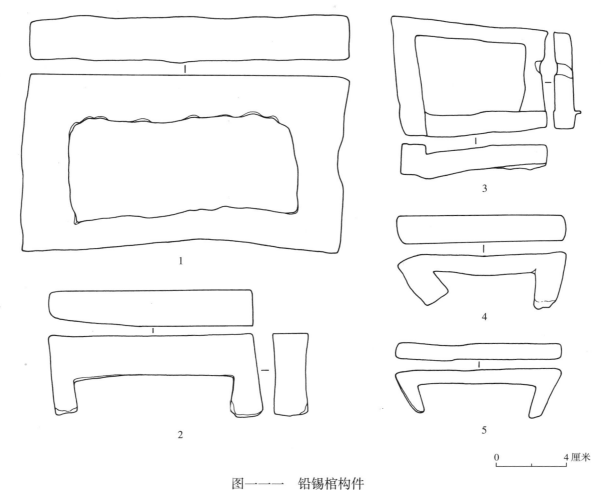

图一一一　铅锡棺构件

1、3. A 型（M2：160-1、M2：160-2）　2、4、5. B 型（M2：160-8、M2：160-9、M2：160-10）

标本 M2：160-10，钉尖内折成锐角，钉尖呈尖状。身长 9.5、钉长 2.9、厚 0.9 厘米（图一一一，5）。

八　扰乱沟遗物

该墓历史上曾经被扰乱过，其扰乱沟恰在墓主人主棺范围内，有许多随葬遗物被翻动到扰乱沟中，因此我们将扰乱沟出土遗物与椁室内的区分开来，附此介绍，器物编号前均加"扰"字。

扰乱沟出土遗物共 32 件，器形有料珠、陶豆盘、玉羊、玉兔、玉塞、绿松石穿孔珠、石璧、铁铲形器。

1. 陶豆

1 件。

标本 M2：扰 1，泥质灰陶。残豆盘，柄、座已失。口内敛，圆腹壁，浅盘，圜底。口径 13.6、腹深 2.8、残高 4.6 厘米（图一一二，1）。

2. 石璧

2件。

标本M2：扰7-1，残缺约1/2。环状扁圆形，厚薄不匀。棕红色石质，器表光洁，因局部受沁呈现灰白色斑点。素面。外径7.0、内径3.0、厚0.5~0.55厘米（图一一二，2）。

标本M2：扰7-2，残缺严重，仅剩一小块。环状扁圆体。棕红色石质，因受沁大多表层呈现灰白色的沁斑，少数呈黑色、咖啡色沁斑。素面。外径5.8、内径2.9、厚0.4厘米（图一一二，3）。

3. 玉羊

1件。

标本M2：扰4，青白玉，呈半透明状。羊昂头，竖双耳，弓背，四足作行走状，夹尾，形象生动。长1.8、宽0.35、高1.2厘米（图一一三，1；彩版五六，4）。

4. 玉兔

1件。

标本M2：扰5，玉色灰白，光泽较差，后足局部因受沁变成深土黄色。兔扬头，竖双耳，四足较矮，后有一小尾。整体造型简单。长1.35、宽0.3、高0.7厘米（图一一三，2；彩版五六，4）。

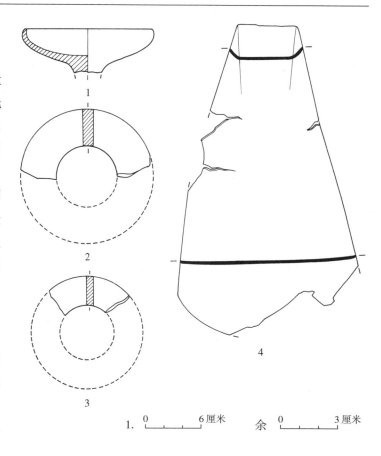

1. ⌷ 0 ————— 6厘米   余 0 ——— 3厘米

图一一二　扰乱沟出土器物
1.陶豆（M2：扰1）2、3.石璧（M2：扰7-1、扰7-2）
4.铁铲形器（M2：扰9）

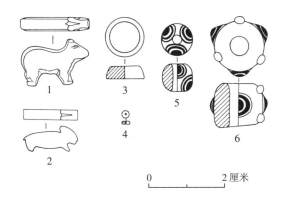

0 ——————— 2厘米

图一一三　扰乱沟出土器物
1.玉羊（M2：扰4）2.玉兔（M2：扰5）
3.玉塞（M2：扰8）4.绿松石穿孔珠（M2：扰6-1）
5.B型料珠（M2：扰3-2）6.A型料珠（M2：扰3-1）

5. 玉塞

1件。

标本M2：扰8，青白玉，呈半透明状，作圆饼形，上面径小于下面径，周边微拱。制作规整，素面。上面径0.8、下面径1.0、厚1.2厘米（图一一三，3；彩版五六，5）。

6. 料珠

20枚。编号为M2：扰3，较完整的有20枚，另有碎片若干，不能统计出准确数量。经取样检测分析结果是非晶态SiO_2成分。呈不规则球体，料珠上分别有数量不等的"蜻蜓眼"，多者7个，少者3个，大小不等，并且每个"蜻蜓眼"上都有多层"眼圈"。中有穿孔，孔壁直，珠体大小不一，颜色基本相同，只是有深浅之分，可分为二型（彩版五六，2）。

A 型　1 枚。

标本 M2：扰 3-1，珠体较大，白色，呈不规则球体。横剖面呈圆形，纵剖面呈方形。共有三个"蜻蜓眼"："蜻蜓眼"的底色为较浅的湖蓝色，中心点为孔雀蓝色眼珠，其"眼圈"为咖啡色，并与白色相间，形似"蜻蜓眼"。三个"蜻蜓眼"之间，分别以上下两个对称共六个凸出的青色小圆泡布于其间。中有一穿孔。直径 1.25、孔径 0.5、高 1.2 厘米（图一一三，6）。

B 型　19 枚。编号为 M2：扰 3-2 ～ 3-20，形体比 A 型小，均作圆球体，纵横剖面均为圆形。大小不等。"蜻蜓眼"底色为浅蓝色，有三个、六个或七个，分两圈排列，眼部微拱，眼珠为孔雀蓝色；"眼圈"三至五层，以白色与咖啡色相间。中有一穿孔。

标本 M2：扰 3-2，直径 0.8、孔径 0.2、高 0.7 厘米（图一一三，5）。

7. 绿松石穿孔珠

5 枚。编号为 M2：扰 6-1 ～ 6-5，形制相同，大小略有差异。珠体为扁圆形，中有一圆形穿孔，器呈绿色（彩版五六，6）。

标本 M2：扰 6-1，直径 0.2、厚 0.1 厘米（图一一三，4）。

8. 铁铲形器

1 件。

标本 M2：扰 9，出土坐标为 4.3（南）× 4（东）× 1 米。梯形，上窄，有断痕，其截面为"U"形。可能为盗墓者所留。残长 16.5、下残宽 9.4、上宽 3.2、体厚 0.15 厘米（图一一二，4）。

肆　结　语

　　擂鼓墩二号墓（以下简称 M2）是继曾侯乙墓之后湖北地区的又一重大考古发现，为研究曾（随）文化、先秦礼乐制度及曾（随）、楚关系等提供了宝贵资料。

一　年　代

　　关于 M2 的年代，学术界主要有战国早期偏晚[1]、战国中期的前段[2]、略晚于曾侯乙墓[3]几种观点。M2 出土遗物中仅在 1 件铜簠（M2：49）上铸有"盛君縈之征（御）臣"铭文，此外没有能确定该墓年代和墓主身份的文字资料。我们只能通过分析墓葬形制，器物组合、形制、纹饰特征，以及 M2 与曾侯乙墓、吴家湾墓地[4]的相邻关系等，来分析该墓的年代并推断墓主人的等级和身份。

　　M2 的附耳、束颈镬鼎（M2：32），在造型和纹饰上，与曾侯乙墓大鼎（C.96）[5]、淅川徐家岭十号墓蟠螭纹鼎（M10：46）[6]多有相似之处。

　　M2 的牛形钮盖鼎在铸造风格、纹饰特征上，与曾侯乙墓 I 式盖鼎（C.98）、淅川徐家岭十号

[1] 朱凤瀚著：《古代中国青铜器》第1017页，南开大学出版社，1995年。

[2] 湖北省博物馆、随州市博物馆：《湖北随州擂鼓墩二号墓发掘简报》，《文物》1985年第1期；杨宝成、黄锡全：《湖北考古发现与研究》第152页，武汉大学出版社，1995年；湖北省文物考古研究所：《曾国青铜器》，文物出版社，2007年。

[3] 郭德维：《曾侯乙墓并非楚墓》，《江汉论坛》1980年第1期；李学勤：《东周与秦代文明》（增订本）第126页，文物出版社，1991年。

[4] 吴家湾墓地：随州博物馆发掘资料。时代约属战国中晚期，不仅具有浓郁的曾文化特征，还有典型的楚文化因素，推测为曾国即将灭亡或已被楚国灭亡后之曾人墓葬。

[5] 湖北省博物馆：《曾侯乙墓》，文物出版社，1989年。下文有关曾侯乙墓资料皆出自此书，不再注明。

[6] 河南省文物考古研究所等：《淅川和尚岭与徐家岭楚墓》，大象出版社，2004年。下文有关和尚岭与徐家岭楚墓资料皆出自此书，不再注明。

墓牛形钮盖鼎（M10∶50）颇为相似，盖上的立式牛形钮近同；与包山二号墓卧式牛形钮盖鼎（M2∶105）[7]也有相近之处，只是M2的牛形钮盖鼎腹略浅、底微圜、足稍矮。

M2的升鼎与蔡侯墓自铭为"鼙"的鼎（2.1）[8]相似，与曾侯乙墓束腰大平底鼎（C.89）最接近，特别是足高几乎与曾侯乙墓所出等高。与曾侯乙墓不同的是，M2的升鼎腹外不见对称的四个龙形附饰，且腹部趋浅，铸造也比较粗糙。

M2的小口提链鼎（M2∶70）的提链造型，腹部等距离分布的六个凸起的圆泡状乳突，与曾侯乙墓小口鼎（C.185）和天星观二号墓小口鼎（M2∶18）[9]近似。

方座簋从早到晚的变化是簋的方座由矮变高，耳由大变小。M2的方座簋与曾侯乙墓接近，只是曾侯乙墓为龙形耳（C.109），M2为兽首状耳。这与淅川徐家岭十号墓铜簋（M10∶81）更为相似，只是纹饰风格有所不同。

M2的A型簠，斜腹，平底，足作凹弧形，足间有扁桃状缺口，口径略大于足径，其形制与寿县蔡侯墓铜簠（11.1）、徐家岭十号墓蟠螭纹簠（M10∶79）最为接近，器耳、纹饰风格相似。B型簠口部直壁较长，口径略与足径相等，从器物形制演变规律看，比A型簠稍晚，当为战国中期前段之器[10]。

M2的绳纹鬲和铜甗的形制、纹饰风格，与曾侯乙墓大鬲（C.126）、甗（C.165）最为接近。

M2盥缶肩腹两侧的兽首双耳、提链套环、上腹部一周等距离分布的六个圆饼形乳突，与固始侯古堆一号墓的铜罍（M1P∶35）[11]、曾侯乙墓所出盥缶（C.189）雷同。

M2方壶的龙形双耳、花冠状盖、近似方形腹的风格，与寿县蔡侯墓（15.1）、太原金胜村（M251）[12]、淅川下寺一号墓方壶（M1∶49）[13]十分接近。淅川下寺一号墓的龙耳虎足方壶（M1∶49）的颈部纹饰图案，与M2方壶的花冠状盖形几乎一样。M2所出的方壶腹部四面各有宽带纵横相交，呈"十"字形格栏装饰，与曾侯乙墓联禁双壶（C.132、C.133、C.135）风格相同。

M2的圆壶与徐家岭十号墓侈口壶（M10∶71）、江陵望山2号墓B型壶（WM2∶T41）[14]、吴家湾M13Ⅱ式壶（M13∶5）[15]相似。

方盖豆（M2∶38），与固始侯古堆一号墓方豆（M1P∶36）近同。

M2的盘（M2∶75）为双环耳、折腹、底近平，与江陵天星观1号楚墓折腹盘（M1∶170）[16]、

［7］湖北省荆沙铁路考古队：《包山楚墓》，文物出版社，1991年。

［8］安徽省文物管理会、安徽省博物馆：《寿县蔡侯墓出土遗物》，科学出版社，1956年。下文有关蔡侯墓资料皆出自此书，不再注明。

［9］湖北省荆州博物馆：《荆州天星观二号楚墓》，文物出版社，2003年。

［10］刘彬徽：《随州擂鼓墩二号墓青铜器初论》，《文物》1985年第1期。

［11］河南省文物考古研究所：《固始侯古堆一号墓》，大象出版社，2004年。

［12］朱凤瀚著：《古代中国青铜器》第1034页，南开大学出版社，1995年。

［13］河南省文物研究所等：《淅川下寺春秋楚墓》，文物出版社，1991年。

［14］湖北省文物考古研究所：《江陵望山沙冢楚墓》，文物出版社，1996年。

［15］随州市博物馆：《随州擂鼓墩砖瓦厂十三号墓发掘简报》，《江汉考古》1984年第3期。因擂鼓墩砖瓦厂已搬迁，该墓地已改称吴家湾墓地。

［16］湖北省荆州地区博物馆：《江陵天星观1号楚墓》，《考古学报》1982年第1期。

信阳长台关楚墓的盘（M1：739）[17]相似。

M2的圈足匜（M2：74），与战国中期偏早的陕县后川（M2040）[18]的匜相近。

M2的炭盆（M2：72）与江陵望山1号墓的炉（WM1：T57）相似。

M2的4件大甬钟正鼓部饰神人操蛇图像，这种图像亦见于春秋战国时期的其他文物，如战国中期稍晚的信阳长台关楚墓的锦瑟（M1：158）、约为战国中期的荆门车桥的"大武"舞戚援部[19]。由此看来这种图像在战国中期有代表性。

通过对有关随葬器物的排比，从图一一四中不难看出，M2出土遗物有早晚之别，既有春秋晚期的风格，也有战国早期到战国中期的特点，特别是与战国早期的曾侯乙墓、淅川徐家岭十号墓的一些器物极为接近，时代不会太晚。因此，M2的年代大致定在战国早期偏晚至战国中期偏早之间比较合适。

二 墓 主

M2地处团坡墓地内，与曾侯乙墓相邻，规模较大，都出有九鼎八簋，时代又相差不远，应属曾国国君墓，但由于该墓出土遗物中没有明确记载墓主身份的文字资料，仅在铜簋（M2：49）上铸有一正一反相同铭文二行六字："盛君縈之往（御）医"。学者们对M2墓主作了种种推测，主要有曾国国君墓[20]、曾侯夫人墓[21]、盛君縈墓[22]几种观点，还有学者认为盛君縈可能是齐之郕地的封君[23]。

我们依据该墓出土的器物，从以下三个方面来讨论M2墓主问题。

（1）用鼎制度所反映的墓主人身份等级

M2出土大鼎、升鼎、盖鼎和小口鼎17件。其中大鼎1件，即通常所说的镬鼎，口径50.0～53.2、高51.6厘米，重24.8千克。《周礼·亨人》郑玄注："煮于镬曰亨。"镬为煮牲的炊具。按周代礼制，镬鼎据盛装食物的不同可分为牛镬、羊镬和豕镬。M2的镬鼎内盛有鹿骨，此外还有6件礼器盛有鹿骨（附表三），这可能与当时的暖干气候适合鹿的生长有关，也可推测鹿曾是曾国国

[17] 河南省文物研究所、中国社会科学院考古研究所编：《信阳楚墓》，文物出版社，1986年。

[18] 郭宝钧：《商周铜器群综合研究》图版玖叁，文物出版社，1981年。

[19] 《荆门出土的一件铜戈》，《文物》1963年第1期；俞伟超：《"大武"舞戚续记》，《考古》1964年第1期；马承源：《关于"大武戚"的铭文及图像》，《考古》1963年第10期。

[20] 湖北省博物馆、随州市博物馆：《湖北随州擂鼓墩二号墓发掘简报》，《文物》1985年第1期；何浩、宾晖：《盛君縈及擂鼓墩二号墓墓主的国别》，《楚文化研究论集》第一集，荆楚书社，1987年；刘彬徽：《随州擂鼓墩二号墓青铜器初论》，《文物》1985年第1期；张昌平：《关于擂鼓墩墓群》，《江汉考古》2007年第1期。

[21] 湖北省博物馆、随州市博物馆：《湖北随州擂鼓墩二号墓发掘简报》，《文物》1985年第1期；李学勤：《东周与秦代文明》（增订本）第141页，文物出版社，1991年；郭德维：《擂鼓墩2号墓的墓主身份与年代》，《楚系墓葬研究》，湖北教育出版社，1995年。

[22] 吴郁芳：《擂鼓墩二号墓簋名"盛君縈"小考》，《文物》1986年第2期；饶宗颐：《谈盛君簋——随州擂鼓墩文物展侧记》，《江汉考古》1985年第1期。

[23] 黄锡全：《湖北出土商周文字辑证》，武汉大学出版社，1992年。

器名	M2 器物图	器名	时代	出土地	相关墓葬器物图
镬鼎 （M2：32）		大鼎 （C.96）	战国早期	曾侯乙墓	
		蟠螭纹鼎 （M10：46）	战国早期	淅川徐家岭	
牛形钮盖鼎 （M2：55）		牛形钮盖鼎 （C.98）	战国早期	曾侯乙墓	
		薳子昃鼎 （M10：50）	战国早期	淅川徐家岭	
		方耳卧牛钮鼎 （M2：105）	战国中期晚段	包山楚墓	

图一一四（一）　随州擂鼓墩二号墓部分青铜器与相关墓葬器物形制比较图（一）

器名	M2 器物图	器名	时代	出土地	相关墓葬器物图
升鼎 （M2：60）		束腰大平底鼎 （C.89）	战国早期	曾侯乙墓	
		"𣄴" 鼎 （2.1）	春秋晚期	寿县蔡侯墓	
小口提链鼎 （M2：70）		小口鼎 （C.185）	战国早期	曾侯乙墓	
		小口鼎 （M2：18）	战国早期	荆州天星观 二号墓	
簠 （M2：42）		簠 （C.109）	战国早期	曾侯乙墓	
		簠 （M10：81）	战国早期	淅川徐家岭	

图一一四（二）　随州擂鼓墩二号墓部分青铜器与相关墓葬器物形制比较图（二）

器名	M2 器物图	器名	时代	出土地	相关墓葬器物图
簠 （M2：49）		簠 （M10：79）	战国早期	淅川徐家岭	
		簠 （11.1）	春秋晚期	寿县蔡侯墓	
鬲 （M2：78）		大鬲 （C.126）	战国早期	曾侯乙墓	
甗 （M2：53）		甗 （C.165）	战国早期	曾侯乙墓	
盥缶 （M2：77）		盥缶 （C.189）	战国早期	曾侯乙墓	
		盥缶 （M1P：35）	春战之际	固始侯古堆 一号墓	

图一一四（三）　随州擂鼓墩二号墓部分青铜器与相关墓葬器物形制比较图（三）

器名	M2 器物图	器名	时代	出土地	相关墓葬器物图
方壶 （M2：4）		联禁大壶 （C.132、C. 133、C.135）	战国早期	曾侯乙墓	
		龙耳虎足方壶 （M1：49）	春秋中期	淅川下寺 一号墓	
		方壶 （15.1）	春秋晚期	寿县蔡侯墓	
圆壶 （M2：8）		侈口壶 （M10：71）	战国早期	淅川徐家岭	
		B 型壶 （WM2：T41）	战国中期 晚段	望山楚墓	
		Ⅱ式壶 （M13：5）	战国中期	随州吴家湾 M13	

图一一四（四）　随州擂鼓墩二号墓部分青铜器与相关墓葬器物形制比较图（四）

器名	M2 器物图	器名	时代	出土地	相关墓葬器物图
方盖豆 （M2：38）		方豆 （M1P：36）	春战之际	固始侯古堆 一号墓	
盘 （M2：75）		盘 （M1：170）	公元前340 年前后	天星观一号 楚墓	
		盘 （M1：739）	战国早期	信阳楚墓	
匜 （M2：74）		匜 （M2040）	战国中期 偏早	陕县后川	
炭盆 （M2：72）		炉 （WM1：T57）	战国中期 晚段	望山楚墓	

图一一四（五）　随州擂鼓墩二号墓部分青铜器与相关墓葬器物形制比较图（五）

君田猎的主要对象。

9件升鼎，在蔡侯墓中自铭为"䵼"。周代用鼎制度以升鼎为中心，故升鼎又称"正鼎"。礼制中用鼎几件，指的就是正鼎数。一般认为，楚系墓葬中使用升鼎的是一些高级别的墓葬。M2升鼎为大牢九鼎，应为正鼎一套，表明死者的身份等级相当高。

与升鼎同出的牛形钮盖鼎6件，大小相次，其中M2：54、55盖鼎内均盛有鹿骨，M2：54盖鼎出土时内置2件鼎钩。这6件盖鼎就是《周礼》中的羞鼎（也称陪鼎），其使用制度是和正鼎相配："正鼎用大牢，羞鼎也可用牛、羊、豕；正鼎用少牢，羞鼎则亦用羊、豕；正鼎是特牲，羞鼎就只能用豚。"《仪礼·公食大夫礼》："上大夫八豆、八簋、六铏、九俎，鱼、腊皆二俎。"九俎即九鼎，六铏当为臐、膮、二套[24]。M2的6件牛形钮盖鼎，应为羞鼎两套，正合乎陪正鼎九之数。在九鼎八簋的东侧分三排排列9件小鬲，且每件鬲口之上倒置1件陶豆，虽然目前尚不知道这种葬俗的涵义，但其所反映的礼制与其他礼器是相符的。

M2中与鼎伴出的有簋8件，簠4件，方尊缶、圆尊缶、盥缶、方壶、圆壶、盘豆各2件，匕3件，大鬲、方盖豆、甗、釜、盘、匜、斗、炭盆、箕各1件。从已发现的同规模墓葬来看，这是一套较完整的青铜礼器，且多是重器。按周代礼制，鼎、簋配制为：九鼎配八簋，七鼎配六簋，五鼎配四簋，三鼎配二簋，一鼎无簋。《春秋公羊传·桓公二年》何休注："礼祭：天子九鼎，诸侯七，卿大夫五，元士三也"，这是西周古制。宗法制逐渐衰变后，原有的等级制度及其从属的礼乐制度逐步受到破坏，已变化为：诸侯用大牢九鼎，卿或上大夫用大牢七鼎，下大夫用少牢五鼎，士用牲三鼎或特一鼎。M2的九鼎八簋，符合周代礼制，与其他考古发现也基本吻合。例如，两周之际虢太子墓用鼎7件[25]，春秋中期偏晚淅川下寺楚公令尹墓用鼎7件[26]，春秋晚期蔡侯墓用鼎7件[27]，春秋战国之际固始侯古堆一号墓即宋景公的妹妹勾敔夫人墓用鼎9件[28]，战国早期曾侯乙墓用鼎9件，战国中期偏晚中山国王墓用鼎9件[29]。以上考古资料表明，墓葬用鼎数量真实地表达了墓主人生前的社会地位。M2出土青铜器所反映的用鼎制度和与其他礼器的配制，证明其与周代礼制相符。战国时期虽已僭越于旧用鼎制度，但高规格的九鼎八簋仍可表明其身份等级。因此，M2的墓主身份等级相当高，至少应为诸侯一级。

（2）随葬编钟、编磬所反映的墓主人身份等级

M2出土乐器和附件71件，其中有编钟一套36件、编磬一套12件、建鼓座1件、甬钟挂钩22件。因墓葬保存不好，是否还有其他质地的乐器已不可知。

甬钟出土时不见钟架的腐烂痕迹，从出土的摆放形式推测应未下葬钟架。甬钟出土时分成两部分陈放在椁室南壁和西壁，呈曲尺形摆放，且每一部分又分成两排放置，这是有意安排的，说明这套甬钟在下葬前呈双层悬挂。12件编磬在南壁次排小甬钟中部偏东处，与西壁的7件甬钟遥相对应。两排编磬多数摆放有序，少数相互叠压，不见磬架痕迹，从其摆放形式不难看出下葬前

［24］俞伟超：《周代用鼎制度研究》，《先秦两汉考古学论文集》，文物出版社，1985年。

［25］中国科学院考古研究所编著：《上村岭虢国墓地》，科学出版社，1959年。

［26］河南省文物研究所等：《淅川下寺春秋楚墓》，文物出版社，1991年。

［27］安徽省文物管理委员会、安徽省博物馆：《寿县蔡侯墓出土遗物》，科学出版社，1956年。

［28］河南省文物考古研究所编著：《固始侯古堆一号墓》，大象出版社，2004年。

［29］河北省文物管理处：《河北省平山县战国时期中山国墓葬发掘简报》，《文物》1979年第1期。

应呈两层悬挂。其陈放形式与曾侯乙墓的编钟和编磬的陈放形式相同。《周礼·春官·小胥》："正乐悬之位，王宫悬，诸侯轩悬，卿大夫判悬，士特悬，辨其声。"郑玄注："乐悬，谓钟磬之属悬于簨虡者。郑司农云：'宫悬，四面悬；轩悬，去其一面；判悬，又去其一面；特悬，又去其一面。四面，象宫室四面有墙，故谓之宫悬；轩悬，三面，其形曲……判悬，左右之合，又空北面。'"轩悬即曲悬，是周代诸侯享用的钟磬之制。因此，M2所出钟、磬之悬符合诸侯使用的礼制。

在钟、磬数量上也可看出墓主人身份的等级差别。例如，曾侯乙墓出土编钟65件，编磬32件；虢太子墓出土钮钟9件，铜钟1件，无编磬[30]；淅川下寺楚令尹子庚墓甬钟26件，编磬13件；蔡侯墓甬钟12件，钮钟9件，镈钟8件，无编磬；固始侯古堆宋景公的妹妹勾敔夫人墓出土钮钟9件，镈钟8件，无编磬；淅川和尚岭"仲姬"墓钮钟9件，镈钟8件，编磬12件；淅川徐家岭蒍子昃墓钮钟8件，镈钟9件，编磬13件；荆州天星观二号楚墓钮钟22件，镈钟10件，编磬1件。M2出土甬钟36件，编磬12件，编钟数量仅次于曾侯乙墓（表一五），可见M2墓主人应为诸侯级的贵族。

（3）与曾侯乙墓比较所反映的墓主人身份等级

M2和曾侯乙墓都在擂鼓墩古墓群范围内，坐落在属同一岗地的相对独立的两个山坡上，曾侯乙墓在东团坡，M2在西团坡，各有其独立性，符合所谓"唯我独尊"原则。擂鼓墩古墓群是战国时期曾国国君陵园区[31]，从地势和地貌看，曾侯乙墓在主位，是所谓"早迎朝霞，晚送日落"的最佳位置，M2在从位，是因为其时代比曾侯乙墓晚，二者之间并不存在依附关系。因此，M2墓主人的地位不一定比曾侯乙低。

M2和曾侯乙墓都有封土堆，均凿岩为穴，属岩坑竖穴木椁墓。曾侯乙墓规模大，墓口东西长21、南北宽16.5米，椁室呈不规则多边形，为多室木椁墓；M2规模较小，墓口南北长7.3、东西宽6.9米，椁室近正方形，为单室木椁墓。曾侯乙墓椁室之上及四周积石积炭，M2未见。M2和曾侯乙墓墓主人都为重棺，曾侯乙墓陪葬21人，M2陪葬1人。曾侯乙时代仍处在兴盛期，M2处在没落期，二者所反映出的墓主身份等级应该相同。

表一五　擂鼓墩二号墓出土钟磬与相关墓葬对照表

序号	墓葬名称	时代	镈钟	甬钟	钮钟	铜钟	编磬	总件数	备注
1	擂鼓墩二号墓	战国中期		36			12	48	
2	曾侯乙墓	战国早期	1	45	19		32	97	
3	虢太子墓	两周之际			9	1		10	
4	淅川下寺楚墓	春秋中期		26			13	39	
5	蔡侯墓	春秋晚期	8	12	9			29	
6	固始侯古堆一号墓	春秋战国之际	8		9			17	
7	淅川和尚岭二号墓	春秋晚期	8		9		12	29	
8	淅川徐家岭十号墓	战国早期	9		8		13	30	
9	荆州天星观二号墓	战国早期	10		22		1	33	被盗过

[30] 中国科学院考古研究所编著：《上村岭虢国墓地》，科学出版社，1959年。

[31] 张昌平：《关于擂鼓墩墓群》，《江汉考古》2007年第1期。

　　M2所出青铜礼器数量与曾侯乙墓基本相当，在器物特征方面也表现出与曾侯乙墓的相承关系，同时有细微差异。M2的升鼎、盖鼎腹部趋浅，特别是升鼎的两耳外撇，弧度较大。器物纹饰以细密而抽象的纹样为主要风格，在布局上呈单元格的拼合与重复，在制作工艺上采用纹饰拚兑技术。因时代上存在早晚关系，M2的青铜器纹饰与曾侯乙墓差异较大，曾侯乙墓盛行的镶嵌花纹在M2铜器上不见，M2青铜器上的变形蟠螭纹正是曾侯乙墓同类纹饰的延续，但精致程度已远远不如曾侯乙墓。M2素面器增多，方盖豆、盘、匜的精细程度明显逊于曾侯乙墓，这应该是反映了曾国国力的迅速衰退，而不代表二者之间等级悬殊。

　　M2的9件升鼎、8件方座簋器形、纹饰均有差异，不像曾侯乙墓那样既整齐划一，又精美绝伦。另外铸范痕迹明显，有的甚至未经任何加工，给人粗制滥造、拼凑而成的感觉。这些现象在M2出土青铜器金相实验研究中得到了证明[32]。

　　M2甬钟的数量和规模都仅次于曾侯乙墓，体现了墓主人的尊贵。但其中24件为半成品，12件小甬钟钟体内腔未经任何修整和磨砺。从出土的22件钟钩来看，36件甬钟中可能有22件在下葬前曾悬挂过，其他14件可能是临时铸造配齐后下葬的，且未随葬钟架和磬架。这进一步说明了M2时代已处于没落阶段，而与墓主人等级关系不大。

　　东周时期九鼎八簋和编钟都是礼乐器中的重器，是反映墓主人身份等级的重要标志。M2的九鼎八簋和36件甬钟的粗制滥造与拼凑，再一次证明这个时期已礼崩乐坏，而且曾国国势也在衰落。这一推论可在同属于擂鼓墩墓群的吴家湾墓地[33]出土遗物中找到依据。吴家湾M13是吴家湾墓地已发掘30座墓葬中最大的一座，有斜坡墓道、青膏泥、椭圆形腰坑，还出土了一套较精美的青铜礼器，其基本组合为鼎、敦、壶，并出有戈、剑等兵器[34]。所出铁足铜鼎、勾连云纹铜敦是典型的楚器，说明吴家湾M13是具有较浓楚文化因素的曾人墓。其年代晚于M2，应为战国中期，下限可到战国中期与晚期相交之际。在曾国国君墓葬附近出现此类墓，表明在M2下葬年代楚国已吞并了曾国[35]。

　　战国中期M2的墓葬形制与规模、随葬遗物的数量、器物形制和纹饰的精美程度、铸造工艺的质量、陪葬人数的多寡，与战国早期的曾侯乙墓无法相提并论。战国早期至中期是社会大动荡时期，楚国国势强大，疆域不断扩张，随国（曾）逐渐衰落，到了M2时代曾国已沦为楚的附庸，至吴家湾M13时代，曾国已被灭亡。M2的用鼎制度和钟、磬的轩悬方式所反映出的礼制，都充分说明M2墓主的等级应为诸侯。

三　文化特征分析

（1）M2中的中原文化特征

［32］黄维、陈建立：《随州擂鼓墩二号墓出土青铜器的金相实验研究》，见本书。

［33］随州市博物馆发掘资料。

［34］随州市博物馆：《随州擂鼓墩砖瓦厂十三号墓发掘简报》，《江汉考古》1984年第3期。因擂鼓墩砖瓦厂已搬迁，所以，该墓地已改为吴家湾墓地。

［35］刘彬徽、王世振：《曾国灭亡年代小考》，《江汉考古》1984年第4期。

　　M2墓主人使用了升鼎与方座簋、牛形钮盖鼎与簠、钟与磬等配制。在升鼎与方座簋的组合中，升鼎在战国时期已成为典型的楚器，但双耳方座簋却是周式簋的传统形态。甗和鬲也不见于春秋晚期与战国早期的楚器组合中，而为同时期中原铜器所常见，是周文化的代表性器物。M2铜甗（M2：53）通体有烟炱，特别是鬲裆部烟炱较厚，甑腹部还有呈不规则状的一大一小两个补疤，证明它是墓主人生前长期使用过的器物。这些都充分说明曾文化与中原文化有着渊源关系，同时也反映出曾国上层贵族恪守周礼、维系宗法礼制的思想。

　　M2的36件甬钟和12件石磬摆放方式应与墓主人生前使用时的钟、磬悬挂形式一致。因此，M2钟、磬之悬不仅与墓主人身份等级相吻合，而且与周礼规定的"轩悬"相符。另外，对36件甬钟进行的科学测试表明，16件呈三度关系，20件呈其他音程关系。虽然有少数呈三度关系的钟，音律与曾侯乙编钟相差巨大，但是三度设计理念是一脉相承的。因此三度仍是这批编钟一钟双音关系的设计目标。

　　M2的青铜礼器和日用器，虽然沿用了周制，但无论是纹饰还是铸造水平都远远不及中原铜器，显得非常粗糙，特别是该墓出土的九鼎八簋和36件甬钟的拼凑组合，不仅真实地表现出曾国国势的没落，而且反映了严格而不可逾越的周礼在战国中期已崩坏。可见，其青铜器及青铜器所体现的礼制，贯穿于曾（随）文化的始终，与中原文化一脉相承。即使到了战国中期成为楚的附庸之后，受到楚文化的冲击，仍不失中原文化遗风。

　　（2）M2中的楚文化特征

　　春秋中期以后，曾（随）国国力不断衰退，逐渐成为楚之附庸，曾文化因此受到楚文化的严重冲击而逐步"楚式化"。从信阳长台关、江陵望山、淅川下寺、荆州天星观、荆门包山、淅川和尚岭与徐家岭等楚墓来看，M2部分器物有较明显的楚器特点。

　　M2出土镬鼎同春秋楚鼎中的乙类Ab型鼎[36]、淅川徐家岭十号墓的蟠螭纹鼎，在形制和纹饰上都有很多相似之处。9件升鼎与春秋楚鼎中的甲类C型鼎[37]、寿县蔡侯墓所出自名为"鯿"的鼎（2.1）相似。升鼎在春秋中期到战国晚期的楚墓中均有出土。例如，河南淅川下寺春秋楚墓M2的铜鼎（盖铭亦为"鯿"）[38]、战国早期长沙浏城桥一号楚墓[39]、战国中期信阳长台关一号楚墓（Ⅲ式鼎1-263）、江陵望山一号楚墓（WM1：T65）、二号楚墓（WM2：T153）及沙冢一号楚墓（SM1：6）[40]的陶鼎，从早到晚呈口沿立耳外撇和束腰平底这一基本模式，说明从春秋中期以后曾国升鼎已发展成为楚文化的典型器物而称为楚式鼎。楚系墓葬中使用升鼎的是一些高级别的贵族。M2在曾国国力衰落的情况下用了"楚式鼎"，反映曾国在政治、文化上都受到楚的深刻影响。

　　M2的盖鼎盖上近沿处有三个等距离立式或卧式牛形钮饰，与长沙浏城桥一号楚墓Ⅱ式铜鼎相似。这种牛形钮饰也见于江陵出土楚鼎和四川新都战国墓出土铭文为"邵（昭）之飤（食）鼎"的

［36］朱凤瀚著：《古代中国青铜器》第1016页，南开大学出版社，1995年。
［37］同［36］。
［38］河南省文物研究所等：《淅川下寺春秋楚墓》，文物出版社，1991年。
［39］湖南省博物馆：《长沙浏城桥一号楚墓》，《考古学报》1972年第1期。
［40］湖北省文物考古研究所：《江陵望山沙冢楚墓》，文物出版社，1996年。

楚鼎[41]。这种盖鼎与战国时期楚国青铜器二期流行的鼎相近，惟足较短且无折棱，M2的这类盖鼎当源自楚器。M2的小口提链鼎，与淅川下寺楚墓中出土自铭为"倗浴鼾"（M3∶4）和"瀘鼎"（M1∶70）的小口鼎相似，亦为浴鼎，仿自楚器，可以归入春秋楚鼎中的丙类鼎；盥缶和方盖豆，与固始侯古堆一号墓出土盥缶（M1P∶35）和方豆（M1P∶36）形制近同[42]，当属楚器。

M2青铜器的纹饰以变形蟠螭纹或以细密的蟠螭纹、菱纹、蟠虺纹组成的纹带为主，多饰于器盖或肩、腹部。在纹带边沿多饰贝纹、绹索纹、双绹索纹，并出现多重花纹，器物的附件如器耳、器足、器钮等多铸成怪兽和动物形象，在同时期楚器中常见。楚器纹饰中盛行三分式或四分式的圆涡纹，在M2青铜器上也有表现。楚器饰物中有一种两两相对的龙形动物纹，在M2青铜器中亦普遍使用。上述几种纹饰从春秋中晚期淅川下寺、战国早期淅川徐家岭、战国中期江陵天星观楚墓出土的铜器中均可以见到，这说明在青铜器纹饰上M2也受到楚器纹饰的影响。

（3）M2中的曾（随）文化特征

M2与曾侯乙墓同处一个墓地，从墓葬形制和出土遗物形制、纹饰和铸造等方面看，二者之间明显存在一定关系，其文化特征有许多相同或相似之处。

曾侯乙墓出土了一套完整的青铜礼器，其中铜鼎22件，鼎的组合是9件升鼎配8件方座簋、9件小鬲，9件盖鼎配4件簠，另外还出土以甬钟为中心的65件编钟。M2出土青铜礼器组合与曾侯乙墓近似，也是9件升鼎、8件方座簋、9件小鬲配置，6件牛形钮盖鼎配4件簠，在椁室内成组成排、摆放有序：九鼎八簋呈两排直线陈放，6件牛形钮盖鼎也呈两排和4簠配置，与九鼎八簋并列，9件小鬲摆成三排与八簋相依，南与镬鼎相邻。M2出土一套36件编钟，全部为甬钟。二者青铜礼器组合相似，且大部分青铜器的形制和纹饰也相似。例如，M2镬鼎基本同于曾侯乙墓的两件大鼎，盖鼎与曾侯乙墓Ⅰ式盖鼎相似，升鼎与曾侯乙墓升鼎相近，只是腹外没有对称的四个龙形附饰，且腹部趋浅，器耳外曲。M2的A型盖鼎（M2∶55）、B型尊缶（M2∶13）盖面中心的蟠龙纹与曾侯乙墓Ⅲ式盖鼎（C.102）盖面中心的蟠蛇纹近同，A型尊缶（M2∶6）腹上鸟首龙纹与曾侯乙墓升鼎（C.89）腹上部鸟首龙纹相似。这些相同或相似之处说明二者应属同一文化发展系列。

除M2和曾侯乙墓外，在其他地区还发现一些曾国墓葬，如湖北随州均川熊家老湾、均川刘家崖、何店何家台、安居桃花坡、安居汪家湾、万店周家岗、东郊义地岗、北郊黄土坡、郧阳鲢鱼嘴、襄樊襄阳天平店及梁家老坟、枣阳熊集段营、吴店曹门湾、吴店郭家庙，荆门京山苏家垅、京山檀梨树岗，河南桐柏新野小西关、信阳罗山高店、淅川和尚岭与徐家岭、潢川高稻场，安徽寿县李三孤堆，江苏六合程桥，四川成都马家乡等[43]。从已发现曾国墓葬分布情况看，随州地区至少在东周时期应是曾国中心区域，擂鼓墩古墓群是曾国国君的陵园区。擂鼓墩古墓群冢墓与小型墓的分布关系有三：一是吴家湾等三处墓地只有中小型墓葬，远离冢墓而自成一体，不可能属于某一冢墓的陪葬墓；二是擂鼓墩等三处墓地只有单独的冢墓存在，附近未发现其他相关遗迹，这说明曾国国君一级贵族的下葬并未形成从死或陪葬一类的制度；三是擂鼓墩、蔡家包两处墓地

［41］湖北省文物考古研究所：《曾国青铜器》，文物出版社，2007年。

［42］朱凤瀚著：《古代中国青铜器》第1016页，南开大学出版社，1995年。

［43］同［41］。

家墓、小型墓葬同处一个墓地，但从这两处墓地仍难以找出小墓作为陪葬墓的证据[44]。这与西周末至春秋早期后段的郭家庙曾国墓地"上至国君，下至家奴，不同身份的墓葬共处并存"[45]的葬俗不完全一样。因此，擂鼓墩古墓群及其周边曾国墓葬的形制和出土遗物最能体现东周时期曾文化特征。

　　铜敦是楚文化的典型器物，在 M2 和曾侯乙墓中均未见到。楚墓中多出青铜剑，是楚人喜欢用剑陪葬的习俗所致，而曾侯乙墓出土 4000 多件兵器，竟然不见一件铜剑，M2 及其他曾（随）国墓葬中也未随葬铜剑，应是曾文化的一大特征。1983 年在吴家湾墓地发掘的 30 座战国中晚期墓葬中，有 13 座墓葬随葬铜剑[46]。例如，吴家湾 M7 墓圹长 2.23、宽 0.78 米，应属最小型的墓葬，仅出土 2 件随葬品，其中 1 件为陶豆，另 1 件就是铜剑。吴家湾 M13 属于中型墓葬，有斜坡墓道，墓底有 20 厘米厚的青膏泥，墓底有椭圆形腰坑，出土遗物组合为鼎、敦、壶[47]，具有楚文化特征。前文已论述，吴家湾墓地应是楚灭曾后的曾人墓葬，只是所体现出的文化特征被楚化而已。升鼎从春秋早期到战国中期曾国墓均有出土。如春秋早期的周家岗平底束腰鼎[48]、春秋中期的刘家崖平底束腰鼎[49]有"盅之登鼎"铭文，有学者认为"登"即"升"，故"登鼎"即"升鼎"[50]。登鼎的年代早于早期形态的楚式升鼎克黄鼎[51]；春秋晚期的刘家崖"连迁"升鼎，鼎斜耳，自铭为"升"，是升鼎发展的成熟形态[52]。以上说明升鼎在曾国形成的脉络是很清楚的。曾国铜器在春秋早、中期仍与中原器制有密切关系，至春秋晚期鼎等器类已与楚国铜器有较多共同点，战国中晚期楚器中的平底束腰鼎可能是源于曾国[53]，其渊源可追溯到春秋早期的曾国铜器[54]。这说明在春秋中晚期，曾（随）国与楚国在文化上开始交融。春秋中期以后曾国升鼎已逐步成为楚文化的典型器，即所谓的"楚式鼎"。M2 出土的此种鼎，无疑是在具备了曾（随）国自身特点的同时，又受到楚的影响。

　　综上所述，M2 地处南北文化交融地带，其文化面貌既是中原文化的延伸，又在继承周制的基础上有自身风格，同时因受到楚文化影响还具有楚文化部分特征，反映了这一地区特别的地理位置和文化环境。M2 在墓葬形制上和器物变化方面更多地突出了自己的特征，应属曾（随）文化范畴。如果 M2 不是曾国墓，按照当时的礼制，是不允许与曾侯乙同葬于一个墓地的，这说明 M2 和曾侯乙墓一样是曾国墓葬。

---

[44] 张昌平：《关于擂鼓墩墓群》，《江汉考古》2007 年第 1 期。

[45] 襄樊市考古队等：《枣阳郭家庙曾国墓地》，科学出版社，2005 年。

[46] 随州市博物馆发掘资料。

[47] 随州市博物馆：《随州擂鼓墩砖瓦厂十三号墓发掘简报》，《江汉考古》1984 年第 3 期。

[48] 随州市博物馆：《湖北随县发现商周青铜器》，《考古》1984 年第 6 期。

[49] 随州市博物馆：《湖北随县刘家崖发现古代青铜器》，《考古》1982 年第 2 期。

[50] 高崇文：《东周楚式鼎形态分析》，《江汉考古》1983 年第 1 期。

[51] 河南省文物考古研究所等：《淅川和尚岭与徐家岭楚墓》，大象出版社，2004 年。

[52] 湖北省文物考古研究所：《曾国青铜器》，文物出版社，2007 年。

[53] 朱凤瀚著：《古代中国青铜器》第 1015 页，南开大学出版社，1995 年。

[54] 湖北省文物考古研究所：《曾国青铜器》，文物出版社，2007 年。

四　主要收获

M2 的科学发掘，不仅丰富了曾国青铜器的发展序列，而且对深入研究曾（随）国晚期历史、诸侯墓葬制度、音乐史、范铸工艺和曾（随）文化与楚文化的关系等提供了重要的实物资料。本次发掘的收获主要有如下几点。

（1）为研究曾（随）国晚期历史提供了新资料

据《左传》等记载，随（曾）国最迟于西周晚期立国，春秋初年已迁入随枣走廊，成为汉东大国。春秋中期以后，国力显著削弱，沦为楚之附庸。公元前 505 年以后，随（曾）国因庇护过楚昭王，由附庸小国又升入诸侯国之列[55]。公元前 494 年，随（曾）国与楚、陈、许等联兵攻围蔡国[56]。此后随（曾）国再不见于文献记载，其晚期历史不明。

1978 年，在随州擂鼓墩发现战国早期曾侯乙墓，出土一套 65 件编钟，在下层最显著位置挂着楚惠王送给曾侯乙的一件镈钟，铭文纪年为楚惠王五十六年（公元前 433 年），这是曾侯乙墓下葬年代的上限。曾侯乙墓规模之大，出土遗物之多、之精，在已发掘诸侯墓中罕见，至少可以证明曾国在战国早期仍存，且相当发达，与楚的关系也非常密切。20 世纪 30 年代，安徽寿县出土 2 件曾姬无卹壶[57]，是楚声王夫人曾姬无卹之器，作于楚宣王二十六年（公元前 344 年）。楚声王以曾国女子为姬，说明在楚声王之世，曾国尚存，虽已为楚之附庸，仍是与楚联姻的国家，并未灭亡[58]。

M2 为战国中期前段，可知曾国在楚声王之后仍然存在，填补了曾国晚期历史的空白。M2 与曾侯乙墓虽然都是曾国国君墓，但其墓圹规模、出土遗物数量与精美程度已远远不及曾侯乙墓。可知，在战国中期前段曾（随）国已十分衰弱[59]。

（2）为探讨曾国诸侯墓葬制度提供了实例

从随葬遗物看，M2 虽不及曾侯乙墓数量多，但主要的青铜礼乐器相差无几，都有一套完整的九鼎八簋。另外，M2 主棺棺痕四周除散落有各种铅锡构件外，还有 36 件鸟形、18 件板形铜饰件和大量鱼形铅锡饰件，推测应为墓主外棺上的装饰品，这种形式的外棺装饰在其他墓中未见，可能是曾人独特的埋葬习俗。

从墓葬形制看，曾侯乙墓封土堆残高 13 米，其层位结构由下向上为：木椁盖板、竹席、木炭、青膏泥、黄褐夯土与青灰土交替层、天然石板、黄褐夯土与青灰土交替层、五花土、表土，椁室四周填以木炭，整个椁室由木炭包裹。墓坑凿岩为穴，属岩坑竖穴木椁墓，呈不规则多边形，墓主为重棺，另有 21 具陪葬棺，无墓道，无腰坑。M2 原应有封土堆。M2 棺椁虽已腐烂，但棺痕范围较大，推测墓主应为重棺，有 1 具陪葬棺，其墓圹结构为岩坑竖穴木椁墓，单室近方形，无墓道，无

[55] 石泉：《古代荆楚地理新探》，武汉大学出版社，1988 年。

[56]《左传·哀公元年》。

[57] 刘节：《寿县所出楚器考释》，《古史考存》，人民出版社，1958 年。

[58] 李学勤：《论江淮间的春秋青铜器》，《新出青铜器研究》，文物出版社，1990 年。

[59] 刘彬徽：《随州擂鼓墩二号墓青铜器初论》，《文物》1985 年第 1 期。

腰坑，这些都与曾侯乙墓相同，应是随州地区曾国国君墓葬的特点，与楚墓明显不同。但枣阳郭家庙 GM21 为曾国国君曾白陭之墓[60]，发现时无封土堆，墓底东西长 6.56、南北宽 14.12、墓深6.1 米，为长方形岩土坑竖穴木椁墓，单室、重棺、无殉人，墓坑东端设有不规则斜坡墓道、无腰坑。曾白陭时代为西周末期，有墓道而无殉人，与随州地区曾国国君墓葬俗不尽相同，有待研究。

为明确擂鼓墩古墓群带封土冢墓是否为曾侯墓以及大墓与小墓、墓地与墓地之间的关系，1997 年在擂鼓墩古墓群保护范围内进行了调查、勘探和试掘，发现擂鼓墩一带的八处岗地上都分布有东周时期墓葬[61]。冢墓的分布基本上都是一墓占据一处岗地的制高点，各个冢墓在设置上都是以独墓为原则，从地理位置、地势上显示出"至高无上、区域独尊"的布局，这是当时社会等级的具体表现。擂鼓墩墓群的冢墓中，墓主身份唯一明确的是曾侯乙墓，其他冢墓如蔡家包 M14墓坑规模超过曾侯乙墓，王家包 M1 墓坑规模与曾侯乙墓相当，而且墓室呈多边形与曾侯乙墓相似，说明其级别与曾侯乙墓相同。冢墓中最小的王家湾土冢，小于 M2，只相当于一座小型墓葬的规模。不过擂鼓墩墓群其他中小型墓，既无一座墓葬单独分布者，也无设封土者，因此王家湾土冢规模虽小，但可能也是曾侯之墓[62]。擂鼓墩古墓群中既有与曾侯乙墓相仿的大型冢墓，也有成片分布的小型竖穴墓。擂鼓墩墓群的墓葬可分为带封土墓葬（冢墓）、带墓道墓葬和小型竖穴墓三类[63]。M2 属于冢墓，M2 的发掘为研究擂鼓墩墓群冢墓制度提供了重要参考资料。

（3）为先秦音乐史研究提供了补证

曾侯乙墓出土八种 125 件乐器，为研究先秦音乐提供了弥足珍贵的实物资料，但因曾侯乙墓编钟过于完美，从而使得我们对古代乐工的设计制作和调试过程知之甚少。

M2 出土甬钟钟腔内打磨情况存在很大的差异：8 件大甬钟钟体内壁有八个部位经磨砺；28 件小甬钟中，其中有 2 件在钟体内壁八个部位磨砺过，7 件钟体内壁多经磨砺，12 件内壁未经任何修整和磨砺，6 件仅在鼓内壁或铣内壁处磨砺，1 件只在一侧铣内壁和一侧正鼓内壁进行过简单磨砺。经测试，36 件甬钟都可以测得双音，绝大多数正鼓音和侧鼓音的频谱都呈现出双峰现象，只有极个别不明显，但是这些钟的正、侧鼓音非常纯正、清晰、稳定，皆为双音钟[64]。

M2 甬钟音域跨 4 个八度，每件钟均能激发双音，其中 16 件呈三度关系，20 件呈其他音程关系，总的来看三度关系不占优势。但是三度关系是所有这些音程关系里最好的，大三度基本在 378音分左右，小三度多数在 316 音分左右，正是纯律大、小三度的音分值。虽然少数呈三度关系的钟的音律与曾侯乙编钟相差巨大，但是三度设计理念一脉相承。因此三度仍是这批编钟一钟双音关系的设计目标[65]。对于其他双音音程关系的钟，尤其是正、侧鼓双音为二度关系的钟，只要是经过稍加磨砺的，其正、侧鼓音音高稳定而清晰，隔离度可以达到 20～30 分贝。这说明二度音程关系的双音钟也可以有很好的音高和音色[66]。

---

[60] 襄樊市考古队等：《枣阳郭家庙曾国墓地》，科学出版社，2005 年。

[61] 湖北省文物考古研究所、随州市文物局：《湖北随州市擂鼓墩墓群的勘查与试掘》，《考古》2003 年第 9 期。

[62] 张昌平：《关于擂鼓墩墓群》，《江汉考古》2007 年第 1 期。

[63] 同 [62]。

[64] 张翔、翁蓓：《随州擂鼓墩二号墓编钟音乐性能分析》，见本书。

[65] 同 [64]。

[66] 同 [64]。

　　M2甬钟全部为半成品，其中有12件小甬钟钟体内腔未经任何修整和磨砺，有的钟体腔内还保留有铸砂，基本保持原始铸态。因这批编钟没有完工，就为我们了解古代乐工设计制作和调试编钟的情况提供了可能。经初步研究可知，这批编钟的设计思路暗合"同均三宫"的理念[67]，不仅至今可以演奏，而且音响效果很好，对研究古代乐工设计理念和调试过程提供了有力的补证。

　　（4）为青铜器范铸工艺的研究提供了范例

　　M2青铜器群采用多种工艺技术铸制而成。其中绝大多数青铜器采用春秋战国时期的主流范铸工艺，亦有少数青铜器采用非主流工艺的实物造型工艺。采用的主流范铸工艺包括器形设计、分型制模、分模制范、分型叠铸、分铸组装。在分铸组装中，又包括焊接、铆接。

　　采用实物造型工艺的有鬲与方座簋，系用青铜器的实物进行制范造型，即不制作模具，而是直接以相同器物为模制范。殷墟和侯马的铸铜遗址都出过一些分型面不规整的范，一般认为是在整模上翻制的，M2中的铜鬲及铜簋，正好从出土实物上说明了实物造型工艺，而非整模工艺制范。这是青铜范铸学中的一个较为重要的新发现[68]。

---

[67] 张翔、翁蓓：《随州擂鼓墩二号墓编钟音乐性能分析》，见本书。
[68] 董亚巍：《随州擂鼓墩二号墓青铜器群的铸制工艺研究》，见本书。

附表一　二号墓随葬遗物登记表

序号	器号	器名	质地	件数	型式	类别	备注	数量
1	M2：32	镬鼎	铜	1		礼器	出土时内置有2件鼎钩，内有鹿骨	3
2	M2：54	牛形钮盖鼎	铜	1	A型	礼器	出土时内置有2件鼎钩，内有鹿骨	3
3	M2：55	牛形钮盖鼎	铜	1	A型	礼器	内有鹿骨	1
4	M2：68	牛形钮盖鼎	铜	1	B型	礼器		1
5	M2：69	牛形钮盖鼎	铜	1	B型	礼器		1
6	M2：56	牛形钮盖鼎	铜	1	C型	礼器		1
7	M2：71	牛形钮盖鼎	铜	1	C型	礼器		1
8	M2：64	升鼎	铜	1	A型	礼器		1
9	M2：60	升鼎	铜	1	B型	礼器	出土时内置有2件鼎钩，鼎钩为67号，内有鹿骨	3
10	M2：61	升鼎	铜	1	B型	礼器		1
11	M2：58	升鼎	铜	1	C型	礼器		1
12	M2：59	升鼎	铜	1	C型	礼器		1
13	M2：62	升鼎	铜	1	C型	礼器		1
14	M2：63	升鼎	铜	1	C型	礼器		1
15	M2：65	升鼎	铜	1	C型	礼器		1
16	M2：66	升鼎	铜	1	C型	礼器		1
17	M2：70	小口提链鼎	铜	1		礼器		1
18	M2：43	簠	铜	1	A型	礼器		1
19	M2：45	簠	铜	1	A型	礼器		1
20	M2：39	簠	铜	1	B型	礼器		1
21	M2：40	簠	铜	1	B型	礼器		1
22	M2：41	簠	铜	1	B型	礼器		1
23	M2：42	簠	铜	1	B型	礼器		1
24	M2：44	簠	铜	1	B型	礼器		1
25	M2：46	簠	铜	1	B型	礼器		1
26	M2：49	簋	铜	1	A型	礼器	有铭文	1
27	M2：48	簋	铜	1	B型	礼器		1
28	M2：50	簋	铜	1	B型	礼器		1
29	M2：51	簋	铜	1	B型	礼器		1
30	M2：78	鬲	铜	1	A型	礼器		1
31	M2：23	鬲	铜	1	Ba型	礼器	出土时上置陶豆（M2：24）	1
32	M2：26	鬲	铜	1	Ba型	礼器		1
33	M2：29	鬲	铜	1	Ba型	礼器	内有鹿骨，出土时上置陶豆（M2：47）	1

序号	器号	器名	质地	件数	型式	类别	备注	数量
34	M2：16	鬲	铜	1	Bb 型	礼器	出土时上置陶豆（M2：17）	1
35	M2：19	鬲	铜	1	Bb 型	礼器	出土时上置陶豆（M2：18）	1
36	M2：20	鬲	铜	1	Bb 型	礼器	出土时上置陶豆（M2：22）	1
37	M2：21	鬲	铜	1	Bb 型	礼器		1
38	M2：25	鬲	铜	1	Bb 型	礼器		1
39	M2：28	鬲	铜	1	Bb 型	礼器		1
40	M2：53	甗	铜	1		礼器		1
41	M2：6	尊缶	铜	1	A 型	礼器		1
42	M2：7	尊缶	铜	1	A 型	礼器		1
43	M2：13	尊缶	铜	1	B 型	礼器		1
44	M2：14	尊缶	铜	1	B 型	礼器		1
45	M2：77	盥缶	铜	1	A 型	礼器		1
46	M2：76	盥缶	铜	1	B 型	礼器		1
47	M2：4	壶	铜	1	A 型	礼器	出土时盖与器身分离	1
48	M2：5	壶	铜	1	A 型	礼器		1
49	M2：8	壶	铜	1	B 型	礼器	内有鹿骨	1
50	M2：52	壶	铜	1	B 型	礼器		1
51	M2：38	豆	铜	1	A 型	礼器		1
52	M2：12	豆	铜	1	B 型	礼器		1
53	M2：15	豆	铜	1	B 型	礼器		1
54	M2：11	釜	铜	1		礼器	内有鹿骨	1
55	M2：75	盘	铜	1		礼器		1
56	M2：74	匜	铜	1		礼器	出土时置于盘内	1
57	M2：57	匕	铜	1	A 型	礼器	出土时置于 M2：58 号升鼎内	1
58	M2：35	匕	铜	1	B 型	礼器		1
59	M2：36	匕	铜	1	B 型	礼器		1
60	M2：3	斗	铜	1		礼器		1
61	M2：80	甬钟	铜	1	Aa 型	乐器		1
62	M2：81	甬钟	铜	1	Aa 型	乐器		1
67	M2：93	甬钟	铜	1	Aa 型	乐器		1
68	M2：94	甬钟	铜	1	Aa 型	乐器		1
63	M2：89	甬钟	铜	1	Ab 型	乐器		1
64	M2：90	甬钟	铜	1	Ab 型	乐器	钲部上放置 5 件挂钩	1
65	M2：91	甬钟	铜	1	Ab 型	乐器	钲部上放置 1 件挂钩	1
66	M2：92	甬钟	铜	1	Ab 型	乐器		1
69	M2：82	甬钟	铜	1	Ba 型	乐器		1
72	M2：85	甬钟	铜	1	Ba 型	乐器		1

序号	器号	器名	质地	件数	型式	类别	备注	数量
73	M2：86	甬钟	铜	1	Ba 型	乐器		1
75	M2：88	甬钟	铜	1	Ba 型	乐器		1
76	M2：95	甬钟	铜	1	Ba 型	乐器		1
78	M2：97	甬钟	铜	1	Ba 型	乐器		1
84	M2：103	甬钟	铜	1	Ba 型	乐器	斡部钩一挂钩	1
85	M2：104	甬钟	铜	1	Ba 型	乐器		1
87	M2：106	甬钟	铜	1	Ba 型	乐器		1
92	M2：111	甬钟	铜	1	Ba 型	乐器		1
95	M2：114	甬钟	铜	1	Ba 型	乐器		1
96	M2：116	甬钟	铜	1	Ba 型	乐器		1
70	M2：83	甬钟	铜	1	Bb 型	乐器		1
71	M2：84	甬钟	铜	1	Bb 型	乐器		1
74	M2：87	甬钟	铜	1	Bb 型	乐器		1
77	M2：96	甬钟	铜	1	Bb 型	乐器		1
79	M2：98	甬钟	铜	1	Bb 型	乐器		1
80	M2：99	甬钟	铜	1	Bb 型	乐器		1
81	M2：100	甬钟	铜	1	Bb 型	乐器		1
82	M2：101	甬钟	铜	1	Bb 型	乐器	钲部置一挂钩	1
83	M2：102	甬钟	铜	1	Bb 型	乐器		1
86	M2：105	甬钟	铜	1	Bb 型	乐器		1
88	M2：107	甬钟	铜	1	Bb 型	乐器		1
89	M2：108	甬钟	铜	1	Bb 型	乐器		1
90	M2：109	甬钟	铜	1	Bb 型	乐器		1
91	M2：110	甬钟	铜	1	Bb 型	乐器		1
93	M2：112	甬钟	铜	1	Bb 型	乐器		1
94	M2：113	甬钟	铜	1	Bb 型	乐器		1
97	M2：79	建鼓座	铜	1		乐器		1
98	M2：115	甬钟挂钩	铜	22		乐器附件	分号为 115-1 ~ 115-22	22
99	M2：72	炭盆	铜	1		生活用器		1
100	M2：174	箕	铜	1		生活用器		1
101	M2：30	器盖	铜	1		生活用器		1
102	M2：73	钩形器	铜	1		生活用器	出土时放置匜内	1
103	M2：31	漏斗	铜	1		生活用器		1
104	M2：2	车盖立叉	铜	1		车马器		1
105	M2：9	车盖立叉	铜	1		车马器		1
106	M2：158	车盖立叉	铜	2		车马器	分号为 158-1 ~ 158-2	2
107	M2：149	车軎	铜	1	A 型	车马器		1

序号	器号	器名	质地	件数	型式	类别	备注	数量
108	M2：150	车軎	铜	1	A 型	车马器		1
109	M2：135	车軎	铜	1	B 型	车马器	无辖	1
110	M2：148	车軎	铜	1	B 型	车马器		1
111	M2：151	车軎	铜	1	B 型	车马器		1
112	M2：129	衔	铜	1		车马器		1
113	M2：137	衔	铜	1		车马器		1
114	M2：140	衔	铜	1		车马器		1
115	M2：144	衔	铜	2		车马器	分号为 144-1、144-2	2
116	M2：146	衔	铜	1		车马器		1
117	M2：133	节约	铜	6		车马器	分号为 133-1～133-6	6
118	M2：143	节约	铜	10		车马器	分号为 143-1～143-10	10
119	M2：134	马络饰	铜	37	A 型	车马器	分号为 134-1～134-21	21
					B 型		分号为 134-22～134-37	16
120	M2：136	马络饰	铜	15	A 型	车马器	分号为 136-1～136-9	9
					B 型		分号为 136-10～136-15	6
121	M2：139	马络饰	铜	15	A 型	车马器	分号为 139-1	1
					B 型		分号为 139-2～139-15	14
122	M2：142	马络饰	铜	35	A 型	车马器	分号为 142-1～142-27	27
					B 型		分号为 142-28～142-35	8
123	M2：163	壁插	铜	11	A 型	车马器	分号为 163-1、163-2	2
					B 型		分号为 163-3～163-6	4
					C 型		分号为 163-7～163-11	5
124	M2：166	鸟形饰件	铜	36		饰件	分号为 166-1～166-36	36
125	M2：168	板形饰件	铜	10		饰件	分号为 168-1～168-10	10
126	M2：169	板形饰件	铜	8		饰件	分号为 169-1～169-8	8
127	M2：156	石璧	石	1		礼器		1
128	M2：164	石圭	石	1		礼器		1
129	M2：117	石磬	石	1		乐器		1
130	M2：118	石磬	石	1		乐器		1
131	M2：119	石磬	石	1		乐器		1
132	M2：120	石磬	石	1		乐器		1
133	M2：121	石磬	石	1		乐器		1
134	M2：122	石磬	石	1		乐器		1
135	M2：123	石磬	石	1		乐器		1
136	M2：124	石磬	石	1		乐器		1
137	M2：125	石磬	石	1		乐器		1
138	M2：126	石磬	石	1		乐器		1

序号	器号	器名	质地	件数	型式	类别	备注	数量
139	M2：127	石磬	石	1		乐器		1
140	M2：128	石磬	石	1		乐器		1
141	M2：10	玉璜	玉	1		饰件		1
142	M2：33	玉璜	玉	1		饰件		1
143	M2：153	玛瑙环	玉	1	A型	饰件		1
144	M2：155	玛瑙环	玉	1	A型	饰件		1
145	M2：161	玛瑙环	玉	1	A型	饰件		1
146	M2：162	玛瑙环	玉	1	A型	饰件		1
147	M2：167	玛瑙环	玉	1	A型	饰件		1
148	M2：173	玛瑙环	玉	1	A型	饰件		1
149	M2：154	玛瑙环	玉	1	B型	饰件		1
150	M2：172	玛瑙环	玉	1	B型	饰件		1
151	M2：17	豆	陶	1		礼器	出土时置于M2：16铜鬲之上	1
152	M2：18	豆	陶	1		礼器	出土时置于M2：19铜鬲之上	1
153	M2：22	豆	陶	1		礼器	出土时置于M2：20铜鬲之上	1
154	M2：24	豆	陶	1		礼器	出土时置于M2：23铜鬲之上	1
155	M2：47	豆	陶	1		礼器	出土时置于M2：29铜鬲之上	1
156	M2：130	镳	角	1		车马器		1
157	M2：131	镳	角	1		车马器		1
158	M2：132	镳	角	1		车马器		1
159	M2：138	镳	角	1		车马器		1
160	M2：141	镳	角	1		车马器		1
161	M2：145	镳	角	1		车马器		1
162	M2：147	镳	角	1		车马器		1
163	M2：1	鹿角	角	1		丧葬用器		1
164	M2：175	紫色水晶珠	料	3		饰件		3
165	M2：157	环形串珠	料	1		饰件	完整1833颗，其余残破，作一串计数	1
166	M2：171	蚌饰	蚌	1		饰件		1
167	M2：170	鱼形饰件	铅锡	64		饰件	分号为170-1～170-4，其余残缺未编分号，已计入总数	64
168	M2：160	棺构件	铅锡	7	A型	丧葬用器	分号为160-1～160-7	7
				8	B型		分号为160-8～160-15	8
合计				443				449

附表二　二号墓出土青铜器分类统计表

<table>
<tr><th colspan="2">器名</th><th>类别</th><th colspan="2">型式</th><th>器号</th><th>数量</th></tr>
<tr><td rowspan="8">鼎</td><td>镬鼎</td><td>礼器</td><td colspan="2"></td><td>32（含2件鼎钩）</td><td>3</td></tr>
<tr><td rowspan="3">牛形钮盖鼎</td><td rowspan="3">礼器</td><td colspan="2">A型</td><td>54（含2件鼎钩）、55</td><td>4</td></tr>
<tr><td colspan="2">B型</td><td>68、69</td><td>2</td></tr>
<tr><td colspan="2">C型</td><td>56、71</td><td>2</td></tr>
<tr><td rowspan="3">升鼎</td><td rowspan="3">礼器</td><td colspan="2">A型</td><td>64</td><td>1</td></tr>
<tr><td colspan="2">B型</td><td>60（含M2：67鼎钩2件）、61</td><td>4</td></tr>
<tr><td colspan="2">C型</td><td>58、59、62、63、65、66</td><td>6</td></tr>
<tr><td>小口提链鼎</td><td>礼器</td><td colspan="2"></td><td>70</td><td>1</td></tr>
<tr><td colspan="2" rowspan="2">簋</td><td rowspan="2">礼器</td><td colspan="2">A型</td><td>43、45</td><td>2</td></tr>
<tr><td colspan="2">B型</td><td>39~42、44、46</td><td>6</td></tr>
<tr><td colspan="2" rowspan="2">簠</td><td rowspan="2">礼器</td><td colspan="2">A型</td><td>49</td><td>1</td></tr>
<tr><td colspan="2">B型</td><td>48、50、51</td><td>3</td></tr>
<tr><td colspan="2" rowspan="3">鬲</td><td>礼器</td><td>A型</td><td></td><td>78</td><td>1</td></tr>
<tr><td rowspan="2">礼器</td><td rowspan="2">B型</td><td>Ba型</td><td>23、26、29</td><td>3</td></tr>
<tr><td>Bb型</td><td>16、19~21、25、28</td><td>6</td></tr>
<tr><td colspan="2">甗</td><td>礼器</td><td colspan="2"></td><td>53</td><td>1</td></tr>
<tr><td rowspan="2">尊缶</td><td>方尊缶</td><td>礼器</td><td colspan="2">A型</td><td>6、7</td><td>2</td></tr>
<tr><td>圆尊缶</td><td>礼器</td><td colspan="2">B型</td><td>13、14</td><td>2</td></tr>
<tr><td colspan="2" rowspan="2">盥缶</td><td rowspan="2">礼器</td><td colspan="2">A型</td><td>77</td><td>1</td></tr>
<tr><td colspan="2">B型</td><td>76</td><td>1</td></tr>
<tr><td rowspan="2">壶</td><td>方壶</td><td>礼器</td><td colspan="2">A型</td><td>4、5</td><td>2</td></tr>
<tr><td>圆壶</td><td>礼器</td><td colspan="2">B型</td><td>8、52</td><td>2</td></tr>
<tr><td colspan="2" rowspan="2">豆</td><td rowspan="2">礼器</td><td colspan="2">A型</td><td>38</td><td>1</td></tr>
<tr><td colspan="2">B型</td><td>12、15</td><td>2</td></tr>
<tr><td colspan="2">釜</td><td>礼器</td><td colspan="2"></td><td>11</td><td>1</td></tr>
<tr><td colspan="2">盘</td><td>礼器</td><td colspan="2"></td><td>75</td><td>1</td></tr>
<tr><td colspan="2">匜</td><td>礼器</td><td colspan="2"></td><td>74</td><td>1</td></tr>
<tr><td colspan="2" rowspan="2">匕</td><td rowspan="2">礼器</td><td colspan="2">A型</td><td>57</td><td>1</td></tr>
<tr><td colspan="2">B型</td><td>35、36</td><td>2</td></tr>
<tr><td colspan="2">斗</td><td>礼器</td><td colspan="2"></td><td>3</td><td>1</td></tr>
<tr><td colspan="2" rowspan="4">甬钟</td><td rowspan="4">乐器</td><td rowspan="2">A型</td><td>Aa型</td><td>80、81、93、94</td><td rowspan="2">8</td></tr>
<tr><td>Ab型</td><td>89~92</td></tr>
<tr><td rowspan="2">B型</td><td>Ba型</td><td>82、85、86、88、95、97、103、104、106、111、114、116</td><td rowspan="2">28</td></tr>
<tr><td>Bb型</td><td>83、84、87、96、98~102、105、107~110、112、113</td></tr>
<tr><td colspan="2">建鼓座</td><td>乐器</td><td colspan="2"></td><td>79</td><td>1</td></tr>
<tr><td colspan="2">甬钟挂钩</td><td>乐器附件</td><td colspan="2"></td><td>115-1~115-22</td><td>22</td></tr>
<tr><td colspan="2">炭盆</td><td>生活用器</td><td colspan="2"></td><td>72</td><td>1</td></tr>
<tr><td colspan="2">箕</td><td>生活用器</td><td colspan="2"></td><td>174</td><td>1</td></tr>
</table>

器名	类别	型式	器号	数量
器盖	生活用器		30	1
钩形器	生活用器		73	1
漏斗	生活用器		31	1
车盖立叉	车马器		2、9、158-1、158-2	4
车軎	车马器	A 型	149、150	2
		B 型	135、148、151	3
衔	车马器		129、137、140、144-1、144-2、146	6
节约	车马器		133-1 ~ 133-6、143-1 ~ 143-10	16
马络饰	车马器	A 型	134-1 ~ 134-21	21
		B 型	134-22 ~ 134-37	16
		A 型	136-1 ~ 136-9	9
		B 型	136-10 ~ 136-15	6
		A 型	139-1	1
		B 型	139-2 ~ 139-15	14
		A 型	142-1 ~ 142-27	27
		B 型	142-28 ~ 142-35	8
壁插	车马器	A 型	163-1、163-2	2
		B 型	163-3 ~ 163-6	4
		C 型	163-7 ~ 163-11	5
鸟形饰件	饰件		166-1 ~ 166-36	36
板形饰件	饰件		168-1 ~ 168-10	10
			169-1 ~ 169-8	8
合计				328

附表三　二号墓青铜器内动物骨登记表

序号	器名	器号	类别	质地	动物骨
1	镬鼎	M2：32	礼器	铜	鹿
2	A 型牛形钮盖鼎	M2：54	礼器	铜	鹿
3	A 型牛形钮盖鼎	M2：55	礼器	铜	鹿
4	B 型升鼎	M2：60	礼器	铜	鹿
5	Ba 型鬲	M2：29	礼器	铜	鹿
6	釜	M2：11	礼器	铜	鹿
7	B 型壶	M2：8	礼器	铜	鹿

附录一 随州擂鼓墩二号墓编钟音乐性能分析

张 翔 翁 蓓
（湖北省博物馆）

擂鼓墩二号墓共出土编钟 36 件，全部为甬钟，保存情况良好。2008 年 1 月 5 日，我们在随州市博物馆保管部对编钟进行了录音和测音，测音结果详见附表。本馆翁蓓同志对录音数据进行了频谱测试，结果详见编钟频谱图。

本文共三个部分：乐律分析、频谱分析及综合评价。

本文采用物理学音名标记，国际标准音 $A_4 = 440Hz$。

（一）乐律分析

1. 乐音体系

擂鼓墩二号墓全套编钟音域是：$^{\#}C_4^{-27}$ 至 $^{\#}C_8^{-16}$，共 4 个八度。以十二平均律为测试参照，音高最大偏离 49 音分存在 M2：98 正鼓音上，即 F_7^{-49}；最小偏离为 0 音分，存在 M2：100 正鼓音上，即 $^{\#}A_6^{+0}$。平均偏离约为 24 音分（表一）。

表一显示，这批编钟有很多音位相同高度不同的情形，这些是否就是变律现象呢？我们把它们相应的分为 18 个组，列为表二进行分析：

如何判断是同音还是变律，可以参照普通音差 22 音分或古代音差 24 音分、钟律音系网中同律最大音差 42 音分（如"徵角"与"变宫"的音差）等三个参数来评价。只要组内有全部音差小于古代音差，可以认定是同音。如果组内全部音差在 42 音分左右，则可以推测为变律。其他情况则不属于上述两种性质。

第 3、4、5、7、12、13 组无疑是属于同音同律。第 2 组疑似变律。其他的组既不是同音同律，也不是变律，它们在其他情况下有可能就不是同一个音位。总的来看，第 2 组的"变律"情形是一个孤例，可能只是巧合。

2. 双音音程

36 件编钟，均能测得双音。

表一　编钟乐音体系

序号	音位	偏离	出土号	激发位置	序号	音位	偏离	出土号	激发位置
1	$^\#C_4$	−27	M2：93	正鼓部	37	F_6	−24	M2：116	侧鼓部
2	D_4	37	M2：80	正鼓部	38	F_6	−24	M2：97	侧鼓部
3	E_4	21	M2：93	侧鼓部	39	F_6	9	M2：87	正鼓部
4	E_4	−10	M2：91	正鼓部	40	F_6	−12	M2：86	正鼓部
5	E_4	35	M2：94	正鼓部	41	$^\#F_6$	−2	M2：95	侧鼓部
6	E_4	14	M2：81	正鼓部	42	G_6	−46	M2：113	侧鼓部
7	E_4	−16	M2：92	正鼓部	43	G_6	20	M2：82	侧鼓部
8	$^\#F_4$	26	M2：92	侧鼓部	44	A_6	−34	M2：86	侧鼓部
9	G_4	22	M2：80	侧鼓部	45	A_6	−18	M2：87	侧鼓部
10	G_4	−27	M2：94	侧鼓部	46	A_6	−46	M2：114	侧鼓部
11	$^\#G_4$	−23	M2：91	侧鼓部	47	$^\#A_6$	1	M2：101	正鼓部
12	A_4	−34	M2：81	侧鼓部	48	$^\#A_6$	0	M2：100	正鼓部
13	$^\#A_4$	13	M2：89	正鼓部	49	$^\#A_6$	10	M2：83	正鼓部
14	$^\#A_4$	4	M2：90	正鼓部	50	$^\#A_6$	10	M2：102	正鼓部
15	D_5	−32	M2：89	侧鼓部	51	C_7	13	M2：101	侧鼓部
16	D_5	−18	M2：90	侧鼓部	52	$^\#C_7$	43	M2：100	侧鼓部
17	$^\#F_5$	20	M2：96	正鼓部	53	$^\#C_7$	41	M2：83	侧鼓部
18	$^\#G_5$	−39	M2：96	侧鼓部	54	$^\#C_7$	30	M2：102	侧鼓部
19	A_5	15	M2：111	正鼓部	55	$^\#D_7$	−2	M2：99	正鼓部
20	A_5	33	M2：88	正鼓部	56	F_7	−49	M2：98	正鼓部
21	A_5	25	M2：85	正鼓部	57	F_7	18	M2：99	侧鼓部
22	A_5	18	M2：103	正鼓部	58	$^\#F_7$	9	M2：110	正鼓部
23	B_5	42	M2：103	侧鼓部	59	G_7	−3	M2：108	正鼓部
24	C_6	16	M2：88	侧鼓部	60	G_7	−29	M2：98	侧鼓部
25	C_6	31	M2：111	侧鼓部	61	$^\#G_7$	−30	M2：109	正鼓部
26	C_6	46	M2：97	正鼓部	62	$^\#G_7$	12	M2：110	侧鼓部
27	$^\#C_6$	−49	M2：116	正鼓部	63	$^\#G_7$	−30	M2：84	正鼓部
28	$^\#C_6$	−44	M2：85	侧鼓部	64	$^\#G_7$	33	M2：107	正鼓部
29	$^\#C_6$	−45	M2：104	正鼓部	65	$^\#G_7$	35	M2：108	侧鼓部
30	$^\#C_6$	−38	M2：106	正鼓部	66	A_7	−6	M2：112	正鼓部
31	$^\#D_6$	32	M2：113	正鼓部	67	A_7	−31	M2：109	侧鼓部
32	$^\#D_6$	42	M2：82	正鼓部	68	A_7	−40	M2：105	正鼓部
33	$^\#D_6$	−7	M2：104	侧鼓部	69	$^\#A_7$	−14	M2：105	侧鼓部
34	$^\#D_6$	−10	M2：106	侧鼓部	70	$^\#A_7$	27	M2：107	侧鼓部
35	E_6	42	M2：95	正鼓部	71	B_7	−10	M2：112	侧鼓部
36	F_6	−19	M2：114	正鼓部	72	$^\#C_8$	−16	M2：84	侧鼓部

表二　编钟同音位不同音高的情况

组号	音位	音高	数量
1	E_4	E_4^{+21}、E_4^{-10}、E_4^{+35}、E_4^{+14}、E_4^{-16}	5
2	G_4	G_4^{+22}、G_4^{-27}	2
3	$^\#A_4$	$^\#A_4^{+13}$、$^\#A_4^{+4}$	2
4	D_5	D_5^{-32}、D_5^{-18}	2
5	A_5	A_5^{+15}、A_5^{+33}、A_5^{+25}、A_5^{+18}	4
6	C_6	C_6^{+16}、C_6^{+31}、C_6^{+46}	3
7	$^\#C_6$	$^\#C_6^{-49}$、$^\#C_6^{-44}$、$^\#C_6^{-45}$、$^\#C_6^{-38}$	4
8	$^\#D_6$	$^\#D_6^{+32}$、$^\#D_6^{+42}$、$^\#D_6^{-7}$、$^\#D_6^{-10}$	4
9	F_6	F_6^{-19}、F_6^{-24}、F_6^{-24}、F_6^{+9}、F_6^{-12}	5
10	G_6	G_6^{-46}、G_6^{+20}	2
11	A_6	A_6^{-34}、A_6^{-18}、A_6^{-46}	3
12	$^\#A_6$	$^\#A_6^{+1}$、$^\#A_6$、$^\#A_6^{+10}$、$^\#A_6^{+10}$	4
13	$^\#C_7$	$^\#C_7^{+43}$、$^\#C_7^{+41}$、$^\#C_7^{+30}$	3
14	F_7	F_7^{-49}、F_7^{+18}	2
15	G_7	G_7^{-3}、G_7^{-29}	2
16	$^\#G_7$	$^\#G_7^{-30}$、$^\#G_7^{+12}$、$^\#G_7^{-30}$、$^\#G_7^{+33}$、$^\#G_7^{+35}$	5
17	A_7	A_7^{-6}、A_7^{-31}、A_7^{-40}	3
18	$^\#A_7$	$^\#A_7^{-14}$、$^\#A_7^{+27}$	2

　　8件大甬钟，其中三度音程4件，大二度、纯四度各2件。其中M2∶91，正鼓音E_4^{-10}、侧鼓音$^\#G_4^{-23}$，双音音程为387音分，是比较准确的纯律大三度。其他音程偏离均大于10音分。

　　28件小甬钟，其中小二度（含增一度）4件，约占14.3%；大二度11件，约占39.3%；小三度5件，约占17.9%；大三度7件，占25%；纯四度1件，约占3.57%。在这些音程中，M2∶109的双音音程为99音分，是很准确的小二度；而M2∶111的双音音程为316音分，则是非常准确的纯律小三度。M2∶110、M2∶112、M2∶107的双音音程均在200音分正负10以内，是比较准确的大二度音程。其他音程偏离均大大超过10音分。

　　为了方便比较音程性质，我们把正、侧鼓音程均转换成自然音程，同时还依音分差进行了音程性质的调整。比如M2∶94，正鼓音是E_4^{+35}；侧鼓音是G_4^{-27}，我们不讲它是小三度，是因为两音的音分差为238音分，比平均律小三度还低62音分，实在不能算作小三度。为此，我们结合主观听觉将其调整为大二度。经过这种调整的音程性质既忠实实测数据，又反映了实际的主观听感（表三、四）。

3. 正鼓音序列

　　编钟的正鼓音的音高稳定，它们通常是音乐实践多使用的骨干音。擂鼓墩二号墓编钟的正鼓音序列由高到低排列如表五：

　　大三—纯五框架（如C—E—G），是泛音列前5个倍音的简化形式，它包括了纯律、五度相生律最重要的音程。而大三度、纯五度在乐学理论中是分析宫调的关键因素。通过对表五进行简化，得到正鼓音的主要音级序列：$^\#C_4$、D_4、E_4、$^\#A_4$、$^\#F_5$、A_5、C_6、$^\#C_6$、$^\#D_6$、E_6、F_6、$^\#A_6$、$^\#D_7$、F_7、$^\#F_7$

表三　编钟音高、音程表

出土号	型别	型别说明	正鼓音	侧鼓音	音程
M2：80	Aa 型	神人操蛇纹大甬钟	D_4^{+37}	G_4^{+22}	纯四度
M2：81	Aa 型	神人操蛇纹大甬钟	E_4^{+14}	A_4^{-34}	纯四度
M2：93	Aa 型	神人操蛇纹大甬钟	$^{\#}C_4^{-27}$	E_4^{+21}	小三度
M2：94	Aa 型	神人操蛇纹大甬钟	E_4^{+35}	G_4^{-27}	大二度
M2：89	Ab 型	兽面纹大甬钟	$^{\#}A_4^{+13}$	D_5^{-32}	大三度
M2：90	Ab 型	兽面纹大甬钟	$^{\#}A_4^{+4}$	D_5^{-18}	大三度
M2：91	Ab 型	兽面纹大甬钟	E_4^{-10}	$^{\#}G_4^{-23}$	大三度
M2：92	Ab 型	兽面纹大甬钟	E_4^{-16}	$^{\#}F_4^{+26}$	大二度
M2：83	Bb 型	单体龙纹小甬钟	$^{\#}A_6^{+10}$	$^{\#}C_7^{+41}$	小三度
M2：84	Bb 型	单体龙纹小甬钟	$^{\#}G_7^{-30}$	$^{\#}C_8^{-16}$	纯四度
M2：87	Bb 型	单体龙纹小甬钟	F_6^{+9}	A_6^{-18}	大三度
M2：96	Bb 型	单体龙纹小甬钟	$^{\#}F_5^{+20}$	$^{\#}G_5^{-39}$	小二度
M2：98	Bb 型	单体龙纹小甬钟	F_7^{-49}	G_7^{-29}	大二度
M2：99	Bb 型	单体龙纹小甬钟	$^{\#}D_7^{-2}$	F_7^{+18}	大二度
M2：100	Bb 型	单体龙纹小甬钟	$^{\#}A_6^{+0}$	$^{\#}C_7^{+43}$	小三度
M2：101	Bb 型	单体龙纹小甬钟	$^{\#}A_6^{+1}$	C_7^{+13}	大二度
M2：102	Bb 型	单体龙纹小甬钟	$^{\#}A_6^{+10}$	$^{\#}C_7^{+30}$	小三度
M2：105	Bb 型	单体龙纹小甬钟	A_7^{-40}	$^{\#}A_7^{-14}$	小二度
M2：107	Bb 型	单体龙纹小甬钟	$^{\#}G_7^{+33}$	$^{\#}A_7^{+27}$	大二度
M2：108	Bb 型	单体龙纹小甬钟	G_7^{-3}	$^{\#}G_7^{+35}$	小二度
M2：109	Bb 型	单体龙纹小甬钟	$^{\#}G_7^{-30}$	A_7^{-31}	小二度
M2：110	Bb 型	单体龙纹小甬钟	$^{\#}F_7^{+9}$	$^{\#}G_7^{+12}$	大二度
M2：112	Bb 型	单体龙纹小甬钟	A_7^{-6}	B_7^{-10}	大二度
M2：113	Bb 型	单体龙纹小甬钟	$^{\#}D_6^{+32}$	G_6^{-46}	大三度
M2：82	Ba 型	双体龙纹小甬钟	$^{\#}D_6^{+42}$	G_6^{+20}	大三度
M2：85	Ba 型	双体龙纹小甬钟	A_5^{+25}	$^{\#}C_6^{-44}$	大二度
M2：86	Ba 型	双体龙纹小甬钟	F_6^{-12}	A_6^{-34}	大三度
M2：88	Ba 型	双体龙纹小甬钟	A_5^{+33}	C_6^{+16}	小三度
M2：95	Ba 型	双体龙纹小甬钟	E_6^{+42}	$^{\#}F_6^{-2}$	大二度
M2：97	Ba 型	双体龙纹小甬钟	C_6^{+46}	F_6^{-24}	大三度
M2：103	Ba 型	双体龙纹小甬钟	A_5^{+18}	B_5^{+42}	大二度
M2：104	Ba 型	双体龙纹小甬钟	$^{\#}C_6^{-45}$	$^{\#}D_6^{-7}$	大二度
M2：106	Ba 型	双体龙纹小甬钟	$^{\#}C_6^{-38}$	$^{\#}D_6^{-10}$	大二度
M2：111	Ba 型	双体龙纹小甬钟	A_5^{+15}	C_6^{+31}	小三度
M2：114	Ba 型	双体龙纹小甬钟	F_6^{-19}	A_6^{-46}	大三度
M2：116	Ba 型	双体龙纹小甬钟	$^{\#}C_6^{-49}$	F_6^{-24}	大三度

表四　编钟音程性质分式统计表

型别	音程性质	件数	百分比（%）	型别	音程性质	件数	百分比（%）
A 型	小二度	0		B 型	小二度	4	约 14.3
A 型	大二度	2	25.0	B 型	大二度	11	约 39.3
A 型	小三度	1	12.5	B 型	小三度	5	约 17.9
A 型	大三度	3	37.5	B 型	大三度	7	25.0
A 型	纯四度	2	25.0	B 型	纯四度	1	约 3.6

表五　编钟正鼓音序列

序号	音位	偏离	出土号	序号	音位	偏离	出土号
1	A_7	-40	M2：105	19	$^\#D_6$	32	M2：113
2	A_7	-6	M2：112	20	$^\#C_6$	-38	M2：106
3	$^\#G_7$	-30	M2：84	21	$^\#C_6$	-49	M2：116
4	$^\#G_7$	-30	M2：109	22	$^\#C_6$	-45	M2：104
5	$^\#G_7$	33	M2：107	23	C_6	46	M2：97
6	G_7	-3	M2：108	24	A_5	33	M2：88
7	$^\#F_7$	9	M2：110	25	A_5	25	M2：85
8	F_7	-49	M2：98	26	A_5	18	M2：103
9	$^\#D_7$	-2	M2：99	27	A_5	15	M2：111
10	$^\#A_6$	0	M2：100	28	$^\#F_5$	20	M2：96
11	$^\#A_6$	1	M2：101	29	$^\#A_4$	4	M2：90
12	$^\#A_6$	10	M2：102	30	$^\#A_4$	13	M2：89
13	$^\#A_6$	10	M2：83	31	E_4	-16	M2：92
14	F_6	9	M2：87	32	E_4	-10	M2：91
15	F_6	-19	M2：114	33	E_4	35	M2：94
16	F_6	-12	M2：86	34	E_4	14	M2：81
17	E_6	42	M2：95	35	D_4	37	M2：80
18	$^\#D_6$	42	M2：82	36	$^\#C_4$	-27	M2：93

G_7、$^\#G_7$、A_7。

在这个序列里，构成大三度的有：C_6-E_6、$^\#C_6$-F_6（$^\#E_6$）、$^\#D_7$（$^bE_7$）-G_7。

构成纯五度的有：$^\#F_5$-$^\#C_6$、A_5-E_6、$^\#D_6$-$^\#A_6$。

综合分析的结果表明，它们均不能相互连续组合成 C-E-G 框架。从乐学上讲，就是不能构成传统音阶。

4. 双鼓全序列

随州擂鼓墩二号墓全套编钟音域跨 4 个八度，每件钟均能激发双音，共 72 个音。通过对表一进行简化，可以得到全部主要音级序列，即"双鼓全序列"：$^\#C_4$、D_4、E_4、$^\#F_4$、G_4、$^\#G_4$、A_4、$^\#A_4$、D_5、$^\#F_5$、$^\#G_5$、A_5、B_5、C_6、$^\#C_6$、$^\#D_6$、E_6、F_6、$^\#F_6$、G_6、A_6、$^\#A_6$、C_7、$^\#C_7$、$^\#D_7$、F_7、$^\#F_7$、G_7、$^\#G_7$、A_7、$^\#A_7$、B_7、$^\#C_8$。在这些音级中，$^\#F_4$、G_4、$^\#G_4$、A_4、D_5、$^\#G_5$、B_5、$^\#F_6$、G_6、A_6、C_7、$^\#C_7$、$^\#A_7$、B_7

表六　全序列"大三—纯五框架"编组

编组	大三度	纯五度	编组	大三度	纯五度
1		$^\#C_4$、$^\#G_4$	13	$^\#D_6$、G_6	$^\#D_6$、$^\#A_6$
2	D_4、$^\#F_4$、	D_4、A_4	14	F_6、A_6	F_6、C_7
3	$^\#F_4$、$^\#A_4$		15	$^\#F_6$、$^\#A_6$	
4		G_4、D_5	16	A_6、$^\#C_7$	
5	$^\#A_4$、D_5		17		$^\#A_6$、F_7
6	D_5、$^\#F_5$	D_5、A_5	18		C_7、G_7
7		$^\#F_5$、$^\#C_6$	19	$^\#C_7$、F_7	$^\#C_7$、$^\#G_7$
8	$^\#G_5$、C_6	$^\#G_5$、$^\#D_6$	20	$^\#D_7$、G_7	$^\#D_7$、$^\#A_7$
9	A_5、$^\#C_6$	A_5、E_6	21	F_7、A_7	
10	B_5、$^\#D_6$	B_5、$^\#F_6$	22		$^\#F_7$、$^\#C_8$
11	C_6、E_6	C_6、G_6	23	G_7、B_7	
12	$^\#C_6$、F_6		24	A_7、$^\#C_8$	

$^\#C_8$共15个音级是正鼓音没有而由侧鼓音提供的。

将该序列"大三—纯五框架"进行编组，如表六所示，第2、6、8、9、10、11、13、14、19、20组可以构成完整的"大三—纯五框架"。其中第2、6组处于全序列的低音区，显示D-$^\#F$-A结构跨两个八度，可以构成D宫系统。第13、20组处于全序列的中高音区，显示$^\#D$-G-$^\#A$结构跨两个八度，可以构成$^\#D$宫系统。

（二）频谱分析

在先秦双音钟的频谱里，与主基频构成的"双峰"，两个频率往往呈大、小三度关系，以小三度最为多见，双音隔离度[1]在20dB（分贝）以上，是其典型特征。随州擂鼓墩二号墓全套36件甬钟全部可以测得双音，绝大多数正鼓音和侧鼓音的频谱都呈现出双峰现象（图一至图三）。极个别双峰现象不明显，如M2：80侧鼓音、M2：81正鼓音（图四）、M2：92正鼓音和侧鼓音，但是这些钟的正、侧鼓音非常纯正、清晰、稳定，因此它们都是双音钟。双峰现象在侧鼓音上比正鼓音明显，这也符合先秦双音钟频谱的一般情形（图五、六）。

这批编钟的绝大多数的音高很稳定，激发时，正、侧鼓音相互干扰的情况很少。正鼓音的隔离度通常在10dB以上，多数在20dB以上，少数例外（表七）。

表七显示，侧鼓音也有一些超过10dB的，甚至高达30dB多，但是多数处在10dB以下，当主基频外的频率衰减幅度不够时，声音的清晰性和透明度受到很大影响。

虽然多数频谱都显示了较清晰的双峰现象，但是多至13件钟的双峰频率是呈大二度关系，另有小二度和纯四度计7件，大多数编钟的双峰频率不是三度关系，这种情形不符合先秦编钟的一般规律。

---

[1] 韩宝强：《音的历程——现代音乐声学导论》，中国文联出版社，2003年。

表七　随州擂鼓墩二号墓编钟隔离度一览表

序号	出土号	正鼓音	侧鼓音	正鼓隔离度（dB）	侧鼓隔离度（dB）
1	M2：80	D_4^{+37}	G_4^{+22}	35.04	24.53
2	M2：81	E_4^{+14}	A_4^{-34}	44.53	0.36
3	M2：82	$^{\#}D_6^{+42}$	G_6^{+20}	30.67	21.00
4	M2：83	$^{\#}A_6^{+10}$	$^{\#}C_7^{+41}$	23.83	9.37
5	M2：84	$^{\#}G_7^{-30}$	$^{\#}C_8^{-16}$	10.87	16.93
6	M2：85	A_5^{+25}	$^{\#}C_6^{-44}$	12.54	10.22
7	M2：86	F_6^{-12}	A_6^{-34}	18.75	14.89
8	M2：87	F_6^{+9}	A_6^{-18}	24.29	4.84
9	M2：88	A_5^{+33}	C_6^{+16}	10.20	8.31
10	M2：89	$^{\#}A_4^{+13}$	D_5^{-32}	17.18	19.44
11	M2：90	$^{\#}A_4^{+4}$	D_5^{-18}	30.89	28.12
12	M2：91	E_4^{-10}	$^{\#}G_4^{-23}$	27.16	18.67
13	M2：92	E_4^{-16}	$^{\#}F_4^{+26}$	32.79	32.21
14	M2：93	$^{\#}C_4^{-27}$	E_4^{+21}	26.99	20.79
15	M2：94	E_4^{+35}	G_4^{-27}	16.75	12.92
16	M2：95	E_6^{+42}	$^{\#}F_6^{-2}$	5.41	14.73
17	M2：96	$^{\#}F_5^{+20}$	$^{\#}G_5^{-39}$	1.45	1.02
18	M2：97	C_6^{+46}	F_6^{-24}	12.65	26.15
19	M2：98	F_7^{-49}	G_7^{-29}	21.65	0.63
20	M2：99	$^{\#}D_7^{-2}$	F_7^{+18}	27.67	0.00
21	M2：100	$^{\#}A_6^{+0}$	$^{\#}C_7^{+43}$	21.17	9.17
22	M2：101	$^{\#}A_6^{+1}$	C_7^{+13}	35.26	3.07
23	M2：102	$^{\#}A_6^{+10}$	$^{\#}C_7^{+30}$	28.96	24.57
24	M2：103	A_5^{+18}	B_5^{+42}	32.92	8.75
25	M2：104	$^{\#}C_6^{-45}$	$^{\#}D_6^{-7}$	52.10	5.87
26	M2：105	A_7^{-40}	$^{\#}A_7^{-14}$	17.92	5.66
27	M2：106	$^{\#}C_6^{-38}$	$^{\#}D_6^{-10}$	21.75	32.83
28	M2：107	$^{\#}G_7^{+33}$	$^{\#}A_7^{+27}$	20.08	10.69
29	M2：108	G_7^{-3}	$^{\#}G_7^{+35}$	22.28	2.26
30	M2：109	$^{\#}G_7^{-30}$	A_7^{-31}	34.18	2.02
31	M2：110	$^{\#}F_7^{+9}$	$^{\#}G_7^{+12}$	7.55	25.54
32	M2：111	A_5^{+15}	C_6^{+31}	37.68	11.80
33	M2：112	A_7^{-6}	B_7^{-10}	0.00	13.20
34	M2：113	$^{\#}D_6^{+32}$	G_6^{-46}	28.50	0.00
35	M2：114	F_6^{-19}	A_6^{-46}	30.56	12.11
36	M2：116	$^{\#}C_6^{-49}$	F_6^{-24}	35.81	5.98

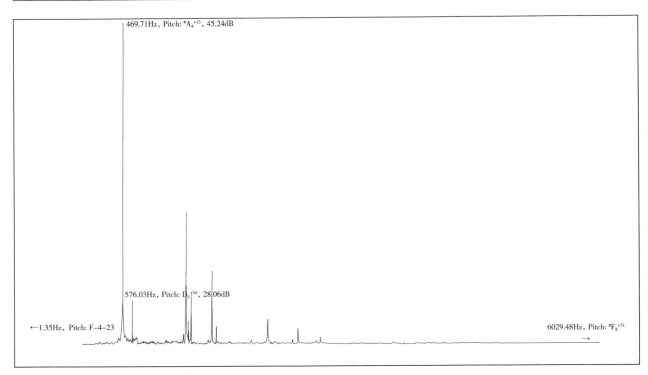

图一　M2：89 正鼓音频谱

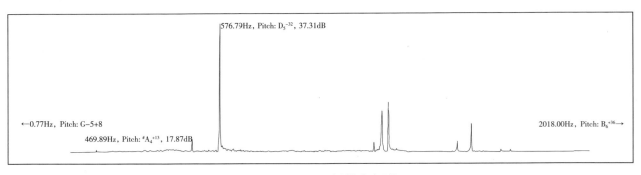

图二　M2：89 侧鼓音频谱

（三）综合评价

　　1988 年 5 月 21 日，由随州市博物馆和武汉音乐学院组成的测试小组，对这批编钟做过测试[2]。我们这次的测试结果，表面上看与上次有很大的不同，其实没有本质区别。比如绝大多数编钟的双音音程在性质上没有太大的变化。M2：80 上次的测试结果是：正鼓音为 $^bE_4^{-6}$，侧鼓音为 $^bA_4^{-24}$，双音音程为 518 音分。这次的测试结果是：正鼓音为 D_4^{+37}，侧鼓音为 G_4^{+22}，双音音程为 515 音分。前后两者只相差 3 音分。再比如 M2：82，上次的测试结果是：正鼓音为 E_6^{-9}，侧鼓音为 $^bA^{-40}$，双音音程为 369 音分。这次的测试结果是：正鼓音为 $^{\#}D_6^{+42}$，侧鼓音为 G_6^{+20}，双音音程 378

［2］许定慧等：《擂鼓墩二号墓编钟及其音律测试》，《黄钟》1988 年第 4 期。

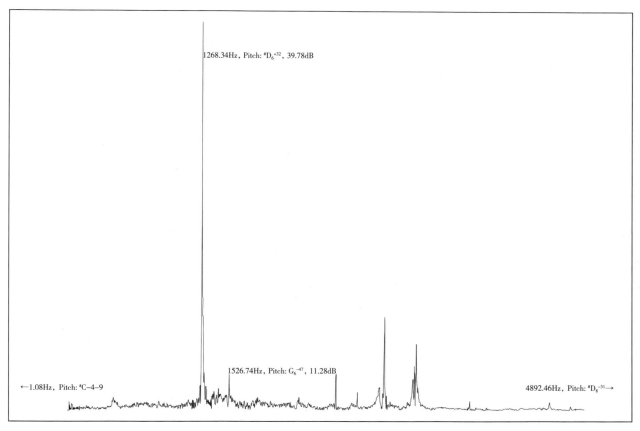

图三　M2:113 正鼓音频谱

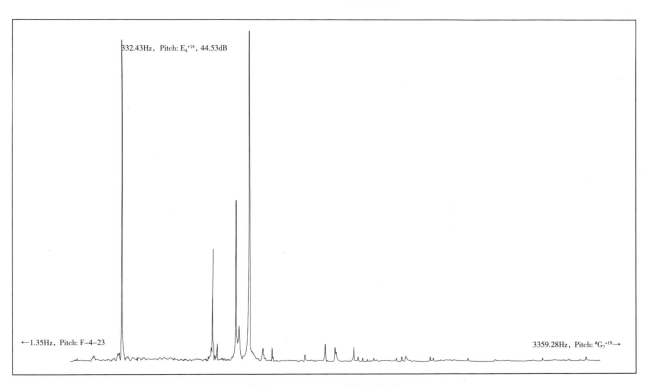

图四　M2:81 正鼓音频谱

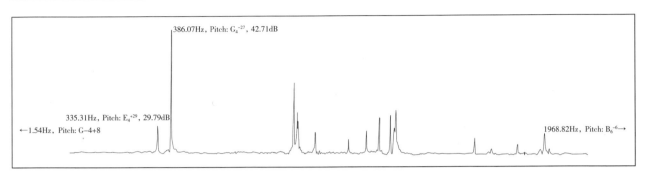

图五　M2：94 侧鼓音频谱

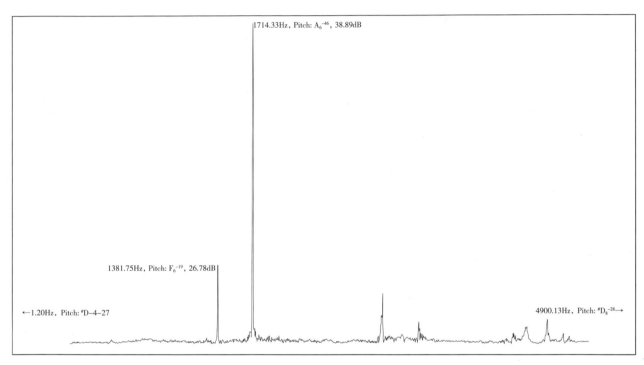

图六　M2：114 侧鼓音频谱

音分。前后两者相差也只不过9音分。所不同的是音高上的差别比较大。比如M2：80、M2：88、M2：111这三件钟，上次测得正鼓音的音高分别是：$^bE_4^{-6}$、$^bB_5^{-31}$、$^bB_5^{-47}$，这次则测得音高分别为：D_4^{+37}、A_5^{+33}、A_5^{+15}，前后两次的差距分别在57音分、37音分、132音分。

两次测音相隔了20年。上次是在春季，温度18℃，而这次是在冬季，温度14.3℃。这次的相对湿度为23%，上次没有相对湿度的记录。一般情况下，5月间的随州，湿度通常在50%~80%之间，这样一比较，测试环境差别较大。除了环境的不同，设备上也有很大的不同。这次使用的是数字设备，灵敏性和稳定性都比当年的模拟设备要高出许多。这批编钟有很多是没有经过打磨调音的，少数编钟的音高不太稳定。这种情形下，模拟设备的记录和我们的主观听觉很难一致，而数字设备则不同，其优势非常明显。

比如M2：84，虽然在敲击侧鼓音时，正鼓音明显强过侧鼓音，但是主观上还是能够确定两者是四度关系的。然而上次的测试结果却是小二度，记录为正鼓音G_7、侧鼓音$^bA_7^{+3}$，双音音程为103

音分。这次使用数字设备测试显示，其正鼓音为 $^{\#}G_7^{-30}$、侧鼓音为 $^{\#}C_8^{-16}$，双音音程为514音分，接近纯四度，与主观感觉完全一致。

三度关系的音结合方式，其所具有的声学优势是不争的事实。战国早期的曾侯乙编钟是公认的先秦编钟的范本，其编钟正、侧鼓音的关系多以小三度为主。如前所述，随州擂鼓墩二号墓的这批编钟，非三度双音音程多至20个，所占比例达到55.56%。这座墓葬是战国中期前段曾国国君的墓葬，距离曾侯乙墓年代稍晚[3]。虽然有证据表明，其国力已大不如前，但是从技术传承的角度来讲，所体现的双音钟的理论与技术仍应和曾侯乙编钟一脉相承。

（1）三度仍是这批编钟一钟双音关系的设计目标

一般情况，我们把古代编钟上最常见的调音部位总结为8个，它们是正鼓部内壁2处、侧鼓部内壁4处、铣脚内壁2处。有时于部口沿2处也是很重要的调音部位，这样编钟的调音部位共有10处。

16件单体龙纹小甬钟，有11件没有经过调音，M2：87、M2：98、M2：101、M2：102经过了初步的调音，其中M2：101只简单的磨砺了铣脚内壁。12件双体龙纹小甬钟，除M2：103外，其他均经过调音，但似乎没有完工。M2：106只对一侧正鼓内壁和一侧铣脚内壁进行过简单地磨砺，该钟正鼓音为 $^{\#}C_6^{-38}$、侧鼓音为 $^{\#}D_6^{-10}$，双音音程为大二度。8件大甬钟，每件编钟的各个调音部位均有磨砺，应是全部经过了调音的。因此，我们可以判断，这批编钟绝大部分未能完成调音工作。

从各钟正、侧鼓音的音程关系来看，全部36件编钟，三度关系16件，其他音程关系20件。总的来看，三度关系不占优势。但是三度关系是这些音程关系里最好的，大三度基本在378音分左右，小三度则多数在316音分左右，这正是纯律大、小三度的音分值。这些三度音程关系的编钟，其调音情况也能说明一些问题。作为大甬钟M2：89、M2：90、M2：91、M2：93都是经过比较全面的调试；在双体龙纹小甬钟里M2：116、M2：82、M2：97、M2：88、M2：111、M2：86、M2：114都是经过调试的，其中M2：111的8个调音部位经过全面磨砺，其正、侧鼓音高分别为 A_5^{+15}、C_6^{+31}，音分差为316音分，是非常准确的纯律小三度；单体龙纹小甬钟里，M2：83、M2：113、M2：87、M2：102、M2：100是三度关系的，其中M2：87、M2：100、M2：102是经过调试的，其中M2：100的8个调音部位均经过磨砺，其正、侧鼓音高分别为 $^{\#}A_6^{+0}$、$^{\#}C_7^{+43}$，音分差为343音分，比纯律小三度高27个音分；M2：102的正、侧鼓音高分别为 $^{\#}A_6^{+10}$、$^{\#}C_7^{+30}$，音分差为320音分，已经非常接近纯律小三度。如此看来，这有可能不只是巧合。有意思的是，M2：100钟的正鼓音 $^{\#}A_6$ 做到了正负0，正鼓隔离度达到优秀，侧鼓隔离度基本达到良好（图七、八）。

在这些双音为三度音程关系的编钟里，只有M2：83、M2：113没有任何经过调试。因此，我们可以判断，三度仍是这批编钟的正、侧鼓音程关系的设计目标。

这批编钟有很多音位相同高度不同的情形，也从另一个侧面证明了这一点。三度特点的一钟双音，除了可以取得和谐的钟声效果，还可以在减少编钟数量的情况下达到同样的音乐效果，编钟数量的减少自然缩短了演奏者位移的距离，从而达到方便演奏的效果。如果音列中重复音过多，那么一钟双音就丧失了其应有的价值。这也进一步证实，那些不是三度关系的编钟有可能没有完成调音工作。

---

[3]刘彬徽：《随州擂鼓墩二号墓青铜器初论》，《文物》1985年第1期。

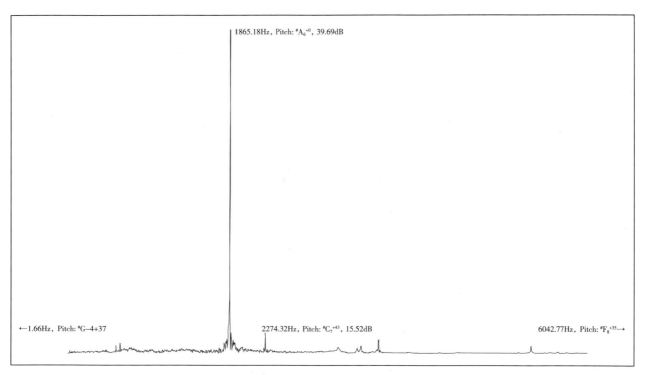

图七　M2∶100 正鼓音频谱

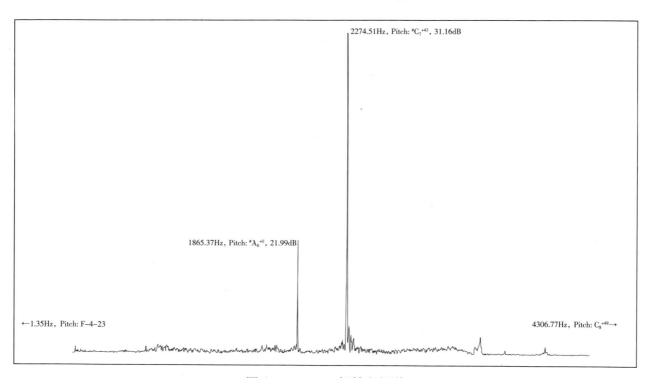

图八　M2∶100 侧鼓音频谱

（2）二度关系的双音钟可以有很好的音高和音色

全套编钟里的二度双音关系的钟共有 17 件。通过对这些钟进行频谱测试，结果让我们对双音钟的音程关系的结合有了新的看法。

在这些二度双音关系的编钟里,磨砺过的和未经磨砺的差不多各占一半:磨砺过的有M2:94、92、98、101、85、95、104、106;未经任何磨砺的有 M2:96、99、105、107、108、109、110、112、103。总的来讲,这些钟的正鼓音的音高都比较稳定、清晰,隔离度多在20dB 以上,但是侧鼓音的音高稳定性就差多了,未经磨砺的钟其隔离度多在 10dB 以下。

我们发现,这些编钟里只要是经过稍加磨砺的,其隔离度就很好。比如M2:92、94,其侧鼓音的隔离度均在 10dB 以上。M2:92 的正、侧鼓音分别是 E_4^{-16}、$^\#F_4^{+26}$,正、侧鼓音的隔离度甚至超过了 32dB,音高稳定而清晰。M2:106,虽然只磨砺了一处正鼓内壁和一处铣脚内壁,其正、侧鼓音的隔离度分别达到了 21.75dB、32.83dB。这说明二度音程关系的双音钟,也可以有很好的音高和音色。

(3)宫调的设计思路暗合"同均三宫"的理论

童忠良先生在《百钟探寻——擂鼓墩一、二号墓出土编钟的比较》一文里,提出"百钟互补"理论,此文发表后曾引起很大的争议。20年后重读此文,我们以为童先生的"双均五宫"是一种发现,"百钟互补"则是一种理想。其实,先生在该文的末尾处,对此已作明确的表述[4]。对我们而言,无论是"发现"还是"理想",其研究方法都是极有价值的。

正因为这批编钟没有完成调音工作,是半成品的状态,这才让我们有机缘去观测和理解古代乐工设计制作和调试编钟的情况。通过初步研究,我们认为,这批编钟的设计思路暗合"同均三宫"[5]的理论。

如果按型式进一步分组,单体龙纹小甬钟跨全序列的中高音区,最高音$^\#C_8$在这个音区里:$^\#F_5$、$^\#G_5$、$^\#D_6$、F_6、G_6、A_6、$^\#A_6$、C_7、$^\#C_7$、$^\#D_7$、F_7、$^\#F_7$、G_7、$^\#G_7$、A_7、$^\#A_7$、B_7、$^\#C_8$,其自身序列显示为$^\#C$宫系统(表八):

如果我们仔细观察,这个音阶反映的是$^\#C$均的情况,这里的三宫是:$^\#C$宫、$^\#D$宫、$^\#G$宫。

如果推理无误,作为中音区的双体龙纹小甬钟的序列也应该显示同样的情形,果然如此。其音高序列经过简化后如表九:

全部大甬钟都有明显磨砺痕迹,至少显示这些钟是经过初步调试的,$D-^\#F-A$结构在低音

表八　单体龙纹小甬钟的 $^\#C$ 均

$^\#A_6$	C_7	$^\#C_7$	$^\#D_7$	F_7	$^\#F_7$	G_7	$^\#G_7$	$^\#A_7$
羽	徵角	宫	商	角		商角	徵	羽
la	si	do	re	mi	fa	#fa	sol	la

表九　双体龙纹小甬钟的 $^\#C$ 均

A_5	C_6	$^\#C_6$	$^\#D_6$	E_6	F_6	$^\#F_6$	G_6	A_6
	徵角	宫	商		角		商角	
	si	do	re		mi	fa	#fa	

[4] 童忠良:《百钟探寻——擂鼓墩一、二号墓出土编钟的比较》,《黄钟》1988 年第 4 期。
[5] 黄翔鹏:《中国传统音乐一百八十调谱例集》,人民音乐出版社,2003 年。

表一〇　大甬钟的 $^{\#}$C 均

$^{\#}C_4$	D_4	E_4	$^{\#}F_4$	G_4	$^{\#}G_4$	A_4	$^{\#}A_4$	D_5
宫				商角	徵		羽	
do				$^{\#}$fa	sol		la	

区跨两个八度，覆盖全部大甬钟，似乎表明 D 宫系统有可能是大甬钟的宫调设计。然而，结合小甬钟的情况看，其结果显示还应该有另一种可能。其音高序列经过简化后如表一〇：

表一〇中虽然缺少角音，但是却存在着 $^{\#}$C 均的特征音 G。所以大甬钟的宫调设计，$^{\#}$C 宫也是一种可能。

综合以上分析，$^{\#}$C 均的确存在这套编钟之中，$^{\#}$C 宫系统应该是这套编钟最合适的宫调系统。

附表　随州擂鼓墩二号墓编钟测音数据报表

出土号	正鼓音	侧鼓音	出土号	正鼓音	侧鼓音
M2：80	D_4^{+37}	G_4^{+22}	M2：98	F_7^{-49}	G_7^{-29}
M2：81	E_4^{+14}	A_4^{-34}	M2：99	$^{\#}D_7^{-2}$	F_7^{+18}
M2：82	$^{\#}D_6^{+42}$	G_6^{+20}	M2：100	$^{\#}A_6^{+0}$	$^{\#}C_7^{+43}$
M2：83	$^{\#}A_6^{+10}$	$^{\#}C_7^{+41}$	M2：101	$^{\#}A_6^{+1}$	C_7^{+13}
M2：84	$^{\#}G_7^{-30}$	$^{\#}C_8^{-16}$	M2：102	$^{\#}A_6^{+10}$	$^{\#}C_7^{+30}$
M2：85	A_5^{+25}	$^{\#}C_6^{-44}$	M2：103	A_5^{+18}	B_5^{+42}
M2：86	F_6^{-12}	A_6^{-34}	M2：104	$^{\#}C_6^{-45}$	$^{\#}D_6^{-7}$
M2：87	F_6^{+9}	A_6^{-18}	M2：105	A_7^{-40}	$^{\#}A_7^{-14}$
M2：88	A_5^{+33}	C_6^{+16}	M2：106	$^{\#}C_6^{-38}$	$^{\#}D_6^{-10}$
M2：89	$^{\#}A_4^{+13}$	D_5^{-32}	M2：107	$^{\#}G_7^{+33}$	$^{\#}A_7^{+27}$
M2：90	$^{\#}A_4^{+4}$	D_5^{-18}	M2：108	G_7^{-3}	$^{\#}G_7^{+35}$
M2：91	E_4^{-10}	$^{\#}G_4^{-23}$	M2：109	$^{\#}G_7^{-30}$	A_7^{-31}
M2：92	E_4^{-16}	$^{\#}F_4^{+26}$	M2：110	$^{\#}F_7^{+9}$	$^{\#}G_7^{+12}$
M2：93	$^{\#}C_4^{-27}$	E_4^{+21}	M2：111	A_5^{+15}	C_6^{+31}
M2：94	E_4^{+35}	G_4^{-27}	M2：112	A_7^{-6}	B_7^{-10}
M2：95	E_6^{+42}	$^{\#}F_6^{-2}$	M2：113	$^{\#}D_6^{+32}$	G_6^{-46}
M2：96	$^{\#}F_5^{+20}$	$^{\#}G_5^{-39}$	M2：114	F_6^{-19}	A_6^{-46}
M2：97	C_6^{+46}	F_6^{-24}	M2：116	$^{\#}C_6^{-49}$	F_6^{-24}

时间：2008 年 1 月 5 日

地点：随州市博物馆保管部文物库房一层

温度：14.3℃

相对湿度：23%

仪器：

　　1. 便携式计算机：SONY VGN-C22CH

　　2. 测音软件：General Music Analysis System Release 2.0

　　3. 拾音器：M-AUDIO Mobile Pre USB、BEHRING ECM8000

参加人员：黄建勋、聂荣、包洪波、艾玲莉

说明：本表采用物理学音名标记，国际标准音 A_4 = 440Hz。

附录二　随州擂鼓墩二号墓出土部分
玉石器鉴定结果

秦　颖

（中国科学技术大学科技史与科技考古系科技考古实验室）

　　本次共采集玉器及石磬样品9件，由于玉器多是完整器，只刮取了极少量的粉末样品，利用X射线衍射作矿物成分检测，样品及检测结果如下表。

采样号	原编号	采样器物	矿物成分鉴定结果	附图	采样号	原编号	采样器物	矿物成分鉴定结果	附图
Lgd36	M2：10	玉璜	白云石	图一	Lgd54	M2：117	石磬	方解石	如图三
Lgd38	M2：155	玛瑙环	隐晶质石英	图二	Lgd55	M2：119	石磬	方解石	如图三
Lgd39	M2：164	石圭	白云石	如图一	Lgd56	M2：122	石磬	方解石	如图三
Lgd40	M2：扰7-2	石璧	白云石	如图一	Lgd57	M2：125	石磬	方解石	如图三
Lgd42	M2：156	石璧	方解石	图三					

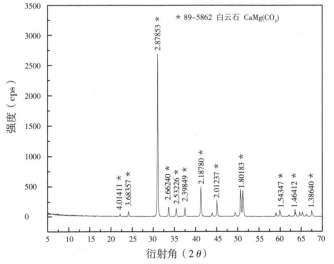

图一　玉璜（M2：10）X射线衍射图谱

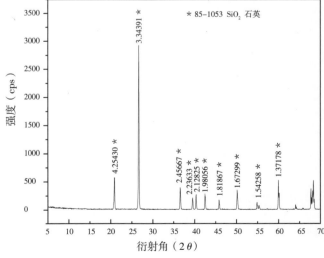

图二　玛瑙环（M2：155）X射线衍射图谱

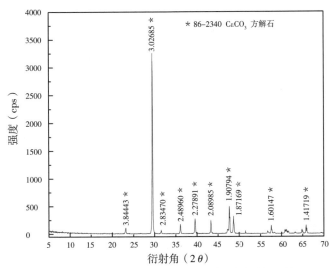

图三　石璧（M2：156）X射线衍射图谱

M2：10玉璜、M2：164石圭的矿物成分也都主要是白云石，M2：156石璧的矿物成分是方解石，和汉白玉的组成一样。M2：155的矿物成分是玛瑙。

石磬的矿物成分主要是方解石，灰黑色的是泥晶灰岩，白色的是细晶大理岩。

附录三　随州擂鼓墩二号墓出土料器
成分、物相分析

秦　颖

（中国科学技术大学科技史与科技考古系科技考古实验室）

　　目前已分析扰乱沟出土的M2：扰3中残破"蜻蜓眼"式玻璃珠3件，蓝黑色玻璃管1件（M2：157-1），可能是作为制料器原料的黑色物质（M2：157）1件。Lgd1残破"蜻蜓眼"分析了蓝色中心珠体成分及褐色眼珠成分，Lgd2残破"蜻蜓眼"分析了浅蓝色中心珠体成分及白色眼圈、眼珠中心蓝紫色成分，结果如下表。

玻璃珠、玻璃管成分分析结果表（wt%）

	Lgd1（蓝）	Lgd1（褐）	Lgd2（白）	Lgd2（蓝紫）	Lgd3（浅蓝）	Lgd4（黑）	Lgd5（蓝黑）
SiO_2	75.06	73.96	72.74	74.36	76.21	15.20	72.73
CaO	11.34	11.49	11.29	10.47	11.36	32.71	1.66
Na_2O	4.29	4.62	4.53	4.77	4.31	0.33	0.09
K_2O	0.97	0.92	1.05	1.19	0.95	0.81	15.63
MgO	0.33	0.32	0.34	0.47	0.33	0.47	0.27
Al_2O_3	2.14	2.18	2.10	2.11	2.14	3.66	1.07
CuO	0.90	0.45	0.07	0.19	1.11	——	1.52
Fe_2O_3	0.81	1.00	0.10	1.59	0.64	32.90	0.40
PbO	0.52	0.70	0.30	0.30	0.97	1.81	0.52
P_2O_5	——	——	——	——	0.09	0.42	0.35
SO_2	1.04	0.91	1.14	0.99	0.71	6.73	0.34
Sb_2O_3	2.59	3.34	5.47	3.57	1.12	——	——

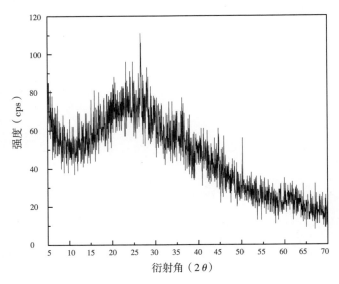

图一　环形串珠（M2：157）X射线衍射图谱

从分析结果来看，"蜻蜓眼"式玻璃珠配方属于Na_2O-CaO-SiO_2系列，和资料[1]分析的曾侯乙墓出土的镶嵌玻璃珠成分相似，只是Na_2O含量更低，CaO明显偏高。成分组成最特征的是都含有很高的Sb_2O_3。显然，这种含锑物质是有意加入的澄清剂和乳浊剂。Cu、Fe是主要致色元素。

蓝黑色玻璃管属高钾的K_2O-SiO_2系列，和资料[2]分析的湖北江陵九店出土的M533蓝色玻璃珠残片成分相近，但K_2O含量更高，Na_2O、CaO、Al_2O_3、Fe_2O_3、PbO等含量较低，Cu是致色元素。

M2：157黑色物质的物相分析如图一，是非晶态SiO_2，可能是以铁作为致色元素，制作各种、各色料器的基本原材料。

［1］干福熹等：《中国古代玻璃技术的发展》，上海科学技术出版社，2005年；李青会等：《中国出土的一批战国古玻璃样品化学成分的检测》，《文物保护与考古科学》2006年第5期。

［2］李青会等：《中国出土的一批战国古玻璃样品化学成分的检测》，《文物保护与考古科学》2006年第5期。

附录四 随州擂鼓墩二号墓出土部分青铜器焊料成分分析

秦 颖

（中国科学技术大学科技史与科技考古系科技考古实验室）

本次对擂鼓墩二号墓4件青铜器焊料成分作分析，结果如下表。

（单位：%）

采样位置	Cu	Sn	Pb	Si	Ca	Al	Zr	Fe	S	K	P	
铜升鼎（M2：58）腿部焊料			82.14	17.11		0.75						铅焊料
铜簠（M2：50）装饰物焊料			88.52	8.57		0.63		2.29				铅焊料
铜壶（M2：4）耳部焊料	0.48		85.54	11.64	0.36	0.62		0.72		0.42	0.21	铅焊料
铜镬鼎（M2：32）耳焊料	55.10	12.06	12.54	10.04	5.41	1.69	1.66	1.13	0.36			铜铅锡焊料

注：除Cu、Pb、Sn外，其他组分可能是样品中混入的杂质。

附录五 随州擂鼓墩二号墓出土青铜器残留泥芯检测报告

秦 颖

（中国科学技术大学科技史与科技考古系科技考古实验室）

（一）样品简介

青铜器残留泥芯样品计7件，墓葬出土陶片样品1件，墓旁原生土1件。样品详细情况如表一所示。

表一 样品简介

分析号	样品类别	采样部位	器物编号
110	陶片		M2：27
121	泥芯	铜簠底部	M2：45
123	泥芯	铜匜底部	M2：74
128	泥芯	铜壶底部	M2：8
130	泥芯	铜小口提链鼎腿部	M2：70
146	泥芯	铜壶底部	M2：5
147	泥芯	铜豆底部	M2：38
153	泥芯	铜牛形钮盖鼎腿部	M2：55
Lgdt	生土（M2墓旁）		

（二）主成分分析

所有样品的化学成分检测在中国科学技术大学理化科学实验中心完成。测试仪器为WD-1800波长色散型X荧光光谱仪（日本岛津公司生产）。工作条件：该仪器配有4kW端窗铑（Rh）靶X

光管，管口铍窗厚度为75μm，并配以最大电流140mA的X射线电源及发生器，高精度的 $\theta \sim 2\theta$ 独立驱动系统，双向旋转的10位晶体交换系统，3种狭缝可交换，灵敏自动控制系统，为获取高可靠性的成分数据提供了保证。对于青铜合金，其检出限可达（0.1～1）μg/g，误差在1%以下。电压、电流分别为40kV和95mA。分析结果如表二所示。为了便于比较分析，同时将与该墓葬时代接近的几处墓葬或遗址附近原生土样品数据也列于表二中。

表二　样品的 XRF 数据（％）

分析号	SiO$_2$	Al$_2$O$_3$	K$_2$O	CaO	Na$_2$O	MgO	P$_2$O$_5$	CuO	SnO$_2$	PbO	Fe$_2$O$_3$	TiO$_2$	MnO
l10	71.40	16.74	2.24	0.83	0.24	0.87	0.26	0.21		0.04	5.77	1.21	0.03
l21	70.36	14.98	2.52	2.38	0.57	1.02	0.58	1.95		0.20	4.24	0.97	0.10
l23	70.79	15.45	2.40	2.31	0.40	0.69	0.65	1.10		0.41	4.47	1.10	0.08
l28	69.98	15.90	2.73	1.79	0.20	0.82	0.89	0.70	0.11	0.29	5.46	0.92	0.03
l30	72.46	13.88	2.62	2.80	0.68	0.79	0.49	0.67		0.36	4.06	0.94	0.07
l46	73.53	13.57	2.58	2.52	0.67	0.83	0.40	0.96		0.11	3.76	0.89	0.06
l47	72.03	13.91	2.60	2.52	0.66	0.83	0.39	2.09			3.75	0.96	0.08
l53	73.32	13.37	2.47	2.39	0.67	0.78	0.32	1.10	0.15	0.57	3.58	0.91	0.07
Lgdt	66.93	17.96	3.84	2.21	0.45	2.22	0.14	0.01	—	—	5.20	0.76	0.04
d41tu	65.91	17.72	3.42	1.01	0.24	1.39	0.27	1.99		0.07	6.82	0.99	0.05
cpt1	71.38	15.19	3.30	1.58	0.45	1.27	0.29				5.21	0.91	0.13
cpt2	74.08	14.18	3.16	1.48	0.42	1.09	0.26				4.19	0.88	0.09
92H4	58.14	12.90	2.42	13.65	1.75	2.45	0.45	0.03			5.36	0.82	0.10
63H4T661	63.91	14.34	2.37	8.27	1.95	2.21	0.25	0.14	0.08		5.29	0.83	0.12
hmt	59.56	14.99	2.37	11.49	1.20	2.22	0.32				6.12	0.89	0.16
plct2-1	70.70	15.40	1.86	0.46	0.05	0.57	0.41				9.03	1.18	0.07
plct2-2	75.91	13.66	1.84	0.51	0.07	0.50	0.36				5.71	1.20	0.04

注：表中
（1）"d41tu"指丹江口吉家院墓地附近原生土；
（2）"cpt1、cpt2"指襄樊陈坡墓地附近原生土；
（3）"92H4、63H4T661"指侯马陶范；
（4）"hmt"指侯马原生土；
（5）"plct2-1、plct2-2"指"盘龙城原生土"。

XRF分析结果表明：各类样品主量元素差别主要体现在钙、镁两种元素上，其他元素差别较小，区分不明显。山西侯马战国陶范样品具有较高的钙、镁、钠，与北方黄河流域黄土的化学成分特点吻合；盘龙城土样的钙、镁、纳均较低，这也与南方红土的化学成分特征一致。

所分析的几件青铜器泥芯化学成分几乎一样，说明它们是采用相同的泥料，而这种泥料和山西侯马等中原黄土、长江流域及其以南红土都有一定差异，明显是介于它们之间。从其和同墓葬出土陶片（M2∶27）很相似的化学组成来看，当时铸造这些青铜器的作坊不会离此地很远。但和M2墓旁所采原生土差异明显，主要表现在MgO含量上。其实，擂鼓墩M1（曾侯乙墓）、M2都是葬在一个小山丘上，所采集的Lgdt原生土实际上是风化尚不彻底的风化壳，当时泥芯原料不在此采集是可能的。

由于没有采集附近其他土壤进行分析类比，便将同时分析的时代相近的襄樊陈坡、丹江口吉家院墓地附近原生土样品数据也列于表中。相比较，它们都有所相似，似乎和襄樊陈坡墓地附近原生土更接近些。

为了进一步研究各类样品主量元素之间的相关性，做了CaO-（K_2O+Na_2O）和CaO-MgO散点图（图一、二）。从图中不难看出，擂鼓墩M2泥芯与陶片样品均较集中的分布在一个区域；山西侯马原生土（hmt）、陶范（92H4、63H4T661），盘龙城原生土（plct2-1、plct2-2）分别集中分布在较远的区域；襄樊陈坡（cpt1、cpt2）、丹江口吉家院墓地附近原生土（d41tu）则分布在其附近。

从XRF分析的结果还可以看出：泥芯样品的铜、铅含量较高，铜含量最高可达2.09%，铅含量最高可达0.57%。这是青铜器埋藏腐蚀过程中，离子的迁移或锈蚀物污染所致。因此，在探讨青铜器的铸造地时，泥芯中铜、锡、铅的含量将不予考虑。

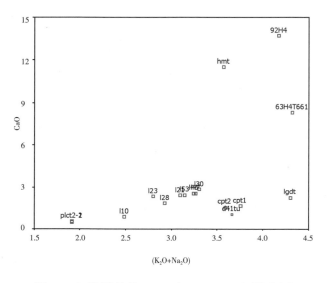 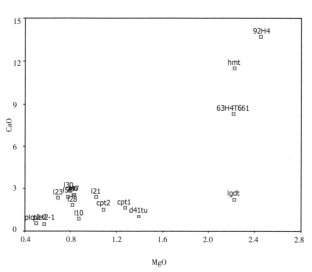

图一　各类样品的 CaO-（K_2O+Na_2O）散点图　　　　图二　各类样品的 CaO-MgO 散点图

（三）稀土元素分析

土壤中稀土元素含量的高低和组成与母质岩石类型有关，不同母质岩石发育起来的土壤，其稀土含量及组成均有较大的差别。因此，为了进一步探讨各类样品之间的联系和区别，我们又对部分样品进行了稀土元素分析。为了比表分析，同时也将已有的几个样品的数据列于表中。

稀土元素分析在国土资源部安徽省合肥矿产资源监督检测中心进行，测试仪器为全谱直读电感耦合等离子发射光谱仪（美国热电公司生产）。工作条件：波长范围175~1051nm，200nm处的分辨率0.007nm；等离子气流量15L/min，辅助气流量0.5L/min，雾化气压力0.22mPa，高频功率1.15kW，蠕动泵转速100r/min，积分时间：长波（>265nm）10s，短波（<265nm）10s，检测器（CID）为512 × 512感光单元。分析结果如表三、四所示。

表三　各地泥芯、陶范的稀土元素含量（μg/g）

编号	La	Ce	Pr	Nd	Sm	Eu	Gd	Tb	Dy	Ho	Er	Tm	Yb	Lu
d41tu	54.49	79.90	13.38	50.20	8.97	1.71	7.62	1.23	6.19	1.15	3.22	0.54	3.09	0.44
l10	43.50	88.95	10.14	37.89	7.07	1.43	6.35	1.07	5.63	1.07	2.97	0.51	2.89	0.40
l28	36.38	74.20	8.58	32.45	6.32	1.36	5.98	1.10	6.11	1.19	3.37	0.58	3.31	0.46
lgdt	41.85	54.15	10.32	38.87	7.29	1.77	6.21	1.06	5.45	1.01	2.79	0.48	2.85	0.40
plct	36.35	92.58	9.03	33.76	6.38	1.26	5.74	1.02	5.50	1.06	3.05	0.52	3.04	0.43
T663L	40.02	77.99	9.84	35.40	6.68	1.29	6.47	1.00	5.87	1.25	3.36	0.46	2.95	0.45

注：T663L 为山西侯马陶范样。

表四　各地泥芯、陶范的稀土元素地球化学参数值

编号	ΣREE（μg/g）	LREE	HREE	LREE/HREE	(La/Yb)n	(La/Sm)n	(Gd/Yb)n	δCe	δEu
d41tu	232.13	208.65	23.48	8.89	11.62	3.70	1.97	0.68	0.62
l10	209.87	188.98	20.89	9.05	9.92	3.74	1.76	0.97	0.65
l28	181.39	159.29	22.10	7.21	7.24	3.50	1.45	0.96	0.67
lgdt	174.50	154.25	20.25	7.62	9.67	3.49	1.74	0.60	0.79
plct	199.72	179.36	20.36	8.81	7.88	3.47	1.51	1.17	0.63
T663L	193.03	171.22	21.81	7.85	9.16	3.78	1.65	0.92	0.60

注：LREE、HREE 分别为轻、重稀土元素之和。

　　从表三、四不难看出，各类样品的稀土元素含量及地球化学参数差别不大，区分指标不明显。然而仔细观察，仍可发现各区域样品稀土元素含量有所不同。为了进一步探索其差别，我们以样品与球粒陨石[1]之比的对数值为纵坐标，以十四个稀土元素为横坐标，做了各类样品的稀土元素的配分曲线（图三、四）。

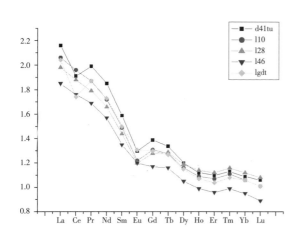
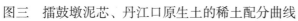
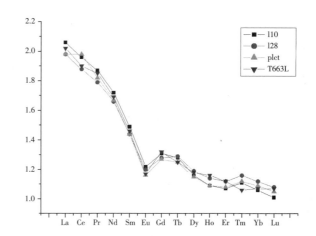

图三　擂鼓墩泥芯、丹江口原生土的稀土配分曲线　　图四　擂鼓墩泥芯、侯马陶范及盘龙城生土的稀土配分曲线

[1] 陈德潜、陈刚：《实用稀土元素地球化学》第 195～197 页，冶金工业出版社，1990 年。

从图三、四中可以看出：所有样品稀土配分模式比较接近，都向右倾斜较大，轻重稀土分馏强烈，具有较为明显的Eu负异常，曲线规律性很强，但各地样品个别稀土元素含量仍有差别。分析结果与XRF分析的结果基本一致，但总的效果不如主量元素分辨明显。

（四）结 论

化学成分的相似性，暗示了其原料成因的相似性。所分析的随州擂鼓墩M2出土青铜器残留泥芯成分一致，与陶片成分几乎相同，表明其泥料应采自同一地域；且与北方黄河流域的山西侯马陶范和黄土、南方长江流域武汉盘龙城红土有显著差别，而与襄樊陈坡、丹江口吉家院墓地附近冲积成因土壤相似，故推测这批青铜器应该是在当地铸成，所用泥料可能是来自附近的河流冲积土壤。

附录六　随州擂鼓墩二号墓青铜器内动物骨的 C、N 稳定同位素分析

胡耀武[1]　马颖[1]　黄建勋[2]　郭怡[1]　王昌燧[1]

（1. 中国科学院研究生院科技史与科技考古系
2. 湖北省随州市博物馆）

曾国是战国时期诸侯小国之一，历史文献均缺乏相应的记载，直到曾侯乙墓以及擂鼓墩墓群的陆续发现，才为人们撩开该国神秘的面纱掀起了一角。考古资料显示，擂鼓墩墓群在战国早期至中期，主要作为曾国国君的陵园[1]。曾侯乙墓以及二号墓出土的气势恢宏的古代乐器（如青铜编钟）以及各种装饰精美的随葬品，无不昭示着曾国国君生活的奢华。此外，擂鼓墩二号墓（M2）随葬的青铜器内还发现了不少动物骨片，显然，这些残留的动物骨片，当为曾国国君日常生活的一个缩影。本文拟对该批动物骨进行种属鉴定和 C、N 稳定同位素分析，在判断其种属和揭示动物食物结构的基础上，了解古环境的相关信息，探讨曾国国君的食物来源。

一　材料与方法

（1）骨样的选择

动物骨骼均选自二号墓出土的青铜器内，即牛形钮盖鼎（M2：54、55）、升鼎（M2：60）、釜（M2：11）、鬲（M2：29）、壶（M2：8）、镬鼎（M2：32）。

（2）动物种属的鉴定

将以上各青铜器内所有骨骼样品拍照，并从中挑选若干骨样，用于 C、N 稳定同位素分析。请中国科学院古脊椎动物与古人类研究所同号文研究员对以上样品进行形态鉴定后，确认动物的种属皆为鹿。

---

［1］张昌平：《关于擂鼓墩墓群》，《江汉考古》2007 年第 1 期。

（3）C、N 稳定同位素分析

1）骨胶原的提取

取少许动物骨，机械祛除骨内外表面的污染物，超声清洗。0.2M HCl 溶液室温下浸泡脱钙，每隔 3 天换新鲜酸液，直至无明显气泡产生。去离子水洗至中性，0.125M NaOH 浸泡约 20 小时，再洗至中性。加入 0.001M HCl 70℃下明胶化 48 小时，95℃下浓缩、热滤、冷冻干燥后收集明胶化的骨胶原。

2）测试分析

所有提取出的骨胶原，于中国农业科学院农业环境与可持续发展研究所测试中心进行 C、N 元素含量及其稳定同位素的测试。测试仪器为 Finnigan MAT Delta plus，碳氮均以标定的钢瓶气为标准，用 IAEA-N-1 标定氮钢瓶气（以空气为基准），用 USGS 24 标定碳钢瓶气（以 PDB 为基准），同时与相关单位进行横向校正。C 同位素的分析精度为 0.1‰，N 同位素的分析精度为 0.2‰，C 同位素的分析结果以相对 PDB 的 $\delta^{13}C$ 来表示，N 同位素的分析结果以相对 N_2（气态）的 $\delta^{15}N$ 来表示。测试结果见表一。

表一　样品出土位置、C 和 N 含量以及稳定同位素比值

实验室标号	出土位置	C 含量（%）	N 含量（%）	C/N（摩尔比值）	$\delta^{13}C$（‰）	$\delta^{15}N$（‰）
G1	*M2：32*	*17.51*	*0.35*	*58.00*	*−16.33*	*2.37*
G2	*M2：29*	*nd*	*0.25*	*nd*	*nd*	*−2.63*
G3	*M2：8*	*2.55*	*0.70*	*4.23*	*−16.71*	*5.96*
G4	M2：55	2.48	0.92	3.14	−14.38	6.79
G5	M2：60	2.59	0.88	3.44	−14.53	6.78
G6	M2：54	2.32	0.90	3.01	−12.63	6.87
G7	*M2：11*	*0.43*	*0.18*	*2.82*	*−19.24*	*4.91*

注：① nd 表示含量太低，低于仪器的检测限。
② 斜体表示的样品 G1、G2、G3、G7，已不可用于稳定同位素分析。

二　结果与讨论

（1）骨胶原的保存情况

稳定同位素分析，依赖于一个极其重要的假设，即在经历漫长的掩埋之后，骨中的有机物质——骨胶原，其生物学特性和化学组成基本保存完好[2]。然而，本文中存放动物骨的青铜器，主要为食器。不难想象，其中的动物骨理应经历了长时间的蒸煮过程而导致大部分骨胶原发生分解，C、N 含量随之大幅度降低。与现代骨胶原具有 41% 的 C 和 15% 的 N 相比，G2 样品中的 C 已低于检测限，表明该样品中基本已无骨胶原；而其余样品中均具有低的 C、N 含量，表明绝大部

[2] Hedges, R.E.M. Bone diagenesis: An overview of process. *Archaeometry*, 2002, 44(3) : 319–328.

分的骨胶原业已分解。然而，即使如
此，剩余的骨胶原，仍然有可能用作稳
定同位素分析。Ambrose[3]和DeNiro[4]
指出，即使骨胶原 C、N 含量较低，但
只要两者的摩尔比值落于 2.9 ~ 3.6 之
间，仍可用作稳定同位素分析。由表一
可见，样品 G1、G3、G7 的 C/N 摩尔比
值，皆表现异常，表明它们已不可用作
进一步的分析；而样品 G4、G5、G6，则
可视为骨胶原保存较好，可用作以下
的分析。

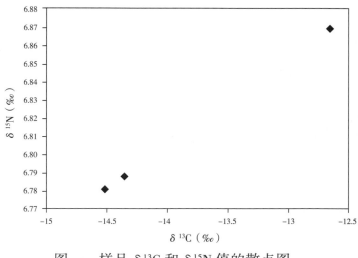

图一　样品 $\delta^{13}C$ 和 $\delta^{15}N$ 值的散点图

（2）C、N 稳定同位素分析

所有保存较好的骨胶原，其 $\delta^{13}C$ 和 $\delta^{15}N$ 值的散点图如图一所示。样品的 $\delta^{13}C$ 值，位于 –14.53‰ ~ –12.53‰，平均值为 –13.85 ± 1.06‰；而 $\delta^{15}N$ 值，位于 6.78‰ ~ 6.87‰间，平均值为 6.81 ± 0.05‰。

根据植物光合作用的不同，绿色植物可基本分为两类，即 C_3 植物和 C_4 植物。C_3 植物，如大部分树木、灌木等，具有低的 $\delta^{13}C$ 值，平均值为 –26.5‰；而 C_4 类植物，如大部分草类，其 $\delta^{13}C$ 值通常较高，平均值为 –12.5‰[5]。当植物被动物所食，这种差异将贯穿整个食物链。在植物的 C 经消化吸收转化为动物骨胶原中的 C 过程中，$\delta^{13}C$ 值将发生约 5‰的富集。按照简单的二元混合模型[6]，即设 C_3 和 C_4 类植物的 $\delta^{13}C$ 值分别为 –26.5‰和 –12.5‰，以 5‰ 作为食物至骨胶原的分馏系数，就可进一步计算 C_4 类植物在植食动物食物的比例：

$$C_4 \text{类植物的比例（\%）} = [(26.5-5-\delta^{13}C)/(26.5-12.5)] \times 100$$

依据上面公式可以算出，该批鹿的食物中，C_4 类植物的比例分别占 51%、50% 和 63%，这表明 C_4 类植物，如草类，在鹿的食物里占据较大比重。

与 C 同位素主要反映植物的种类相比，N 同位素更多地用以确定动物在食物链中的营养级。研究表明，沿食物链的营养级每上升一级，$\delta^{15}N$ 值将富集 3‰ ~ 5‰，这意味着植食动物比其所食的植物 $\delta^{15}N$ 值约富集 3‰ ~ 5‰，而肉食动物又比植食动物 $\delta^{15}N$ 值富集 3‰ ~ 5‰[7]。一般认为，植食动物的 $\delta^{15}N$ 值，介于 3‰ ~ 7‰。众所周知，鹿是一种典型的食草动物，其 $\delta^{15}N$ 值落于

［3］Ambrose SH. Preparation and characterization bone and tooth collagen for stable carbon and nitrogen isotope analysis. *Journal of Archaeological Science*, 1990, 17: 431–451.

［4］De Niro MJ. Post–mortem preservation of alteration of in vivo bone collagen isotope ratios in relation to palaeodietary reconstruction. *Nature*, 1985, 317: 806–809.

［5］Van der Merwe N.J., Roosevelt A.C., Vogel A.C. isotopic evidence for prehistoric subsistence change at Parmana, Veneznela. *Nature*, 981, 292: 536–538.

［6］Brian Fry. *Stable isotope ecology*. Springer Verlag, 2006.

［7］Hedges, R.E.M. & Reynard, L. M. Nitrogen isotopes and the trophic level of humans in archaeology. *Journal of Archaeological Science*, 2007, 34: 1240–1251.

以上范围内，当是情理之中。

（3）古环境的重建

通过对考古遗址中植食动物骨胶原的稳定同位素分析，进而探讨古环境的变迁，业已成为古环境研究中的主要方法和手段之一[8]。本文中的鹿，其食物中既包含C_3类植物又包含C_4类植物，表明其生存环境中林地（C_3类植物为主）和草地（C_4类植物为主）并存，并且，鹿更多地在草地上取食。

自然环境中存在着较大量的C_4类，反映了气候以暖干为主[9]。鹿的食物结构分析表明，当时自然环境中分布着大量的C_4类植物（750%），表明曾国时期随州的气候以暖干为主，这与其他学者对湖北大九湖孢粉分析的研究结果相吻合[10]。

（4）曾国国君的食物来源

自古以来，鹿类就是人类的主要食物之一。新石器时代遗址动物骨骼的统计表明，鹿类一直是人类食物的重要补充[11]。即使到了农业发达的商周时期，捕获鹿，仍是先民，尤其是王公贵族重要的经济活动之一[12]。例如，殷墟甲骨的田猎卜辞中，有许多野生动物被猎获的记载，而尤以鹿类为多。《礼记·王制》指出："天子诸侯无事则岁三田，一为干豆；二为宾客；三为充君之疱。"《周礼·夏官·司马》和《诗经·七月》，也都反映了天子诸侯们经常举行大规模的田猎活动。而作为传统猎物的鹿，理所应当是田猎的首选[13]。另一方面，鹿还可能来源于人们的驯养。据《诗经》、《孟子》等文献记载，商周时期，王室均已饲养了鹿；到了战国时期，还出现了鹿苑，养鹿呈现规模化的趋势。

擂鼓墩M2青铜器内的动物，均为鹿类，反映了鹿肉已成为当时曾国国君的主要食物来源之一。此外，结合墓葬中的大量乐器，我们完全可以想象，曾国国君边倾听优美的音乐，边享受着美味的鹿肉，过着十分舒适的生活。

致谢： 感谢湖北鄂州博物馆董亚巍先生在取样过程中的热情帮助，感谢中国科学院古脊椎动物与古人类研究所同号文研究员对动物种属的鉴定。本工作受中国科学院知识创新工程项目（批准号：KJCX3.SYW.N12）、国家自然科学基金（40702003）、中国科学院研究生院院长基金资助。

[8] Richards, M.P., and R.E.M. Hedges. Bone collagen $\delta^{13}C$ and $\delta^{15}N$ values of fauna from Northwest Europe reflect palaeoclimatic variation over the last 40,000 years. *Palaeogeography, Palaeoclimatology, Palaeoecology*. 2003, 193:261–267.

[9] Gaboardi Mabry, Deng Tao, Wang Yang. Middle Pleistoncen climate and habitat change at Zhoukoudian, China, from the carbon and oxygen isotopic record from herbivore tooth enamel. *Quaternary Research*. 2005, 63:329–338.

[10] 朱诚、钟宜顺、郑朝贵、马春梅、李兰：《湖北旧石器至战国时期人类遗址分布与环境的关系》，《地理学报》2007年第3期。

[11] 袁靖：《论中国新石器时代居民获取肉食资源的方式》，《考古学报》1999年第1期。

[12] 姚伟钧：《中国古代畜牧渔猎经济论略》，《社会科学战线》2001年第5期。

[13] 王利华：《中古华北的鹿类动物与生态环境》，《中国社会科学》2002年第3期。

附录七　随州擂鼓墩二号墓出土青铜器的金相实验研究

黄维　　陈建立

（北京大学考古文博学院）

擂鼓墩二号墓出土了数量众多且保存完好的、具有典型楚文化风格的诸侯国国君级别的青铜器群，这在东周时期的墓葬中是不多见的，这批青铜器对研究楚文化影响下的曾国青铜冶铸技术具有重要意义。受随州市博物馆的委托，以不破坏器物完整性为原则，北京大学考古文博学院对其中38件青铜器包括甬钟5件、鼎11件、簠2件、壶2件、尊缶3件、盥缶2件、板形饰件2件以及甗、簋、豆、釜、漏斗、盘、节约、炭盆、鬲、衔、鸟形饰件各1件，以及2件铅锡合金器物棺构件和鱼形饰件，共计40件器物，在不影响器物外观形貌、纹饰和形制的情况下，在残断处或披缝处取样，其中一些器物选择不同部位取样2~4个，共计采集68个样品，基本包含出土青铜器的所有器类，具有代表性。本文拟通过对青铜器的金相组织观察及合金成分分析，考察曾国青铜器的合金配比及铸造技术水平，以深入探讨其与同时期楚文化中心区域和中原地区青铜冶金技术的联系，为研究长江中游东周时期的青铜冶铸技术与社会发展的关系提供新资料。

一　样品的金相组织观察和成分分析

68个样品经过镶样、打磨、抛光后，用三氯化铁盐酸酒精溶液（2gFeCl$_3$+6mlHCl+24mlC$_2$H$_5$OH）浸蚀，在北京大学考古文博学院徕卡DM4000M金相显微镜下观察并拍摄金相组织照片，观察结果见表一。在金相组织观察结果之基础上，根据金相组织特点，兼顾器物种类及不同取样部位，选取23件器物的样品，利用扫描电子显微镜（SEM）及其配备的X射线能谱分析仪（EDS）进行基体与夹杂物的元素组成分析。本分析采用无标样定量分析法（ZAF），即在X射线能谱曲线上扣除背底，将待分析元素的特征X射线峰值面积与显示的所有元素特征射线峰面积和之比归一化处理后，定为该元素的质量分数。所用仪器为北京科技大学材料学院配置英国剑桥S360扫描电镜及

表一　铜器金相组织观察结果

器物名称	器物编号	实验编号	取样部位	金相观察结果	制作工艺
甬钟	M2：81	43027-3	下弧形口沿	α固溶体树枝状晶偏析明显，（α+δ）共析体细小均匀分布其间，且存在δ相，较多硫化物夹杂，铅颗粒较小，少量（α+δ）共析体锈蚀，偶见自由铜，边界有锈蚀，基体中间有锈蚀孔洞	铸造
甬钟	M2：91	43030-2	下弧形口沿披缝	α固溶体树枝状晶偏析明显，（α+δ）共析体分布于枝晶间连成网状，少量（α+δ）共析体锈蚀严重，较多硫化物夹杂，铅弥散分布且有铸造微孔（图一）	铸造
		43030-3	下弧形口沿	α固溶体树枝状晶偏析明显，（α+δ）共析体腐蚀程度不一，较多硫化物夹杂，有自由铜沉积，较少铅颗粒，偶见δ相	铸造
甬钟	M2：104	43031-1	内下壁	α固溶体树枝状晶偏析明显，（α+δ）共析体较小沿枝状晶分布，样品有的部位锈蚀严重（包括共析体）有硫化物夹杂及δ相，较多赤铜矿，铅颗粒弥散分布，有铸造缩孔（图二）	铸造
		43031-2	钟内下壁基体	α固溶体树枝状晶偏析明显，（α+δ）共析体较少且分布于一侧，大量硫化物夹杂，有铅颗粒，边缘部位存在锈蚀，并有大量赤铜矿	铸造
甬钟	M2：105	43032	下弧形口沿	α固溶体树枝状晶偏析明显，（α+δ）共析体连成网状且部分开始锈蚀，有硫化物夹杂且分布不均匀，边界锈蚀中有赤铜矿，存在δ相（图三）	铸造
甬钟	M2：111	43033-1	甬部披缝	样品表面锈蚀严重，α固溶体树枝状晶偏析，有较大颗粒硫化物，依稀可见极少量（α+δ）共析体，锈蚀中有赤铜矿	铸造
		43033-2	钟内底部	样品表面完全锈蚀，α固溶体树枝状晶偏析，存在（α+δ）共析体及δ相，有赤铜矿	铸造
镬鼎	M2：32	43034-1	腹边缘	α固溶体树枝状晶偏析明显，（α+δ）共析体沿枝状晶分布，较多硫化物夹杂，边界锈蚀中有赤铜矿	铸造
		43034-2	腹底沿	α固溶体树枝状晶偏析明显，（α+δ）共析体分布不均匀且边界部分大量连成网状，硫化物颗粒较大，有较多δ相，部分共析体有锈蚀现象，偶见自由铜沉积（图四）	铸造
		43034-3	耳内边缘	α固溶体树枝状晶偏析明显，（α+δ）共析体细密连成网状，少量硫化物夹杂，存在δ相，部分共析体有锈蚀现象，有赤铜矿（图五）	铸造
		43034-4	焊料	纯铅，ICP-AES分析结果铅含量约为99%，余为铜、锰、铁、硅、铝和钙等杂质	
牛形钮盖鼎	M2：54	43035	底沿	α固溶体树枝状晶偏析明显，（α+δ）共析体均匀分布，较多硫化物夹杂，部分共析体锈蚀严重，有铸造缩孔，偶见共析体内自由铜	铸造

器物名称	器物编号	实验编号	取样部位	金相观察结果	制作工艺
牛形钮盖鼎	M2：55	43036-1	耳环	α固溶体树枝状晶偏析明显，（α+δ）共析体沿枝状晶分布连成网状，较多硫化物夹杂，有赤铜矿，偶见δ相，有铸造缩孔及铅颗粒弥散分布	铸造
		43036-3	耳范线披缝	α固溶体树枝状晶偏析明显，（α+δ）共析体细密沿枝状晶分布且部分锈蚀严重，有δ相存在，大量硫化物夹杂（图六）	铸造
牛形钮盖鼎	M2：56	43037-2	盖子上的垫片	α固溶体树枝状晶偏析明显，（α+δ）共析体细密分布且少量开始锈蚀，硫化物颗粒较小，边界处有锈蚀且孔洞较多，存在δ相，铅颗粒很少。青铜铸造（图七）	铸造
升鼎	M2：58	43038-1	底部	α固溶体树枝状晶偏析明显，（α+δ）共析体分布其上，铅颗粒弥散分布，较多硫化物夹杂，偶见自由铜，有铸造缩孔	铸造
		43038-2	耳范线披缝	α固溶体树枝状晶偏析不明显，（α+δ）共析体数量极少，偶见δ相，大量硫化物夹杂，铅颗粒弥散分布，有铸造缩孔，偶见自由铜沉积	铸造
升鼎	M2：60	43065		α固溶体树枝状晶偏析，（α+δ）共析体细小均匀分布，大量硫化物夹杂，有锈蚀缩孔，有铅颗粒	铸造
升鼎	M2：62	43039-1	底部范线披缝	α固溶体树枝状晶偏析明显，（α+δ）共析体分布其间，少量开始锈蚀，有硫化物夹杂及铸造缩孔，少量铅颗粒	铸造
		43039-2	腿范线披缝	α固溶体树枝状晶偏析明显，（α+δ）共析体分布其间，大小不一，有的连成网状，硫化物夹杂均匀分布，存在δ相，偶见自由铜，少量铅颗粒（图八）	铸造
升鼎	M2：64	43040-2	底部	α固溶体树枝状晶偏析，（α+δ）共析体细密连成网状，样品表面锈蚀严重，大量赤铜矿，存在δ相（图九）	铸造
		43040-4	耳内下侧	α固溶体树枝状晶偏析明显，（α+δ）共析体细密均匀分布，较多细颗粒硫化物夹杂，大量赤铜矿，存在δ相，组织均匀（图一○）	铸造
		43040-5	耳	α固溶体树枝状晶偏析明显，（α+δ）共析体细小且沿枝状晶分布，较多硫化物夹杂，铅颗粒弥散分布，偶见自由铜，有铸造缩孔，组织较均匀	铸造
牛形钮盖鼎	M2：68	43041	足底	α固溶体树枝状晶偏析，样品表面锈蚀严重，大量赤铜矿，有铸造缩孔	铸造
小口提链鼎	M2：70	43043-1	外口沿	α固溶体树枝状晶偏析明显，（α+δ）共析体细小且沿枝状晶分布，硫化物夹杂颗粒细小均匀分布，部分共析体锈蚀，偶见自由铜，铅颗粒较少，基体较纯净（图一一）	铸造

器物名称	器物编号	实验编号	取样部位	金相观察结果	制作工艺
小口提链鼎	M2：70	43043-2	链子披缝	α固溶体树枝状晶偏析明显，（α+δ）共析体细密且沿枝晶分布，少量硫化物夹杂，存在铸造缩孔，铅颗粒很少，偶见自由铜，组织较均匀	铸造
		43043-4	底部	α固溶体树枝状晶偏析明显，（α+δ）共析体沿枝状晶分布，少量硫化物夹杂，存在δ相，有少量铅颗粒及铸造缩孔（图一二）	铸造
牛形钮盖鼎	M2：71	43044-2	底部锈蚀	样品表面全部锈蚀。青铜铸造	铸造
炭盆	M2：72	43045-1	口沿	α固溶体树枝状晶偏析明显，（α+δ）共析体均匀分布且有的存在锈蚀，有硫化物夹杂，存在δ相，有大量赤铜矿，有铅颗粒及铸造缩孔，个别部位锈蚀严重	铸造
		43045-2	底部	α固溶体树枝状晶偏析明显，（α+δ）共析体沿枝状晶分布，有较多硫化物夹杂，存在δ相	铸造
簠	M2：41	43047-2	盖顶	α固溶体树枝状晶偏析明显，（α+δ）共析体细密连成网状，样品表面锈蚀严重，存在硫化物夹杂及铸造缩孔，有少量铅颗粒，偶见δ相	铸造
簠	M2：45	43048-1	底内沿	α固溶体树枝状晶偏析，（α+δ）共析体数量较少仅沿样品边界分布，大量硫化物夹杂，铅颗粒弥散分布	铸造
		43048-2	盖内沿	α固溶体树枝状晶偏析明显，（α+δ）共析体细密沿枝状晶均匀分布连成网状，硫化物夹杂较小，少量铅颗粒，存在铸造缩孔，基体纯净（图一三）	铸造
簠	M2：50	43049-1	耳	样品表面完全锈蚀，残存极少量（α+δ）共析体，偶见自由铜颗粒	铸造
		43049-2	底部	α固溶体树枝状晶偏析明显，（α+δ）共析体细小沿枝状晶均匀分布，较多硫化物夹杂，铅颗粒弥散分布，锈蚀中有赤铜矿，少量铸造缩孔，边界部分少量锈蚀，组织较均匀（图一四、一五）	铸造
豆	M2：38	43050-1	底沿	α固溶体树枝状晶偏析明显，（α+δ）共析体连成网状且部分锈蚀，存在少量硫化物夹杂，基体较纯净	铸造
		43050-3	底沿	α固溶体树枝状晶偏析明显，（α+δ）共析体沿晶间分布连成网状，有较多硫化物夹杂且中间有黑点，少量共析体有锈蚀，偶见锈蚀中有自由铜，基体较纯净	铸造
壶	M2：4	43051-1	耳与器身结合处	α固溶体树枝状晶偏析不明显，未见（α+δ）共析体，偶见δ相，有赤铜矿，少量铅颗粒及硫化物	铸造
		43051-2	底沿	α固溶体树枝状晶偏析明显，（α+δ）共析体沿枝状晶分布，较多硫化物夹杂，铅颗粒弥散分布，有铸造缩孔及边界锈蚀，有赤铜矿	铸造

器物名称	器物编号	实验编号	取样部位	金相观察结果	制作工艺
壶	M2：5	43052-1	外表面纹饰突起	α固溶体树枝状晶偏析明显，（α＋δ）共析体分布不均匀，边界共析体粗大且连成网状，有硫化物夹杂和赤铜矿，存在δ相（图一六）	铸造
		43052-2	盖上的毛刺	α固溶体树枝状晶偏析明显，（α＋δ）共析体沿枝状晶均匀分布，硫化物夹杂较多，铅颗粒弥散分布，有铸造缩孔，边界锈蚀（图一七）	铸造
		43052-3	底沿	α固溶体树枝状晶偏析明显，（α＋δ）共析体细小且沿枝状晶分布，较多铸造缩孔，存在硫化物夹杂及赤铜矿，铅颗粒较少，样品表面存在较多锈蚀	铸造
		43052-4	耳内披缝	α固溶体树枝状晶偏析明显，（α＋δ）共析体沿枝状晶分布，少量硫化物夹杂及铅颗粒，部分共析体锈蚀，存在δ相	铸造
尊缶	M2：6	43053-1	底沿	α固溶体树枝状晶偏析明显，（α＋δ）共析体沿枝状晶均匀分布且存在锈蚀，硫化物较多且有的呈细小颗粒状密集分布，有赤铜矿，铅颗粒较少，存在δ相（图一八）	铸造
		43053-2	盖内壁	α固溶体树枝状晶偏析，（α＋δ）共析体呈岛状分布，有δ相，大量硫化物夹杂，少量铅颗粒，边界锈蚀中有赤铜矿	铸造
		43053-3	底沿	α固溶体树枝状晶偏析明显，（α＋δ）共析体分布其间，硫化物较少但颗粒较大，有δ相及赤铜矿，样品表面轻微锈蚀	铸造
尊缶	M2：13	43055	耳内侧披缝	α固溶体树枝状晶偏析明显，（α＋δ）共析体沿枝晶分布，有的已锈蚀，硫化物夹杂较多，铅颗粒弥散分布，有铸造缩孔，存在滑移线（图一九）	铸造
尊缶	M2：14	43056	盖内口沿	α固溶体树枝状晶偏析明显，（α＋δ）共析体细密连成网状且沿枝晶分布，部分共析体锈蚀，有赤铜矿，硫化物均匀分布且颗粒较小，铅颗粒很少，组织均匀（图二〇）	铸造
盥缶	M2：76	43057-1	底沿	α固溶体树枝状晶偏析，（α＋δ）共析体数量较少，存在δ相，铸造缩孔较多，大量硫化物夹杂，边界有锈蚀，铅颗粒弥散分布	铸造
		43057-2	盖内	α固溶体树枝状晶偏析，（α＋δ）共析体沿枝晶不均匀分布且大小不一，较多硫化物夹杂，存在δ相，少量铅颗粒不均匀分布	铸造
		43057-3	盖内侧毛刺	α固溶体树枝状晶偏析不明显，极少（α＋δ）共析体，较多硫化物夹杂，偶见δ相	铸造
盥缶	M2：77	43058-1	耳与器壁结合处	样品表面全部锈蚀，α固溶体树枝状晶偏析，有大量δ相的亮点	铸造

器物名称	器物编号	实验编号	取样部位	金相观察结果	制作工艺
盥缶	M2：77	43058-2	盖	α固溶体树枝晶偏析，（α+δ）共析体呈岛状分布，有较多δ相，有硫化物夹杂，偶见自由铜沉积	铸造
甗	M2：53	43059-1	内壁毛刺	α固溶体树枝状晶偏析明显，（α+δ）共析体细密且连成网状，有硫化物夹杂，较多细小共析体开始锈蚀，边界部分共析体锈蚀严重，偶见自由铜，基体较纯净（图二一）	铸造
		43059-2	耳	α固溶体等轴晶及孪晶存在大量滑移线，（α+δ）共析体细密且大部分锈蚀，大量硫化物夹杂，少量铅颗粒，少量边界锈蚀（图二二）	铸后受热冷加工
鬲	M2：28	43060	底部范缝	α固溶体树枝状晶偏析明显，（α+δ）共析体连成网状，样品表面锈蚀，有少量硫化物夹杂及自由铜沉积，有铸造缩孔	铸造
		43061	内壁	α固溶体树枝状晶偏析明显，（α+δ）共析体呈岛状分布，有硫化物夹杂及铸造缩孔，偶见自由铜沉积，有较多锈蚀裂痕（图二三）	铸造
板形饰件	M2：169-5	43062-2	边缘	α固溶体树枝状晶偏析不明显，较多δ相及硫化物夹杂，偶见自由铜沉积。青铜铸造	铸造
板形饰件	M2：169-6	43062-3	边缘	α固溶体树枝状晶偏析明显，（α+δ）共析体分布其间且有的连成网状，大量硫化物夹杂，存在δ相，偶见自由铜沉积	铸造
釜	M2：11	43063	底沿	α固溶体树枝状晶偏析明显，（α+δ）共析体沿枝状晶呈岛状分布，大量硫化物夹杂，存在δ相，样品表面部分锈蚀，有赤铜矿	铸造
漏斗	M2：31	43064	耳外部	样品表面锈蚀严重，α固溶体树枝状晶偏析，有较多赤铜矿，较多硫化物夹杂	铸造
盘	M2：75	43066	底部金属与锈蚀	α固溶体树枝状晶偏析明显，（α+δ）共析体细密呈网状分布于枝晶间，少量铅颗粒及硫化物夹杂，样品周边有锈蚀（图二四）	铸造
节约	M2：133	43067	边缘碎片	α固溶体树枝状晶偏析，存在δ相，样品表面锈蚀严重，偶见自由铜	铸造
衔	M2：140	43068	圆环上小刺	α固溶体树枝状晶偏析，（α+δ）共析体呈岛状分布，大量硫化物夹杂，有少量铅颗粒，样品表面有锈蚀	铸造
棺构件	M2：160	43069	棺钉	样品表面锈蚀严重，铅锡合金	
鸟形饰件	M2：166	43071	边缘	α固溶体树枝状晶偏析明显，（α+δ）共析体细密连成网状，较少铅颗粒，少量硫化物夹杂存在，基体纯净	铸造
鱼形饰件	M2：170	43072	边缘	样品表面锈蚀严重，铅锡合金	铸造

TRACOR NORTHERN 型能谱仪，加速电压 15kV，计数时间以能谱成分显示达到稳定不变为止。根据仪器特点，对原子序数小于 30 的元素选择 K 系进行能谱分析，原子序数在 30～74 之间的选择 L 系，原子序数大于 74 的选择 M 系。另外，有的元素 X 射线能谱峰有重峰，遇到具体问题需结合各方面信息进行比较，以获得准确的数据。考虑到样品成分偏析和组织结构的不同会引起成分的波动，在分析时尽量选取不同的部位进行扫描 2～4 次，取平均值为基体成分结果，对于夹杂物则尽量多分析几个处于不同部位的。分析结果见表二。

金相组织观察发现，除棺构件 M2：160（43069）、鱼形饰件 M2：170（43072）为表面锈蚀的铅锡合金及瓵耳 M2：53（43059-2）组织显示为铸后受热冷加工外，其余均为青铜铸造组织，即 α 固溶体树枝状晶偏析及较多的（α+δ）共析体，它们在数量、分布形态和大小等方面都不一样；游离态的铅呈不规则颗粒状弥散分布，有的呈现为沿枝晶分布的小颗粒；较多样品有大量赤铜矿，偶见自由铜沉积；样品表面存在锈蚀现象，且向基体内（α+δ）共析体优先腐蚀；绝大多数样品在明场下观察含有较多浅灰色硫化物夹杂，少量系深灰色含铁的硫化物。这些铜器的金相组织特点如下。

1. α 固溶体树枝状晶及（α+δ）共析体组织的数量和形态

由于锡含量的差异和铸造器物时冷却速度的不同，α 固溶体树枝晶及（α+δ）共析体组织形态有如下五种类型：

（1）具有 α 固溶体树枝状晶及细密的（α+δ）共析体组织（有的呈岛状）。这类铜器有甬钟 M2：81 和 M2：104 样品 2 个，鼎 M2：54、M2：55、M2：56、M2：60 和 M2：64 样品 5 个，另外还有簠 M2：50、盥缶 M2：77、瓵 M2：53、鬲 M2：28 和衔 M2：140 样品各 1 件，共计 12 个。如图一四、一五。

（2）（α+δ）共析体组织沿 α 固溶体树枝状晶分布其上。这类铜器有甬钟 M2：104、镬鼎 M2：32、牛形钮盖鼎 M2：55、升鼎 M2：58、升鼎 M2：64、小口提链鼎 M2：70、炭盆 M2：72、簠 M2：45、簠 M2：50、壶 M2：4、壶 M2：5、尊缶 M2：6、尊缶 M2：13、尊缶 M2：14、盥缶 M2：76 和釜 M2：11 等 16 件。如图二、一二。

（3）（α+δ）共析体细密且连成网状，这类样品的含锡量通常较高，有甬钟 M2：91、甬钟 M2：105、镬鼎 M2：32、牛形钮盖鼎 M2：55、升鼎 M2：62、升鼎 M2：64、簠 M2：41、簠 M2：45、豆 M2：38、壶 M2：5、尊缶 M2：14、瓵 M2：53、鬲 M2：28、板形饰件 M2：169-6、盘 M2：75 和鸟形饰件 M2：166 等 16 件。如图二四。

（4）以 α 固溶体树枝状晶为主，较少的（α+δ）共析体组织。这类铜器有甬钟 M2：104、簠 M2：45、尊缶 M2：6、盥缶 M2：76 和节约 M2：133 等 5 件。

（5）α 固溶体树枝状晶偏析不明显，有少量（α+δ）共析体组织。这类铜器有升鼎 M2：58、壶 M2：4、盥缶 M2：76、板形饰件 M2：169-5 等 4 件。

2. α 等轴晶与孪晶

瓵 M2：53（43059-2 耳部）金相组织为 α 固溶体等轴晶及孪晶，存在大量略带弯曲的滑移线。见图二二。

3. 铅的形态与分布

金相组织观察发现，铅主要以颗粒状弥散分布于 α 树枝晶晶粒间界处，其中甬钟和鼎的铅含

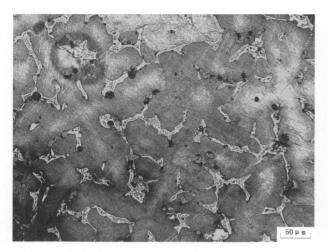

图一　甬钟（M2：91）下弧形口沿披缝金相组织

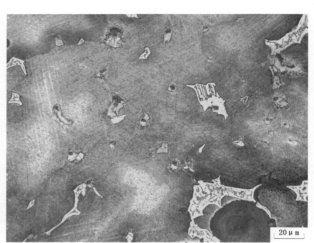

图二　甬钟（M2：104）内下壁金相组织

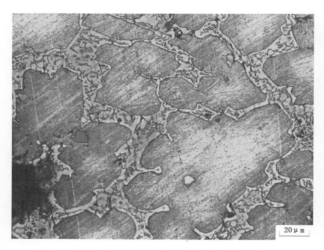

图三　甬钟（M2：105）下弧形口沿金相组织

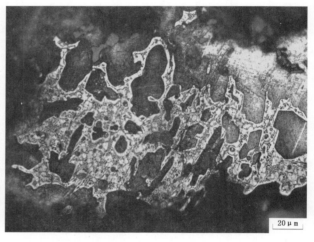

图四　镬鼎（M2：32）腹底沿金相组织

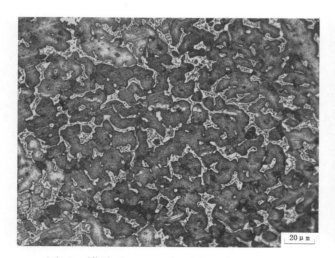

图五　镬鼎（M2：32）耳内边缘金相组织

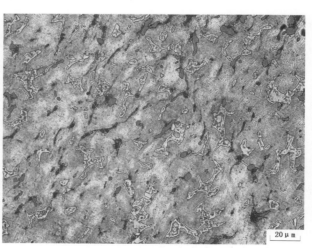

图六　牛形钮盖鼎（M2：55）耳范线披缝金相组织

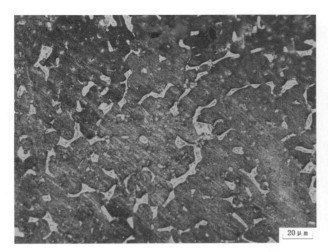

图七　牛形钮盖鼎（M2：56）盖子上垫片金相组织

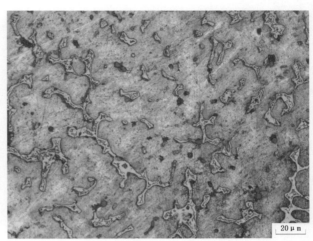

图八　升鼎（M2：62）腿范线披缝金相组织

图九　升鼎（M2：64）底部金相组织

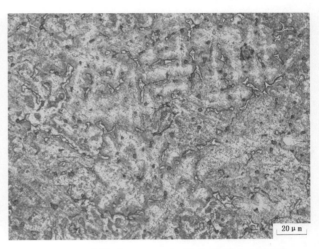

图一〇　升鼎（M2：64）耳内下侧金相组织

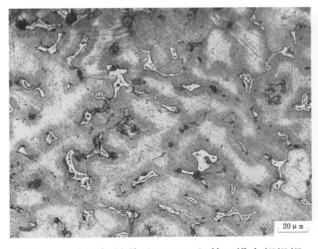

图一一　小口提链鼎（M2：70）外口沿金相组织

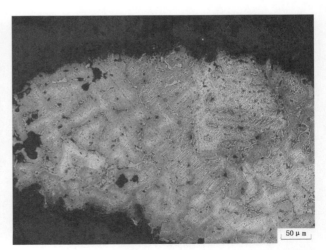

图一二　小口提链鼎（M2：70）底部金相组织

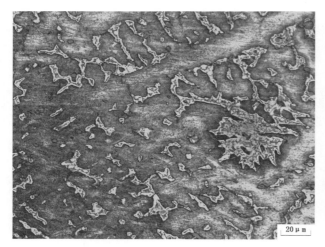

图一三　簋（M2：45）盖内沿金相组织

图一四　簋（M2：50）底部金相组织

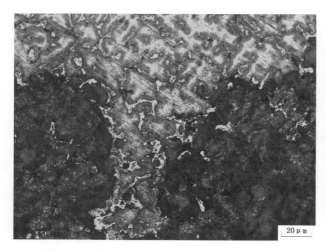

图一五　簋（M2：50）底部锈蚀金相组织

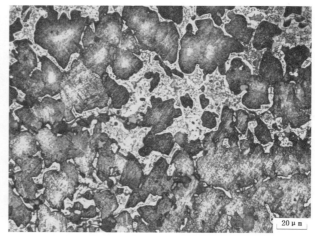

图一六　壶（M2：5）外表面纹饰突起金相组织

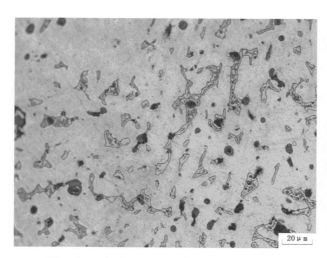

图一七　壶（M2：5）盖上毛刺金相组织

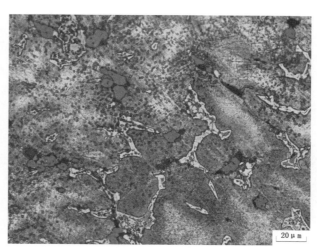

图一八　尊缶（M2：6）底沿金相组织

图一九　尊缶（M2：13）耳内侧披缝金相组织

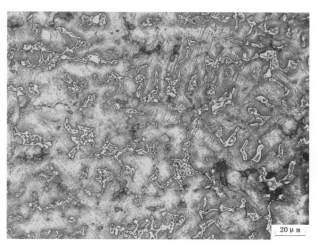

图二〇　尊缶（M2：14）盖内口沿金相组织

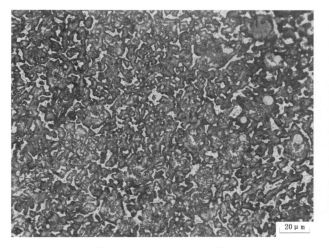

图二一　瓶（M2：53）内壁毛刺金相组织

图二二　瓶（M2：53）耳金相组织

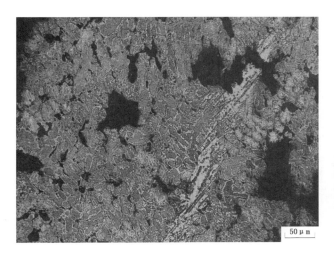

图二三　鬲（M2：28）内壁金相组织

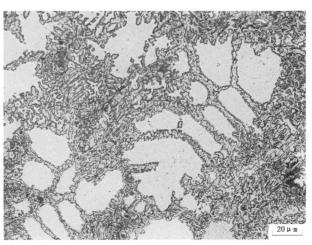

图二四　盘（M2：75）底部金相组织

表二　擂鼓墩二号墓青铜器平均成分及夹杂物成分分析结果

实验编号	样品名称及编号	分析方式	元素含量（wt%）						备注
			Cu	Sn	Pb	S	Fe	As	
43027-3	甬钟 M2：81	平均成分	80.2	14.2	4.6				铅锡青铜
43030-2	甬钟 M2：91	平均成分	84.6	13.2	1.8				锡青铜
		夹杂物 A	84.2	1.2		12.2		1.8	
		点扫描 B	71.2	26.0				2.2	
		夹杂物 C	82.5	3.2	3.4	10.5			
43031-1	甬钟 M2：104	平均成分	89.2	8.3	1.7				锡青铜
		夹杂物 A	77.7		8.1	13.6			
		夹杂物 B	83.9		1.9	13.2			
43034-2	镬鼎 M2：32	平均成分	74.9	8.7	15.5				铅锡青铜
		夹杂物 1	84.2			14.8			
		夹杂物 2	81.9			12.7	1.7		
43036-1	牛形钮盖鼎 M2：55	平均成分	63.6	25.7	8.6				高锡铅青铜
		夹杂物 1	70.1	3.5	11.9	10.6	3.1		
		夹杂物 2	75.6		3.7	14.4	5.8		
43038-1	升鼎 M2：58	平均成分	83.3	8.2	7.2				铅锡青铜
		点扫描 1	79.3	3.2	4.7	11.9			
43040-4	升鼎 M2：64	平均成分	73.7	19.0	6.6				高锡铅青铜
		夹杂物 1	7.0	59.3	27.9		4.7		
		夹杂物 2	80.5			15.3	3.7		
43041	牛形钮盖鼎 M2：68	平均成分	82.0	11.0	5.1			0.7	铅锡青铜
43045-1	炭盆 M2：72	平均成分	83.3	12.0	2.9				铅锡青铜
		夹杂物	78.9		6.0	14.2			
43047-2	簠 M2：41	平均成分	46.1	41.2	9.8	1.1			高锡铅青铜
43048-1	簠 M2：45	平均成分	86.8	8.7	3.8				铅锡青铜
		夹杂物	69.2	1.5	16.0	11.7			
43049-2	簋 M2：50	平均成分	83.0	10.7	6.0				铅锡青铜
		夹杂物 1	7.2	59.7			29.9		
		夹杂物 2	18.9	30.6			50.2		
43050-3	豆 M2：38	平均成分	82.5	13.1	4.1				锡青铜（铅比重偏析）
		夹杂物 1	85.4			13.4			
		夹杂物 2	84.1		1.1	13.5			
43051-2	壶 M2：4	平均成分	87.5	11.1					锡青铜
		夹杂物	83.5		2.0	14.1			
43053-3	尊缶 M2：6	基体面扫 1	83.9	10.5	5.2				铅锡青铜
		基体面扫 2	84.5	12.3	2.8				
		平均成分	84.2	11.4	4.0				
		夹杂物	82.5		4.2	12.3			
43057-2	盥缶 M2：76	平均成分	83.9	9.3	6.3				铅锡青铜
		夹杂物 1	78.2	1.2	7.6	12.7			
		夹杂物 2	85.9			14.0			

续表二

实验编号	样品名称及编号	分析方式	元素含量（wt%）						备注
			Cu	Sn	Pb	S	Fe	As	
43058-2	盥缶 M2：77	平均成分	86.0	12.6					锡青铜
		夹杂物 1	82.8	3.1	3.8	9.5			
		夹杂物 2	82.4		3.9	12.7			
43059-2	甗 M2：53	平均成分	90.6	5.3	3.6				铅锡青铜
43062-2	板形饰件 M2：169-5	平均成分	84.9	9.3	4.6				铅锡青铜
		夹杂物 1	78.4	1.9		13.6	5.6		
		夹杂物 2	77.0			16.0	6.5		
		夹杂物 3	82.4	1.2		13.4	2.6		
43063	釜 M2：11	平均成分	84.2	11.8	2.8				铅锡青铜
		夹杂物	82.0		4.7	12.8			
43069	棺构件 M2：160	平均成分		2.3	96.2				铅锡合金
43071	鸟形饰件 M2：166	平均成分	68.5	18.8	11.0		0.4		高锡铅青铜
43072	鱼形饰件 M2：170	平均成分	1.7	59.5	36.4				铅锡合金

量稍高，器物有甬钟 M2：91、牛形钮盖鼎 M2：55、升鼎 M2：58、升鼎 M2：64、簠 M2：50、盥缶 M2：76 等。其他样品铅含量较低。

4. 赤铜矿锈蚀产物

检测的样品中发现有常见的青铜器锈蚀产物——赤铜矿。其中甬钟M2：104、牛形钮盖鼎M2：55、牛形钮盖鼎 M2：68、升鼎 M2：64、炭盆 M2：72、簠 M2：50、釜 M2：11、漏斗 M2：31 等样品中赤铜矿相对较多，如图九、一五。

5. 硫化物

多数器物含有硫化物夹杂，其中夹杂较多的器物有：甬钟 M2：81、甬钟 M2：104、甬钟 M2：111、镬鼎 M2：32、牛形钮盖鼎 M2：54、牛形钮盖鼎 M2：55、升鼎 M2：58、升鼎 M2：64、炭盆 M2：72、簋 M2：45、簠 M2：50、豆 M2：38、壶 M2：4、壶 M2：5、尊缶 M2：6、尊缶 M2：13、尊缶 M2：14、盥缶 M2：76、盥缶 M2：77、甗 M2：53、板形饰件 M2：169-5、板形饰件 M2：169-6、釜 M2：11、漏斗 M2：31、升鼎 M2：60 和衔 M2：140 等 26 件，见图一、六、一八。其余器物夹杂物相对较少。

6. 铸造缩孔及锈蚀状况

检测的铜器中，铸造缩孔是一常见现象，存在于大型器物中，如甬钟、鼎、簋、簠、壶、鬲、尊缶、盥缶等，其中壶 M2：5 和盥缶 M2：76 缩孔较多。

根据金相组织观察，检测的68件样品的锈蚀状态有一特点，即大部分锈蚀自（α＋δ）共析体开始锈蚀，其中甬钟 M2：91、甬钟 M2：104 和甗 M2：53 等 3 件样品共析体锈蚀严重，甬钟 M2：104、牛形钮盖鼎 M2：56 和鬲 M2：28 存在边缘锈蚀及孔洞，甬钟 M2：81 和鬲 M2：28 的基体中间有锈蚀孔洞或裂痕，甬钟 M2：111、升鼎 M2：64、牛形钮盖鼎 M2：68、牛形钮盖鼎 M2：71、簋 M2：41、簠 M2：50、盥缶 M2：77、漏斗 M2：31、节约 M2：133 等样品锈蚀严重。

7. 青铜器合金成分

青铜器材质的划分，虽然存在不同的意见[1]，在此仍按目前学术界普遍采用的合金元素含量2%为标准，即合金元素含量大于2%的视为有意加入。锡青铜的划分以17%为标准，锡含量小于17%视为低锡青铜、大于17%视为高锡青铜[2]。铅锡青铜和锡青铜的区别以青铜合金含铅量2%为界，样品成分中铅含量小于2%视为锡青铜、大于2%视为铅锡青铜。

从成分分析结果来看：

铅锡青铜有甬钟 M2：81、镬鼎 M2：32、升鼎 M2：58、牛形钮盖鼎 M2：68、炭盆 M2：72、簠 M2：45、簠 M2：50、尊缶 M2：6、盥缶 M2：76、甒 M2：53、板形饰件 M2：169-5 和釜 M2：11。另外，簠 M2：41 因锈蚀严重，所测锡、铅含量偏高，亦可归为此类。

锡青铜有甬钟 M2：91、甬钟 M2：104、豆 M2：38、壶 M2：4、盥缶 M2：77。

高锡铅青铜有牛形钮盖鼎 M2：55、升鼎 M2：64、鸟形饰件 M2：166。

铅锡合金有棺构件 M2：160、鱼形饰件 M2：170。

二　铜器金相组织与合金成分反映的金属技术特点

进行金相观察的铜器共38件，包括乐器、礼器、容器、车马器及附饰件等，全部为典型的青铜铸造组织，仅甒耳 M2：53（43059-2）组织为铸后受热冷加工，成分分析表明均为铜、锡、铅三元合金，铅锡含量大小不一，总的来看锡含量较铅含量高。另有2件器物，棺构件 M2：160（43069）、鱼形饰件 M2：170（43072）为表面锈蚀的铅锡合金。

1. 金相组织和成分特征

甬钟样品不同部位的含铜量均在80%以上，且内下壁较下弧形口沿处含铜量稍高；而含锡量正好相反，口沿处较内壁高；铅的分布不均匀，同一部位不同的取样点其成分差异也较大。金相组织均表现为明显的 α 固溶体偏析，下弧形口沿取样处的金相组织多表现为细密的（α + δ）共析体或连成网状，其他部位的共析体数量相对较少，且有的存在锈蚀现象。

鼎的不同部位含铜量不均匀，分布在60% ~ 84%之间，其中底部、足底、口沿等处样品的铜含量高于腹部和耳部；锡含量与上述规律相反，耳部含锡量最高（25.7%和19.0%，也存在差异），其次是口沿、足和底部；铅偏析明显，腹部含铅量最高，耳部和底部其次（7% ~ 8%），口沿和足部含铅量相对较小。金相组织 α 固溶体偏析均明显，不同部位共析体数量、分布不一样：腹部和腿范线处（α + δ）共析体分布不均匀，其他部位如耳、底沿、盖子垫片、链子披缝等处（α + δ）共析体均匀分布且有的细密并连成网状。

经成分分析的两件簠（M2：41 盖顶和 M2：45 底内沿），平均含铜分别为46.1%、86.8%，锡41.2%、8.7%，铅9.8%、3.8%，铜含量底部高于盖顶，而锡、铅含量与此相反。金相组织为 α 固溶体明显偏析，盖部位的（α + δ）共析体细密连成网状，底内沿（α + δ）共析体数量较少且

[1] 王昌燧、邱平等：《文物断源研究之成果、心得和思考》，《科技考古论丛（第三辑）》，中国科技大学出版社，2003 年。
[2] David A. Scott. Metallography and microstructure of ancient and historic metals. *The Getty Conservation Institute*, 1991: p25.

样品边界存在。

簠 M2：50（底部）经成分分析，含铜83.0%、锡10.7%、铅6.0%。底部和耳部的金相组织表明，耳部锈蚀严重，仅残存少量（α+δ）共析体；底部样品的α固溶体树枝状晶偏析明显，（α+δ）共析体细小沿枝状晶均匀分布。

豆 M2：38（底沿）经成分分析，含铜82.5%、锡13.1%，铅成分偏析较大。经金相观察的豆底沿另一样品亦表现为明显的α固溶体偏析和连成网状的（α+δ）共析体。

壶 M2：4 和尊缶 M2：6（均为底沿）分别含铜87.5%、84.2%，锡11.1%、11.4%，铅0、4.0%，铜锡含量相近，铅含量差异大。经金相观察的诸多部位，均为较明显的α固溶体偏析，其中外表面纹饰处和盖内壁毛刺（α+δ）共析体分布不均匀，且前者在边界处存在、形态粗大连成网状；底沿和耳部的（α+δ）共析体分布较均匀且形态细小，盖内壁的（α+δ）共析体呈岛状分布。

2 件盥缶 M2：76 和 M2：77（均为盖部）平均含铜83.9%、86.0%，锡9.3%、12.6%，铅6.3%、0，铜、锡含量相差不大，铅含量差异甚大。金相观察各部位（底沿、盖）表明，存在α固溶体偏析，且（α+δ）共析体较少且分布不均匀。

瓿 M2：53（耳部）经成分分析，含铜90.6%、锡5.3%、铅3.6%。对内壁毛刺和耳部的金相观察发现，前者为α固溶体树枝状晶偏析明显，（α+δ）共析体细密且连成网状，后者为铸后冷加工α固溶体等轴晶及孪晶。

鬲 M2：28 的底部范缝与内壁的金相组织均为明显α固溶体偏析，前者（α+δ）共析体连成网状，而后者则呈岛状分布。

板形饰件 M2：169-5 边缘含铜84.9%、锡9.3%、铅4.6%。边缘部位金相组织α固溶体偏析不明显，有较多δ相。板形饰件 M2：169-6 金相组织显示α固溶体树枝状晶偏析明显，（α+δ）共析体分布其间且有的连成网状。

釜 M2：11 底沿含铜84.2%、锡11.8%、铅2.8%，金相组织为α固溶体树枝状晶偏析明显，（α+δ）共析体沿枝状晶呈岛状分布。

鸟形饰件 M2：166 平均含铜68.5%、锡18.8%、铅11.0%，金相组织为α固溶体树枝状晶偏析明显，（α+δ）共析体细密连成网状。

甬钟、鼎、簠铜含量下部较上部高，锡含量规律是下部较上部高，铅成分偏析较大，不同器物铅含量分布无明显规律，不同部位的共析体分布没有一致规律，这可能是器物不同部位成分不一致和冷却速度不同所致。簠、豆、壶、尊缶、盥缶、板形饰件和釜的铜、锡含量较为接近，铅含量存在明显的成分偏析，且金相组织状态各异，这可能与铸造过程中的温度、冷却速度及合金成分等多种因素有关。瓿（耳）具有典型的铸造组织特征，且铜含量较其他器物高。鸟形饰件铅、锡含量均较高，具有典型的铸造组织特征，可能与铸造过程中有意加入铅、锡有关。总的看来，同一器物不同部位及不同器物之间在合金成分上存在一定差异，微区金相组织也不尽一致。

擂鼓墩二号墓青铜器的这些特征与曾侯乙墓青铜器有显著差别。曾侯乙甬钟、钮钟的化学定量分析与金相组织研究表明[3]，铜含量分布在73%～78%，锡含量分布在12%～15%，铅含量在

─────────

[3] 贾云福、华觉明：《曾侯乙编钟的化学成分及金相组织分析》，《曾侯乙墓》（上），文物出版社，1989年。

1%左右，合金成分比擂鼓墩二号墓青铜编钟更稳定；金相组织为α固溶体、多边形的（α+δ）共析体，这与擂鼓墩二号墓青铜编钟相差不大。曾侯乙墓其他青铜器如鼎、鬲、簋、盒、缶、盘等的化学成分分析表明[4]，铜含量在80%左右，锡含量大多数分布在11%～16%，铅含量大多数分布在3%～5%之间，具有相对稳定的合金配比，而擂鼓墩二号墓青铜器合金配比较为分散。

2. 铜器中的锡

锡的加入既降低了纯铜的熔点，又增强了合金的抗拉强度。擂鼓墩二号墓出土青铜器的铸造组织反映的一个共同特点是绝大多数器物含锡较高，能见到明显数量的共析体分布，有的器物还见δ相存在。23件经成分分析的器物中，铅锡青铜有12件，锡青铜有5件，高锡铅青铜有4件，铅锡合金有2件。从金相观察和合金成分数据可以看出，这批青铜器以含锡较高的铅锡青铜为主。图二五是经过电镜能谱成分分析的青铜器铅锡含量比较图，从图中可以看出，除铅锡合金外，绝大多数器物锡含量在10%左右，但有一件簋和鼎的含锡量异常高，分别为41.2%和25.7%；大部分器物铅含量在10%以下，但有一件鼎含铅为15.5%，一件鸟形饰件含铅为11.0%。

在此出现的具有一定合金配比规律的高锡含量器物说明，青铜器中的锡可以认为是纯锡配加的。Charles认为用天然矿物冶炼很难得到含锡量在6%以上的青铜，只有用适当的锡或锡矿与铜按一定比例混合才可能得到高锡青铜[5]。对此，学术界存在不同的观点，有学者认为早期青铜器的合金材料可能是使用锡石（SnO_2），当金属铜熔化时锡石被还原进入到铜中形成青铜[6]；还有学者认为青铜中的锡可以通过冶炼铜锡共生矿或加入青铜碎片得到[7]。关于用何种锡矿才能得到锡青铜的问题，曾有剑桥大学的研究人员做过模拟实验，其结果表明，往铜中加入黝锡矿

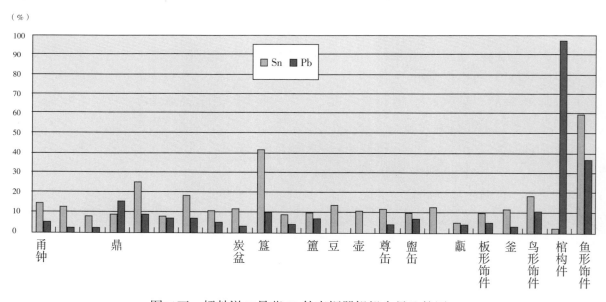

图二五　擂鼓墩二号墓23件青铜器锡铅含量比较图

［4］贾云福：《曾侯乙墓部分青铜器及金属弹簧的化学成分检测》，《曾侯乙墓》（上），文物出版社，1989年。

［5］J.A.Charles. Determinative mineralogy and the origins of mineralogy, in *British Museum Occasional Paper* No. 48, pp21-28.

［6］李秀辉、韩汝玢：《朱开沟遗址出土铜器的金相学研究》，《朱开沟——青铜时代早期遗址发掘报告》第445页，文物出版社，2000年。

［7］R.F.Tylecote. A History of metallurgy（second edition）. *The Institute of Materials*, 1992, p18.

（SnCuFeS）比加入锡石更容易得到锡青铜[8]。Tylecote认为，即使加入黝锡矿也很难得到含锡8%的青铜[9]。

　　在两周之际的中原及周边地区包括当时的楚地，有很多纯锡器出土，有部分器物经过科学检测，如出土于陕西宝鸡𢐗国墓地，即竹园沟M9出土的1件锡鼎（BZM9：2）和2件锡簋（BZM9：3、BZM9：4），还有茹家庄井姬墓BRM2出土的8件锡鱼饰（BRM2：76）。鼎的足部含锡90.96%，铅0.94%；簋的腹部含锡87.13%，铅0.82%；鱼饰前半部含锡98.95%，铅0.13%[10]。山西天马—曲村墓葬中曾发现锡器33件（西周早期至春秋中期），出于24座墓。能看出器形的有礼器9件，其中鼎3件、簋5件、盘1件；兵器戈1件。能复原者仅1鼎、1簋[11]。韩汝玢先生用扫描电镜能谱分析测定的M7165：4和M6372：5两件器物均为纯锡器，样品中有的地方有微量的铁和铜，矿相下观察为SnO_2，但有白色带褐色调的相；X射线衍射（XRD）分析表明，其物相组成有SnO_2、SnO、SiO_2及Al_2O_3；此两件由纯锡制成的明器，由于埋葬条件而氧化腐蚀，仅残留极少量金属颗粒[12]。云南楚雄万家坝曾出土春秋晚期的纯锡器，圆形锡饰（标本M23：34）经光谱分析，锡含量在95%以上，铜0.03%、铁0.8%、铝0.1%，其余有砷、铅、锑、锰、硅等，含量均不超过0.06%；锡管（标本M75：1）的定量分析结果是，锡95.75%，铜0.77%，铁0.33%，铅0.027%；锡片（标本M23：425）的含锡量为92.47%[13]。楚地出土的经科学检测的锡器有：湖北荆州城北纪南城附近的雨台山楚墓曾出土锡块一件[14]，还有一件圆头柱状镞（M158）经化学分析含锡99.54%[15]。湖北当阳赵家湖（赵家湖今在沮漳河之东，而古代在沮漳河之西[16]）楚墓（时代从西周晚期至战国晚期早段止）出土锡器4件，其中锡簋2件（ZHM8：13，赵家塝8号墓），马衔2件（LM13：1，李家洼子13号墓）；年代约为春秋中期的锡簋（ZHM8：13）由北京科技大学冶金与材料史研究所经化学分析鉴定，含锡95.51%[17]。湖北当阳曹家岗5号楚墓是一座较大型春秋晚期楚墓，出土的外棺接缝处有锡套环8件，还出土弹簧丝约300件，经化学分析，以锡为主，含少量的硅、铜、铅、铋、砷等金属和非金属[18]。

　　上述纯锡器的发现，强有力地证明了当时中原及楚文化区的炼锡技术已较为发达。在受东周

---

［8］P. Stickland. The recovery of tin into copper by surface additions of tin-bearing minerals. Undergraduate dissertation, Dept. of Metallurgy, Cambridge, 1975.

［9］R.F.Tylecote. A History of metallurgy (second edition). *The Institute of Materials*, 1992, p19.

［10］苏荣誉、卢连成、胡智生等：《𢐗国墓地青铜器铸造工艺考察和金属器物检测》，《宝鸡𢐗国墓地》，文物出版社，1988年。

［11］北京大学考古学系商周组、山西省考古研究所编著：《天马—曲村（1980～1989）》第二册第308页，科学出版社，2000年。

［12］韩汝玢：《天马—曲村遗址出土铁器的鉴定》，《天马—曲村（1980～1989）》第1179页，科学出版社，2000年。

［13］邱宣充、黄德荣：《楚雄万家坝出土锡器的初步研究——兼谈云南古代冶金的一些问题》，《文物》1983年第8期第62页。

［14］湖北省荆州地区博物馆：《江陵雨台山楚墓》第90页，文物出版社，1984年。

［15］何堂坤、陈跃钧：《江陵战国青铜器科学分析》，《自然科学史研究》1999年第18卷第2期第160页。

［16］杨权喜：《楚文化》第66页，文物出版社，2000年。

［17］湖北省宜昌地区博物馆、北京大学考古系：《当阳赵家湖楚墓》第148、248页，文物出版社，1992年。

［18］湖北省宜昌地区博物馆：《当阳曹家岗5号楚墓》，《考古学报》1988年第4期第488页。

时期科学技术发达的楚国影响下，曾国应当已经掌握利用金属锡配制青铜技术，但是否掌握炼锡技术以及锡料来源问题，还应从锡矿、纯锡器以及冶炼技术等多方面入手。但从文献调研看，古代楚国地区锡料来源并不缺乏，所以进一步研究是十分有意义的。

3. 铜器中的铅

铅与铜既不形成固溶体也不组成新的化合物，而是以独立相存在。由于铅的熔点低，它是在合金凝固的后期填充在枝晶间的。青铜器中铅的加入提高了铜液的充型能力，更有利于浇铸，但铅的密度大，容易造成比重偏析，这已在擂鼓墩二号墓铜器金相观察结果中有所体现。铅在铜器中沿枝晶分布或小颗粒弥散分布，有的以较大颗粒状态存在硫化物夹杂附近，且绝大多数器物铅含量均在10%以下，总体水平较锡含量低。在同一器物的不同部位铅含量不一样，表二中铜器的成分分析结果清楚地揭示了这一特点，甬钟M2：81不同微区分析的铅含量相差约5%，簋M2：50铅含量相差约7%，豆M2：38铅含量在0～8.2%之间，鸟形饰件M2：166含铅在5%～16.8%之间，釜M2：11铅含量相差11.0%，镬鼎M2：32铅含量相差达17.0%。铅的偏析说明青铜器中的铅很难均匀分布，而且对基体造成一定程度的割裂，使器物的抗拉强度和冲击值降低。对于青铜礼器来说，铅的主要作用是提高铜液的流动性和填充率，无益于降低熔点和提高铜器的机械性能。近年来有学者通过范铸模拟实验研究，对此提出了一些补充看法，认为铅的加入量与季节变化有关[19]，而且铅的加入主要是为了控制铜液的结晶速度，事关浇铸的成败[20]。因此，对青铜器铸造过程中铅的加入这一问题，还值得深入研究。

4. 铅锡合金

铅锡合金器在先秦墓葬中多有出现，且以棺钉为多，擂鼓墩二号墓出土的铅锡合金棺构件（棺钉）M2：160含铅96.2%、锡2.3%，应视为铅器；镬鼎M2：32的焊料经ICP-AES分析结果铅含量约为99%，余为铜、锰、铁、硅、铝和钙等杂质；鱼形饰件M2：170含铜1.7%、锡59.5%、铅36.4%，为铅锡合金。李敏生先生曾总结20世纪80年代以前中原及周边地区出土的铅器及研究情况[21]，认为商代中期已普遍利用铅，而到商晚期开始出现大量纯铅器。除中原地区外，在东周时期的楚地也有较多铅锡合金器，如湖北随县战国曾侯乙墓发现的锡镶[22]及铅鱼，经测定，锡镶含铅58.48%、锡36.68%，铅鱼含铅71.91%、锡26.3%[23]；湖南长沙和衡南出土铅鼎、铅戈、铅块等[24]；湖北江陵太晖观春秋末至战国早中期楚墓中M6出土铅饼7件，背面凸凹不平，直径3～3.2厘米[25]，此地还出土有外包金银箔的铅冥币[26]；湖北江陵望山战国中期晚段2号墓出土铅片8件（WM2：T188-1～8）[27]；据报道，河南新蔡县城西北26公里处的葛陵村大型战国中期楚墓，

[19] 董亚巍：《从铅含量看古铜镜的铸造月份》，《全国第五届科技考古会议论文集》，2000年5月。

[20] 董亚巍：《范铸青铜》第51～52页，北京艺术与科学电子出版社，2006年。

[21] 李敏生：《先秦用铅的历史概况》，《文物》1984年第10期。

[22] 华觉明等：《曾侯乙墓青铜器群的铸焊技术和失蜡法》，《文物》1979年第7期第46页。

[23] 李敏生：《先秦用铅的历史概况》，《文物》1984年第10期第86页。

[24] 湖南省文物管理委员会：《湖南长沙园冲工地古墓清理小结》，《考古》1957年第5期第40页。

[25] 湖北省博物馆：《湖北江陵太晖观楚墓清理简报》，《考古》1973年第6期第342页。

[26] 湖北省文化局文物工作队：《湖北江陵三座楚墓出土大批重要文物》，《文物》1966年第5期第33页。

[27] 湖北省文物考古研究所：《江陵望山沙冢楚墓》第159页，文物出版社，1996年。

内棺底板、挡板、盖板用铅条和燕尾榫现场套接而成[28]；河南叶县旧县（楚叶城遗址[29]）1号战国早期墓，出土铅器20件，铅马饰15件（M1：30），外棺四周有5枚铅质棺钉（M1：63）[30]；离擂鼓墩二号墓不远的随州市安居镇徐家嘴的汪家湾春秋晚期一曾国墓，出土残铅方壶2件[31]，等等。这些铅锡合金器的发现，表明东周时期楚文化区的铅锡冶炼技术已十分成熟，而且器物形式多样，有礼器、容器、货币，还有作为焊料的铅锡合金及冶炼半成品的铅、锡块，可能用作它途。在这些发掘品当中，只有为数不多的器物经过了科学检测，由于铅与锡在发掘出土时不易分清，

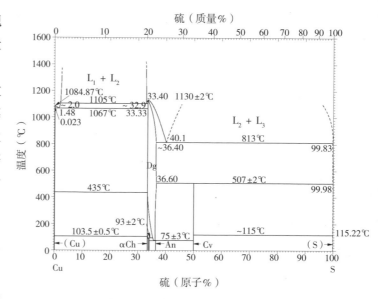

图二六　铜－硫系平衡相图

也不排除将铅、锡器误判的可能，因此应对发掘报告中的更多铅、锡器物进行科学分析以明确其具体合金组成，从而为考古研究提供更为科学的论据。到目前为止，对先秦铅锡金属技术的研究都是从青铜器中的铅锡合金组成及铅锡器物分析入手的，而关于具体的铅、锡冶炼技术还没有，这也与铅、锡冶炼遗址难以发现有关，如果要更进一步地探讨这一问题，考古发掘工作者应更多地重视金属冶炼渣，通过炼渣的分析或许能为铅锡冶炼技术提供新的证据。

5. 铜器中的夹杂物

经金相观察的绝大部分青铜器普遍存在硫化物夹杂，且将近一半存在大量硫化物夹杂。这些硫化物的形态多为粒状或块状的灰色颗粒，大小不等，有的在铅颗粒附近，形状不规整，多分布于晶粒间界，较多细小的颗粒分布在晶粒中（见铜器金相照片）。在进行电镜能谱成分分析的23件铜器中，有16件器物被检测到硫化物颗粒，约占分析总数的70%，这类器物包括：甬钟2件，鼎4件，炭盆1件，簠2件，豆1件，壶1件，尊缶1件，盥缶2件，板形饰件1件，釜1件。

从分析结果来看，簠M2：41的硫含量最高，平均成分为1.1%，其他器物均未能达到平均含硫1%的水平。根据点分析结果，硫化物含铜、锡（或铅）、铁、砷、硫，其中硫含量分布在9%～16%之间，多数集中在10%～14%。如果这些硫化物是硫化亚铜（Cu_2S），其铜与硫质量比应为4：1，然而铜的质量分数多为70%～86%，显然硫化物的点分析结果中铜与硫的质量比要远大于这个数，因此这些硫化物不是简单的硫化亚铜化合物。根据铜—硫平衡相图（图二六），在液态时铜与硫能有限互溶地形成两种液相L1和L2；固态下，铜与硫形成硫化亚铜（Cu_2S）。当铜硫系中

［28］宋国定等：《新蔡发掘一座大型楚墓》，《中国文物报》1994年10月23日。

［29］马世之：《中原楚文化研究》第210页，湖北教育出版社，1995年。

［30］河南省文物研究所、平顶山市文物管理委员会、叶县文化馆：《河南省叶县旧县1号墓的清理》，《华夏考古》1988年第3期第16页。

［31］随州市博物馆：《湖北随州市安居镇发现春秋曾国墓》，《江汉考古》1990年第1期第10页。

硫的质量分数达到0.84%时，发生共晶反应，在1068℃下分解为铜的α固溶体和Cu₂S；当硫的含量超过0.84%时，Cu₂S从液相中析出，且分布于铜的晶界周围。因此，上述铜器中的硫化物夹杂不是硫化亚铜，而是铜与硫化亚铜的中间相，即Cu–Cu₂S共晶化合物。

在这些硫化物夹杂中，除铜和硫外，还含有不等量的锡和铅。硫化物中的锡，应是结晶过程中与铜结合形成的，而铅作为单独相易与硫化亚铜低熔点相存在于晶界间，硫化物的点分析结果中多数伴随有一定量的铅含量。

铜器中普遍存在的硫化物夹杂现象，反映了当时的炼铜技术。中国至迟在春秋早期已经掌握了"硫化矿—冰铜—铜"工艺[32]，战国时期可能开采的铜矿更多是硫化矿，从时代特征和技术发展水平上来说，曾国青铜器中的硫化物夹杂可能是用硫化矿炼铜所致，而非来自不纯的氧化矿。残留在器物中的大量硫化物夹杂，也说明铜的纯度不高，或许粗铜锭未经过提纯即用来铸造青铜器。最近的研究表明，擂鼓墩二号墓青铜器铸造质量低劣，器物造型缺乏生气且有变形，铸件错缝现象普遍，脱范较差，与曾侯乙墓造型复杂且工艺精湛的青铜器相比，擂鼓墩二号墓青铜器铸造质量较为粗糙[33]。由此看来，擂鼓墩二号墓青铜器不仅本身的青铜材质质量不高，而且铸造技术也远不如曾侯乙墓青铜器群，这种现象或许与一定的技术与社会因素有关。

6. 铜器中出现的铁和砷等其他微量元素

在铜器成分分析结果中，还发现部分样品含微量铁或砷。其中2件样品的铁含量超过1%，分别是牛形钮盖鼎M2：55局部区域存在铁偏析，面扫描含铁量为1.4%；鸟形饰件M2：166微区面扫描平均含铁3.4%，还有6件样品有含铁的硫化物，这些样品是镶鼎M2：32、牛形钮盖鼎M2：55、升鼎M2：64、簠M2：45、簠M2：50和板形饰件M2：169–5，铁与硫不一定同时存在，有部分含铁的点不含硫。在含铁的硫化物夹杂中，铁的成分几乎都在1%～9%之间，且集中分布在3%～8%，只有一件器物例外，即簠M2：50的两个点分析显示含铁29.9%和50.2%。铜器中铁的引入有两种方式：（1）炼铜原料是品位不高的铜矿石，这种矿石含铁，晚期炼炉温度较高，在较强的还原氛围下铜矿中的铁被还原进入铜中。（2）冶炼时加入熔剂（铁矿石）造渣，也会使铁还原进入铜中。这种现象在楚文化区的其他地方也存在，如湖北大冶铜绿山古矿冶遗址出土的铜锭含铁5.4%[34]，当阳赵家湖楚墓出土的春秋中期的鼎、战国中期的削刀、战国晚期的剑都含有少量的铁[35]。铜器中铁的出现是青铜时代晚期的一个特点，由于未能分析冶炼炉渣，因此对于这批铜器的具体冶炼工艺还难以判定。

在检测的擂鼓墩二号墓青铜器中有2件样品含微量砷，分别是牛形钮盖鼎M2：68微区面扫描平均含砷0.7%，甬钟M2：91点分析发现有两个点含砷，其砷含量分别为1.8%（同时含硫12.2%，不含铁）、2.2%（不含硫和铁）。在青铜时代晚期的曾国青铜器中，砷的出现，有可能是由炼铅所含杂质带入青铜中的，这种杂质可能是与方铅矿共生的硫砷铁矿（FeAsS）[36]。

---

［32］李延祥、韩汝玢、柯俊：《铜绿山XI号矿体古代炼铜炉渣研究》，《铜绿山古矿冶遗址》第233页，文物出版社，1999年。

［33］张昌平：《曾国青铜器研究》第147～148页，北京大学博士研究生学位论文，2007年。

［34］冶军：《铜绿山古矿井遗址出土铁制及铜制工具的初步鉴定》，《文物》1975年第2期第21页。

［35］孙淑云：《当阳赵家湖楚墓金属器的鉴定》，《当阳赵家湖楚墓》，文物出版社，1992年。

［36］孙淑云、王大道：《广西、云南铜鼓合金成分及金属材质的研究》，《中国冶金史论文集》（二）第205页，北京科技大学学报编辑部，1994年。

7. 铜器的锈蚀状况与自由铜沉积

经分析的铜器样品，绝大多数存在锈蚀现象，且有11件器物锈蚀严重，锈蚀通常发生在（$\alpha+\delta$）共析体。铜器锈蚀区域存在大量赤铜矿及少量自由铜沉积。赤铜矿是青铜器腐蚀过程中铜被氧化形成的，系常见的锈蚀产物，在潮湿的空气中还可能进一步转化为孔雀石或蓝铜矿，如果环境中含有氯离子或氯化物，还有可能形成粉状锈。观察到的这批铜器样品，并无有害锈，但锈蚀现象的出现应引起重视。对于这批馆藏青铜器，应尽量给予相对密闭和干燥的保存环境，以防止氧化的进一步加剧和有害锈的生成。对于自由铜产生的原因，有学者认为是青铜合金电化学腐蚀造成的：当电化学腐蚀发生时，部分δ相被侵蚀，其中的铜被溶解到电解液中以铜离子形式存在，电化学作用使铜离子重新得到电子形成纯铜颗粒留在铸造缩孔、裂隙中[37]。还有观点认为，铜晶粒的形成是反合金作用，（$\alpha+\delta$）相中锡被氧化析出铜[38]；铜晶粒的出现是铜锡合金扩散相变的结果[39]。最近几年，有学者总结了这些研究成果，并就吴国青铜兵器中出现的铜晶粒进行了分析，认为自出铜的析出是一种相当复杂的矿化过程，与合金成分、加工工艺、埋藏环境、季节变化等诸多因素有关[40]。从目前的研究来看，对于自由铜形成机理没有达成共识，但不论如何，自由铜的出现是一个复杂的过程，可能以上所列的诸多因素会共同或部分地起作用从而导致产生这一现象。青铜器中自由铜的出现是铜器的长期时效组织，在实验室模拟的条件下很难得到，可以作为判定古物的因素之一，但并非所有的古代铜器都会有自由铜出现。

8. 青铜器合金成分与"六齐·钟鼎之齐"的关系

《考工记》记载"金有六齐。六分其金而锡居一，谓之钟鼎之齐；五分其金而锡居一，谓之斧斤之齐；四分其金而锡居一，谓之戈戟之齐；参分其金而锡居一，谓之大刃之齐；五分其金而锡居二，谓之削杀矢之齐；金锡半，谓之鉴燧之齐。"但近些年来，通过科学检测商周时期青铜器的合金配比与《考工记》记载的相差甚远[41]。郭沫若考证为春秋年间齐国的官书[42]，另有学者认为"内容绝大部分是战国初年所作，有些材料属于春秋末期或更早，编者间或引用周制遗文以壮声威，在流传过程中免不了有所增益或修订。尽管如此，今本《考工记》大体上能和战国初期的出土文物相互印证，表明其基本内容未变，它作为我国上古至战国的手工艺科技知识的结晶，是可以信赖的"[43]。

目前对《周礼·考工记》中钟鼎之齐的合金配比有两种理解：①"金"指青铜，"六分其金而锡居一"指青铜合金六等分，铜占五分，锡占一分，即铜锡比为5∶1；②"金"指纯铜，"六分其金而锡居一"指青铜合金分为六等分，铜占六分而锡占一分，即铜锡比为6∶1。根据表二青铜

［37］孙淑云：《太原晋国赵卿墓青铜器的分析鉴定》，《太原晋国赵卿墓》第266页，文物出版社，1996年。

［38］万家保：《关于中国古代青铜器中"纯铜晶粒"的问题》，《文物保护与考古科学》1989年第1卷第2期。

［39］王昌燧、吴佑实、范崇政等：《古铜镜表面层内纯铜晶粒的形成机理》，《科学通报》1993年第38卷第5期。

［40］贾莹、苏荣誉、毛颖：《吴国青铜兵器中的铜晶粒及其成因的探讨》，《吴国青铜器综合研究》，科学出版社，2004年。

［41］吴来明：《"六齐"、商周青铜器化学成分及其演变的研究》，《文物》1986年第11期第83页；陈铁梅：《定量考古学》，北京大学出版社，2006年。

［42］郭沫若：《古代研究的自我批判》，《十批判书》，科学出版社，1956年。

［43］闻人军：《考工记导读》第138页，巴蜀书社，1988年。

礼器的成分数据，只有甬钟 M2：81、M2：91 与《考工记》所述"钟鼎之齐"较接近（"金"按纯铜理解），其余的钟鼎包括青铜容器均与"钟鼎之齐"的铜锡比相差甚大，且绝大多数器物铜锡比偏高。另有一件釜（M2：11）其铜锡比为 7.1：1，按上述理解"五分其金而锡居一，谓之斧斤之齐"，铜锡比应为 4：1 或 5：1，显然两者相差较远。因此本次经过检测的擂鼓墩二号墓青铜礼器的铜锡成分与"六齐"也是不一致的。

三　结　论

综上，通过对擂鼓墩二号墓出土 38 件青铜器的金相组织观察和元素组成分析，发现除一件甗（耳部）为铸后冷加工外，其他铜器的金相组织均为典型的青铜铸造组织，材质为铅锡青铜、锡青铜、高锡铅青铜，绝大多数器物平均成分锡含量高于铅含量，但其合金配比与《考工记》记载相差甚远，没有体现出明显的规律性，表明这批青铜的合金配比不太严格，铸制工艺较为粗糙。从青铜合金配比及铸制工艺上均不能与邻近的曾侯乙墓出土青铜器相比，这可能与墓主人所处的时代有关。

擂鼓墩二号墓出土的 2 件铅锡合金制品、纯铅焊料以及青铜器的合金成分分析结果，表明当时锡、铅冶炼技术已较为发达，已能用纯锡、纯铅来有意识地进行青铜合金配比，并用作焊料，且锡料来源较为丰富。目前鄂西北地区已出土一定数量的纯锡器，并且据文献记载当地有锡矿资源，但深入的科学分析尚未进行，希望得到学界的充分重视。

致谢：本文得到国家自然科学基金（10405003）资助。随州市博物馆馆长黄建勋先生，鄂州博物馆名誉馆长董亚巍先生，北京大学吴小红教授、崔剑锋博士、硕士生周文丽，北京科技大学李延祥教授及博士生黄全胜、李建西等为样品选取、实验工作提供大力指导与帮助，作者对此表示感谢。

附录八　随州擂鼓墩二号墓青铜器群的铸制工艺研究

董亚巍

（鄂州市博物馆）

在离擂鼓墩一号墓即曾侯乙墓102米的地方，发掘了擂鼓墩二号墓，又出土了许多青铜器。本文主要是对二号墓中出土青铜器群的铸制工艺技术进行整理与研究。

随州曾是曾国的都城，在曾国区域内出土的青铜器数量巨大。经中国科技大学科技考古系作泥芯化学成分检测后证明，擂鼓墩二号墓的青铜器群是在随枣地区或附近地区铸造的，这给我们研究曾国的社会形态以及青铜器的铸造地，提供了科学的依据。

经随州市博物馆与中国科技大学科技考古系、北京大学考古文博学院合作，对这批青铜器群进行了检测，对于这批青铜器的化学成分及金相结构，得出了科学的结论。与鄂州市博物馆合作，经对擂鼓墩二号墓青铜器群的综合考察及研究认为，擂鼓墩二号墓青铜器群的铸造工艺，采用了多种工艺技术铸制而成。其中绝大多数青铜器采用了春秋战国时期的主流范铸工艺，亦有少数青铜器采用了非主流的实物造型工艺。采用主流的范铸工艺包括分型制模、分模制范、分型叠铸、分铸组装。在分铸组装中，又包括焊接、铆接。采用实物造型工艺的有鬲与方座簋，是用青铜器的实物进行制范造型的。下面就擂鼓墩二号墓青铜器群的各种铸造工艺，分别论述如下。

1. 分型制模工艺

所谓分型制模，是根据有规律器物的几何形状，采用将器形的形体分开成若干份分别制作模具。如商代的圆鼎大都为三足，以每足外侧中心为界，每两足之间的几何形状、距离、纹饰等都是一样的，存在三个基本一样的型。在这种情况下，取一件圆鼎的三分之一几何形状制作成主体模，在此模上夯制三块范，对合后即是一套圆鼎的范腔（耳的型是在泥芯上制作的，与范无关），至于附件如耳等则单另制模。下面，用擂鼓墩二号墓出土的青铜器实物为例进行说明。

（1）铜方尊缶的分型制模工艺

图一上边为铜方尊缶（M2：6），下边为方尊缶的模具图。铜方尊缶方口，高直领，斜肩弧腹下收，矮方底座，腹部四方中央饰夔龙纹饰带一周，纹饰带中央各有一个环形耳，盔斗形盖的方

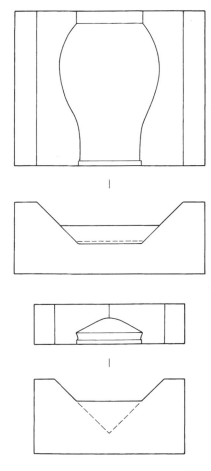

图一　方尊缶（M2：6）分型制模
工艺

形口沿下中央各有一个扣。方尊缶可以采用二分法对角分型，模上制作出方尊缶的两个面。亦可采用四分法分型，模上制作出方尊缶的一个面。此方尊缶是采用了四分法分型制模、制范的。

从几何形状看，此方尊缶包括盖在内，四个面的几何形状完全相同，十分有利于分型制模。经观察，发现在此方尊缶四个角的口沿下，及盖外四个角的内凹部位，都可看到有合范留下的披缝，而在其他部位再找不到合范留下的痕迹。根据范铸逻辑学原理看，从这一现象可以判定，此方尊缶体及盖都是分别用四块范夹着泥芯铸制而成。相同的范只应来自同一个模，所以，此方尊缶体及盖的模，都应是分型制作的四分之一模。

在图一中，上半部分为方尊缶体的模具图，下半部分为方尊缶盖的模图。从图中可以看出，此方尊缶采用了四分法分型的工艺制模。因此方尊缶四个面的几何形状完全一样，所以，取其中一个面制模，模面以外两边的分型面为90°夹角，模面的几何形状，与方尊缶体任意一个面的几何形状完全相同，在这个模上夯制四块相同的范，对合后，即形成一套方尊缶的空腔。由于此方尊缶四个面的几何形状都一样，取其一个面制作成模，因此，将这种分型制模的方法称之为四分法。

如果有四块钫范及一个泥芯，经阴干、焙烧成陶质后合成范包，即能浇铸成钫。图一下半部分为盖的模具图，其制模、制范的原理，与方尊缶体模完全一样，这里就不再论述了。关于方尊缶腹部的纹饰带，属于纹饰技术；纹饰带中环形耳的铸制工艺，属于分型嵌范技术，都将在后文中专题论述。

通过上述制模工艺可以看出，方尊缶体模及盖模都采用了分型制模工艺。在从夏文化晚期至战国结束的范铸工艺中，这种分型制模的工艺技术，可能始终贯穿着整个青铜时代而占据了主导地位。

（2）铜圆尊缶的分型制模工艺

与上述方尊缶的分型方式不一样的是，圆尊缶（M2：14）则采用了三分法分型制模。尊缶是圆形，可根据需要采用二、三、四分法分型制模。在具有三组纹饰的情况下，圆形铜器多采用了三分法分型，此圆尊缶也采用了三分法分型制模。在图二中，左边的线图为尊缶的主体模，右边的线图为尊缶盖的两个模。从左边的线图中可以看到，模面上除圆尊缶的三分之一型外，两边的分型面为120°夹角。在此模上夯制三块范，夹一个泥芯就可对合成尊缶的型腔。在右边的线图中，上半部分为尊缶盖的顶部模，下半部分为盖的圈模。由于此盖的圈是向内收口，形成了盖的口小顶中间尺寸大的几何形状，将盖分型为两件，上面的模是盖顶的模，下面的模为盖圈的模。分型制模以后，各制各的范，制作出的顶范叠压在圈范上，形成盖的型腔。为什么要这样分型呢？因为盖的型腔是口小里面大，浇铸前范腔内必须要有泥芯，才能铸出空腔的盖，而泥芯的直径最大处的尺寸大于盖口，如果制作成单合范，泥芯则无法进入盖的小口。这样分型后，盖体范成为两部分，是从尺寸最大处分开了型；合范时，将圈范小口朝下安置在一个平板范上，这时将泥芯放入圈范，再将顶范扣在圈范上，形成分型叠铸的范包。因此，圆尊缶的盖属于分型叠铸工艺铸制而成。

（3）方盖豆的分型制模工艺

豆（M2∶38）的盖及腹部为方形，足为圆形。经观察发现，方豆的腹部及盖皆为对角分型，根据分型方式及浇口的位置，我们绘制了方豆的模及方豆盖的范包图。如图三所示，方盖豆的模是从豆口沿的方形对角线切开一分为二，取其之一加上底平面及安置榫卯即成为模。由于此豆四个面的几何形状都一样，取其两个面制作成模，因此，将这种分型方法称之为二分法。

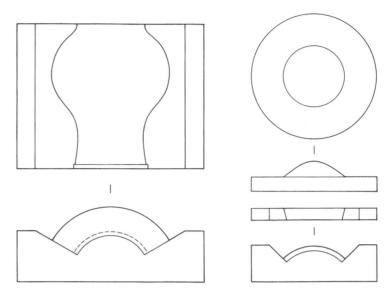

图二　铜圆尊缶（M2∶14）分型制模技术

制作成模以后，具有方豆几何形状的一半对角。在这同一个模上夯制两块范，范面对合后，即是一套方豆的空范腔。合范时夹一个泥芯，就成为一套方豆的范包。在方豆模两边的分型面上，可能设有榫卯。在同一个模上制出范的榫卯，具有相同的方向，将其中任意一块范面的方向旋转180°，使得范腔对着范腔，经旋转了范面的榫卯方向就会完全相反，这时就可以顺利地对合成为范包了。

（4）方盖豆（M2∶38）的盖分型嵌范技术

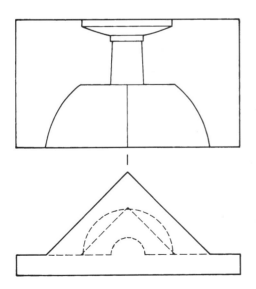

图三　铜方盖豆（M2∶38）分型制模技术

所谓分型嵌范技术，是指有些青铜器由于局部小附件的角度问题，使得制范后泥范无法完整脱模，就将局部的小附件单另制作成模，先在局部模上制作出局部范；制作主体范时，将提前制作好的局部附件范安置在主体模的相应部位，用泥料将局部附件范固定好，再加入泥料夯制成整体范，局部的附件范就这样被嵌入到整体范中了。春秋战国时期，采用这样的制范工艺设计，主要的目的是为了解决附件无法脱模以及解决附件的镂空问题。采用了分型嵌范工艺以后，由于模上本就没有附件，制范后就自然不存在脱模的问题了。

在方豆盖的上平面，均布四个圆形捉手，盖的立面，亦有对称两个圆形捉手。在每个捉手的直径内侧及外侧，皆有一周完整合范留下的披缝，在每个捉手的根部与盖面的结合部位，皆有一周完整的披缝呈长方形。这些现象说明，盖上的六个捉手的局部范皆是采用了双合范造型，即在同一

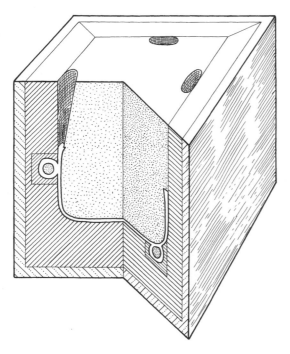

图四　铜方盖豆（M2：38）豆盖范包剖面示
意图

个捉手模上制作出一批捉手范，每两个捉手范对合成捉手范包，将捉手范包安置在盖模上需要安置捉手的部位，加入泥料后，将捉手范包夯制在盖范里成为整体盖范，这时的盖范中就已经具有捉手的型腔，并都在应该在的部位。经观察发现，在豆盖口沿的面上，有四个浇铸口被打磨过的痕迹，说明豆盖是用四个浇口并且口朝上进行浇铸的。根据这些范铸痕迹，我们绘制了盖的范包剖面图。如图四所示，方豆的盖为四块范夹着一个泥芯浇铸而成。四块盖范应出自同一个盖模，模的中心设有一个浇口，夯制四块相同的范，对合后就会产生四个均布的浇口。从剖面图中不同方向的剖面线上可以看到，圆形提手的小范包是提前制作好的，被紧紧地包裹在盖范内成为整体范。

（5）牛形钮盖鼎的分铸组装工艺

共出土牛形钮盖鼎6件，图五为其中一件（M2：71）。经观察发现，此鼎的腹部有垂直的三条披缝均布，说明此鼎的模是取了此鼎几何形状的三分之一为

型，所以，将这种分型制模的方法称之为三分法。鼎外垂直的三条披缝，即是三块范对合经铸造后产生的范痕。

此鼎体分为八个散件分别铸制而成，即3足2耳1腹1盖及1环。是先铸出盖上的圆环，铸盖时将圆环套铸在盖的钮中，再分别铸制出其他的散件，经过铸后的打磨加工，通过某种工艺技术组装成为整器。因此，将这种铸制工艺称之为分铸组装工艺。此鼎的盖上有三个镂空的牛形钮，在牛形钮的四个蹄子周围，皆可看到一周完整的披缝，说明此盖上的牛形钮是采用了分型嵌范工艺铸制而成。即先制作好牛形钮的小范包，牛形钮的小范包内包括泥芯，将三个牛形钮的小范包分别安置在盖模上钮的位置，再加入泥料将三个牛形钮的小范包埋进去夯制成整体盖范。浇铸后，盖上就具有三个镂空并与盖整铸的牛形钮了。所以，这三圈不规则完整一周的披缝，是属于分型嵌范工艺留下的范痕。

因牛形提手的四蹄镂空，这样的造型，如

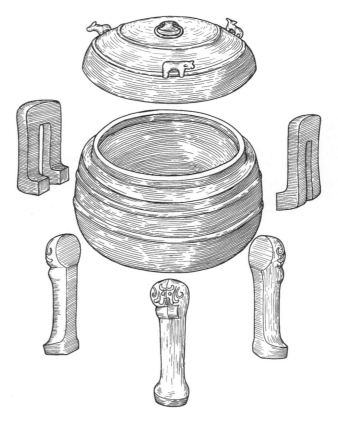

图五　铜牛形钮盖鼎（M2：71）结构示意图

果制作成完整的模，制范后泥范是无法从模上脱下来的，所以，必须将牛形捉手单另制作模具，单另制作牛形捉手范。按照上述操作，就将牛形捉手分型夯嵌到主体范中了。如图六所示，此盖的所有型腔皆在一块范中，与之对合的则是一块平板范，其范面上并无任何造型，因此，范铸学中将这种两块对合的范，称之为单合

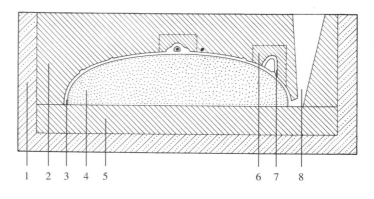

图六　铜牛形钮盖鼎（M2：71）鼎盖范包剖面示意图

范。如果对合的两块范面都有器物的型腔，就将其称之为双合范。在范图下面的一组数字中，1为合范后在范外糊的一层泥，一般称之为草拌泥；2为盖的主体范；3为盖的型腔；4为泥芯；5为底板范；6为提前制作的牛形捉手范；7为牛形捉手的型腔；8为浇口杯、浇道与内浇口。在图中，盖上中心的钮本可以直接在盖模上制范，但因钮孔中套有一个完整并可以活动的圆形铜环，一次制范无法造型，所以，也必须采用分型嵌范工艺，将铜环提前铸制好，套在钮范中再嵌入在盖的整体范中，才能实现钮与盖的整体铸造。这种合范的方式之所以可以浇铸成功，是因在范与芯之间垫入了大量的铜质垫片。在此鼎的盖上及鼎体上，都能看到许多垫片。关于铜环的套铸问题，将在后文中专题论述。

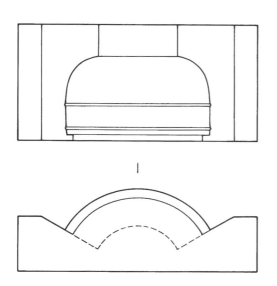

图七　铜牛形钮盖鼎（M2：71）腹部铸制工艺

此鼎腹部的铸制工艺，采用了三分法制模，如图七所示，模两边的分型面为120°夹角，在此模上夯制三块范后，就可对合成一个圆鼎的型腔。合范时，下面夹的泥芯铸后为鼎的腹部空腔，上面夹的泥芯，铸后为三足之间的空腔。浇口是安置在模的腹下中心的芯头上，制范时范面会自带出浇口，合范后会自然产生三个均布对称的浇口。所以，在此鼎底部可看到三个均布对称的浇口。

图八为此鼎的足模，如侯马东周铸铜遗址中出土有鼎的单独完整的足模，并出土有鼎足的陶范[1]。在青铜范铸工艺中，自商代以来，主体模一般采用分型制模，附件模一般采用整体制模。上至殷墟遗址，下至侯马遗址，都出土了许多整体的附件模，如各种形状的錾模、各种

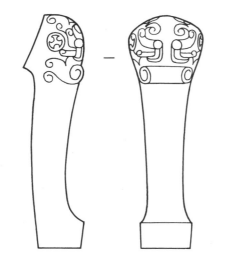

图八　铜牛形钮盖鼎（M2：71）足模

[1] 山西省考古研究所：《侯马陶范艺术》第92页，普林斯顿大学出版社，1996年。

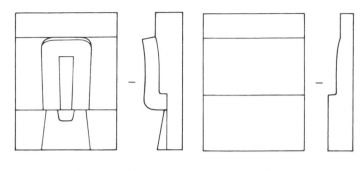

图九　铜牛形钮盖鼎（M2：71）耳模

形状的钮模等。与鼎分别铸造，是从春秋以后开始的。分铸足的范，需在足模上制作，因此，必须要有单独的足模。一般制足范，是从足正面的兽面纹中心分型，有小鼎分两范的，亦有大鼎分三范的。此鼎为小鼎，其足范是以兽面为中心分为左右两范。在此鼎每个足的兽面中心及足的内侧中心，都能看到一条明显的披缝，在三个足上的每一条披缝，都与鼎的腹部不贯通。因此可以认定，此鼎的足是采用了分别铸造、铸后组装的工艺制作而成。

由于此鼎的耳不是与腹部整铸，耳也是单独铸制后组装到腹部的，所以，制作此鼎还需制作耳模。与铸足一样，铸耳要有单独的耳范，耳范只能出自耳模。由于耳的两个大面都不是平面，外面的下端有凸角、内面的下端有凹角，因此，其模必须分型制作出两个面的模。依据此鼎耳的几何形状，根据侯马出土的耳模耳范，我们绘制了耳模线图。图九为此鼎耳模两个面的线图，左边的模包括了耳的外面、侧面及中间的长方孔的型，右边的模为耳内侧的型。在左边模上制作出的范，不但包括了耳的外部型腔，范面还会自带浇口，中心的长方形泥芯也是制范后从模上带出来的，称之为自带芯。在右边制作出的范，与左模制出的范对合后，就会形成一个耳的空腔。这样浇铸出的耳，会是一个实心的耳。战国铸耳，很少有实心的耳，所以，在耳范中必须安置泥芯，其泥芯需在另外制作的芯盒中成型，将耳的泥芯夹在耳范中，才能铸制出空心耳。此耳是两块范对合，两块范都有型，应称之为双合范。

此鼎铸有纹饰，现仅以盖上的纹饰为例进行纹饰技术的说明。如果将纹饰制作在模上，制范后很难将纹饰完整带到范面。所以，自夏代以来，青铜器上的纹饰技术多是在范面手工进行制作。这种范面的纹饰制作技术，从夏代一直沿用至西周以后。所以，在西周以前的青铜器表面，可看到一件器物的三组纹饰往往存在明显的差异，就是手工在范面制作纹饰的结果。为减少纹饰制作的烦琐，为铜器表面纹饰得到统一，春秋中期以后，发明了单元纹饰范拊兑技术，其具体工艺，在后文中专题论述。图一〇为此鼎盖上的一组扇形单元纹饰，即是采用了这种单元纹饰范拊兑技术铸制而成。如果仔细观察鼎盖的纹饰，只要找到一组纹饰，就会发现有规律地一组接一组的纹饰单元，每一个纹饰单元中的纹饰都是一样的，这些纹饰出自同一个单元纹饰模。

（6）单元纹饰范拊兑技术

所谓纹饰范拊兑技术，是先用泥料将纹饰制作成泥模盒，经阴干、焙烧成为陶模盒，这个模盒中只是一个或数个纹饰单元。在这个模盒中制作出的只是一块块的单元纹饰泥范。按照实际面积的需要，将这些单元纹饰泥范安置在器物的主体模面上拊兑好，加入泥料夯制成器物的主体范，拊兑的纹饰就以一个个单元的形式存在于器物的范表面了。这种纹饰范拊兑技术的应用，是建立在商以来手工在范面

图一〇　铜牛形钮盖鼎（M2：71）鼎盖纹样示意图

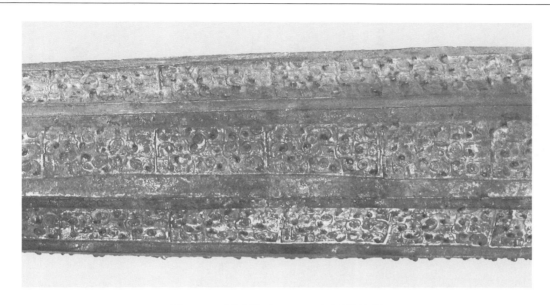

图一一　铜甬钟（M2∶81）甬部纹饰

制作纹饰的基础上，是解放劳动力、提高工效、高度统一纹饰的一种技术进步。因此，春秋中期以后，青铜器的纹饰技术多采用了纹饰范拚兑技术。

在擂鼓墩二号墓出土青铜器的纹饰中，绝大多数可以清楚看到纹饰是以单元形式存在的，如在盥缶的盖、腹部，以及簠的腹部纹饰等，都可看到一个个方块式的纹饰单元，即是采用了单元纹饰范拚兑技术铸制而成。这里，以编钟甬部的纹饰为标本进行论述。

图一一为二号墓出土的一件甬钟（M2∶81）甬部的纹饰，甬钟的甬为八个面，可看到每一个面的纹饰都是有规律的，即每隔相同的距离就会有一条与纹饰垂直的披缝，而每两条披缝之间，即一个纹饰单元。这种现象普遍存在于擂鼓墩出土的所有编钟的甬部，亦出现在战国时期大多数青铜器的表面。这种现象说明器物是采用了单元纹饰范拚兑技术铸制而成。

单元纹饰范拚兑技术出现在春秋中期以后的青铜器上，在此之前的范铸技术，多是在素的范面上手工制作纹饰，费工费时、不易掌握、纹饰亦不容易得到统一。单元纹饰范拚兑技术的出现，不但解决了工效问题，亦解决了纹饰的高度统一。

图一二为根据甬钟甬部的纹饰范拚兑痕迹绘制的纹饰模盒。其具体的操作，是先在这个纹饰模盒中加入泥料，压印出一块块的小块纹饰范，将纹饰范一块块安置在甬的模上，再加入泥料夯成甬范，这时甬范的范面就存在一块块的纹饰了。由于纹饰是一块块拚兑起来的，在范面就会存在纹饰与纹饰之间的缝隙。当浇铸成器后，就会在器物的表面留下纹饰范的披缝。在山西侯马东周铸铜遗址以及白店铸铜遗址中，都出土有许多这样的纹饰模盒。青铜器的这种纹饰制作工艺，在战国时期，属于纹饰技术的主流工艺。

2. 分型叠铸工艺

凡采用分型叠铸工艺，一般是在一个模无法制

图一二　甬钟甬部的单元纹饰模盒立体图

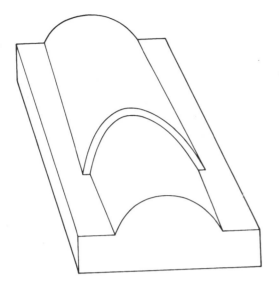

图一三　铜甬钟钟体模立体图

范，或器物偏长不便制范的情况下，从模的某个部位横向一分为二或根据需要分成三份及更多份分别制作成模；在这些模上分别制范后，将数层范叠压起来浇铸成整器的工艺。在前文中所说的分型制模，多是指器物的纵向分型，取其数分之一型制作成为模具。这对于形体不大、上下的宽窄尺寸相对均匀的模而言，制出的范容易控制变形。但对于一些体积大、或体积偏长、上下的宽窄尺寸差异大的器形，如果只纵向分型，制作出的范不易控制变形。在这种情况下，除纵向分型外，再横向分型，将一个器的型分为上下两段或多段制范，这样即避免了泥范的变形，又缩小了泥范的体积而便于操作。下面，用几件擂鼓墩二号墓出土的实物为例进行说明。

（1）大甬钟的分型叠铸工艺

从夏代体积很小的铜铃，发展到战国时期的编钟，各种钟的器形从一开始基本就相差不远，基本都是合瓦形，并都一直采用了二分法制模、制范。特别是西周以前的编钟，基本都能看到两侧铣部有明显的披缝与甬的衡部贯通钟体一周，这是明确采用了二分法制模、制范，而通体贯通的披缝即是两块范的合范缝。这种铸钟的工艺技术，一直持续到春秋中期。春秋中期以后，编钟的铸制工艺在大多数地区以舞部为界，将甬与舞部以下横向分开制模、制范，即在甬模上制甬范、在钟体模上制钟体范，然后叠压起来进行浇铸。这种铸制工艺，称之为分型叠铸技术。

图一三为钟体模立体图，此模两边的分型面为180°，在此模上夯制两块范，就可对合成无甬的钟体。钟两个面的篆、枚及鼓部的纹饰，皆是在制钟体范时采用分型嵌范工艺制作的。枚亦有单另的枚模，较长的圆形枚模也是两分法，短圆的枚不用分型。在枚模、篆模上分别制作枚范、篆范，然后将制好的枚范及篆范安置在钟体模的相应部位，加入泥料夯制成钟体范，这样钟体范的范腔中就具有枚及篆的型腔。图一四为甬钟上的甬模立体图，此模也采用了二分法，模两边的分型面为180°。在此模上夯制两块范甬，就可对合成一套甬范。甬上有纹饰、有斡、有旋，都是如制钟体范一样采用了分型嵌范工艺。在制甬范时，将单元纹饰范、斡范及旋范安置在甬模上的相应部位，加入泥料一次制作好的。当甬范制好后并夹好泥芯，就可叠压在钟体范上成为整体钟范包了。这种分型叠铸的铸钟工艺，从春秋中期以后，作为铸钟的主流工艺，一直应用到青铜时代结束。凡八方形并有纹饰、有斡、有旋的甬，多是采用了这种工艺，其中曾侯乙墓的大型编钟，亦是采用了这种工艺技术铸制而成。

图一五为一件较大甬钟（M2∶81）的分型叠铸的范包剖面

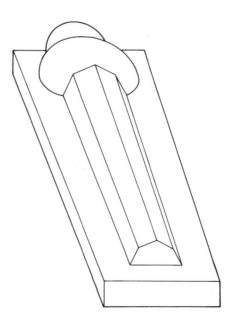

图一四　铜甬钟甬模立体图

示意图，从舞部分型，舞部以上的甬部是单另制模、制范，然后叠压在钟体范上一次浇铸成整体钟。西周以前的甬钟没有采用分型叠铸，是因为西周以前甬钟上的甬多是无纹饰的圆形，便于脱范；春秋中期以后，甬钟上甬部多布满纹饰，并且多从圆形改为八方形，脱范出现问题，才逐渐开始采用分型叠铸技术。

擂鼓墩二号墓出土编钟共 36 枚，全部为甬钟，只是大小有别。编钟两个面的几何形状一样，所以，编钟钟体的模以及甬部的模，都应是采用了二分法制模、制范。以 M2：81 钟为例，甬部有斡有旋，钟体中间有钲，钲两边各有 9 个枚，钟体两个面共 36 个枚，在舞部的平面两边，各有一个明确的浇铸口。

经观察发现，擂鼓墩二号墓编钟的甬部有明显的双合范留下的披缝，其披缝与舞部不贯通，说明甬部与钟体不是在同一模上制的范，而是分型制作的甬模及甬范。甬上的披缝，即是两块单独的甬范对合的范痕。既然横向分型，就需要采用分型叠铸工艺，其铸制方法是以舞部为界分型叠铸。

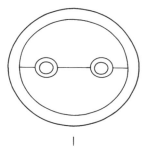

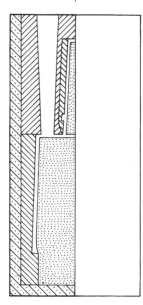

图一五　铜甬钟（M2：81）分型叠铸范包剖面示意图

根据观察到钟外表留下的范铸痕迹，考虑到春秋战国时期范铸技术的普遍工艺，我们绘制了钟体范包结构立体剖面图。如图一六所示，为 1 枚大号编钟的范包立体四分之一剖面图，范包的外面糊草拌泥，里面是钟范的剖面。浇口安置在舞部的平面上，从剖面线的方向不一致可以看到，两层范是从舞部分界的。舞部以上的甬部，属于分型嵌范，是先在甬模上制作包括甬、斡、旋等部的双合范，安置泥芯后对合好甬范，再将甬的双合范及浇口棒安置在舞部模上制作出底面带有舞部纹饰并带有两个浇口的范。拔出浇口棒，范中即形成两个直浇道的空腔。从图一六中看，甬部的泥芯似乎悬空，其实不然。擂鼓墩二号墓甬钟的甬都是八方形，在泥芯的八个面上，每个面都有四个凸起的长方形芯撑，合范后，这些芯撑会顶着范面，使得泥芯与范面之间留下一定的空间。在擂鼓墩二号墓出土所有编钟的钟腔内，可看到约数个楔形芯撑槽，说明钟体的泥芯上亦设有芯撑，为的是控制泥芯在钟体范的范腔中不偏心。

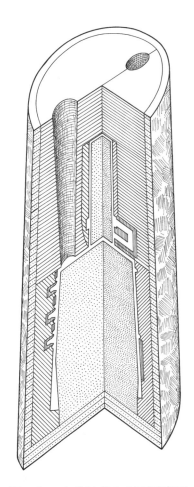

图一六　大编钟范包剖面示意图

舞部以下的范，是在钟体模上制作的钟体双合范。钟体范上枚、篆及鼓部，也属于分型嵌范。当甬范及钟体范都制作完成后，将两层范叠压起来，外糊草拌泥，就成为图一六中一样的范包了。在山西侯马的东周铸铜遗址中，出土有编钟的枚模、枚范、

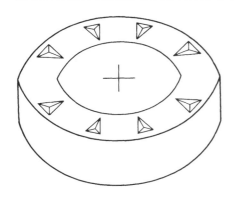

图一七　铜编钟舞部模的立体图

篆部纹饰模、篆部纹饰范等[2]，都说明这个时期铸制编钟采用分型叠铸工艺。

图一七为编钟舞部模的立体图，中间的椭圆形线以内为编钟舞部的型，椭圆形线以外的宽度等于钟范的厚度，在此处设一周凸榫，是为舞部范与钟体范配套对合而设置的。十字的中心即是舞部模面的中心，是安置甬范的部位。舞部模的模面应有纹饰，这里没有绘制。

（2）小甬钟的分型叠铸工艺

以 M2：105 钟为例，虽然其体积较小，但钟体上的结构，与 M2：81 钟一样，只是浇铸口不在舞部，而在钟体的口沿有四个对称的浇口。经观察钟体其他部位留下的铸造痕迹，基本与 M2：81 钟无区别。根据浇口的部位，判断 M2：105 钟的浇注方式是口沿朝上浇铸的。

图一八为根据 M2：105 钟的浇口位置绘制的范包立体剖面图，与 M2：81 钟一样，采用了分型嵌范工艺，先将钟的枚部、篆部、斡、旋部及鼓部的范提前制作好，按各自的部位安置在模面的相应部位，再加入泥料夯制成范；亦采用了分型叠铸工艺，将甬部也提前制作成范，再安置在舞部的模上加入泥料夯制成舞部范。当两头的范都制作好后，叠压起来口朝上糊成范包。M2：105 钟在钟体的模上制范时，模上的口沿外带有对称两个浇口，制范后，范面就会自带两个浇口的型腔，当两块范夹着泥芯对合后，就会在范与泥芯之间形成四个对称的浇口型腔。浇铸时，只需浇一个口就可以，其余的口就成为冒口。

冒口的主要作用是补缩，因浇铸时铜液受高温后膨胀，当铜液充满陶范的型腔后，随着温度不断地下降，铜液体积会逐渐复原而收缩，这时冒口中储存的铜液就会自动下沉补缩。如果没有设置冒口，铸件就会出现缩孔，造成明显的铸造缺陷。所以，在许多青铜器上，一般都能找到有规律的三个、四个或六个浇口的痕迹。浇口或冒口大多是设置在模上的，陶范包上的浇口或冒口，多是在制泥范造型时，从模上自带出来的型。在实际浇铸过程中，只需将其中任意一个作为浇口使用外，其余的都是冒口。

（3）铜方壶的分型叠铸工艺

铜方壶（M2：4）的体积较长，两头细中间粗，两边各有一个兽形鋬。按春秋战国时期范铸技术主流工艺的惯例而言，此器应采用分铸组装工艺铸制而成。经观察发现，两个兽形鋬的足皆为空心，方壶颈部有榫插入鋬的空足内，在两个鋬的兽首与颈的

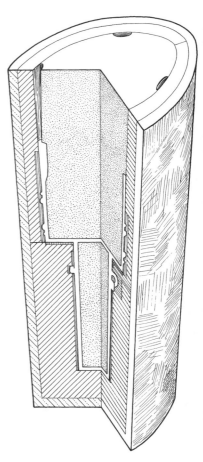

图一八　铜甬钟（M2：105）钟范包剖面示意图

[2] 山西省考古研究所：《侯马陶范艺术》，普林斯顿大学出版社，1996 年。

接合部位，可看到有一周明显的缝隙，说明錾
的兽首与颈部为插接关系，这就进一步说明錾
的兽首与錾的颈部也是分铸组装的。图一九为
我们以观察到的现象绘制的分铸装配图，可看
到此器共分为六个散件分别铸制。

既然是分别铸造，每一个散件都需要制作
模具。对于此方壶而言，需要制作出盖模、方
壶的主体模，以及錾的兽首模、錾的主体模等，
才能分别制作泥范。在此方壶颈部与腹部的结
合部位，可看到一周明显的披缝，说明此方壶
的主体采用了分型叠铸工艺。这里，着重论述
方壶的主体模。

经观察，在此方壶四角的四条垂直线中，
从腹部以上至口沿的四个角，都可看到合范的
痕迹，说明此壶的颈部采用了四分法制模、制
范。在从腹部以下至圈足的四个角中，只有其
中对角的两条垂直线中可以看到有合范的痕迹，
说明此方壶的腹部采用了二分法制模、制范。
在此方壶腹部与颈部结合处的凸棱上，有一周
明显的披缝，说明腹部与颈部是分开制范，采
用了分型叠铸工艺。

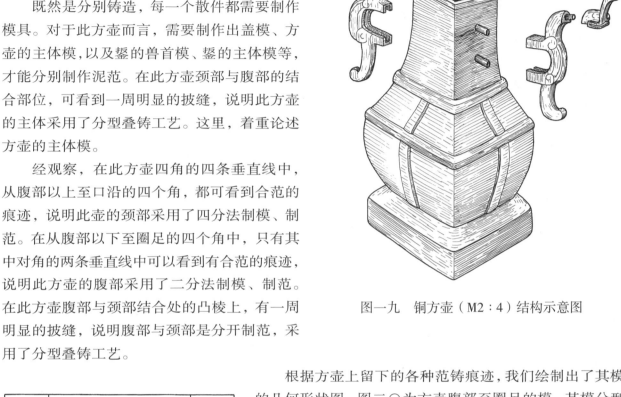

图一九 铜方壶（M2∶4）结构示意图

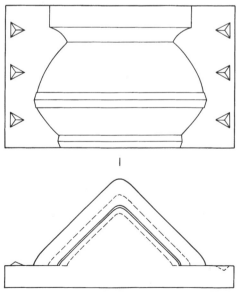

图二〇 铜方壶（M2∶4）腹部至圈
足模示意图

根据方壶上留下的各种范铸痕迹，我们绘制出了其模
的几何形状图。图二〇为方壶腹部至圈足的模，其模分型
面以上的几何形状为方壶几何形状的一半，模的分型面为
180°。从模的线图上可以看出，在此模上夯制出相同的两
块范，夹腹部泥芯及圈足泥芯对合后，即是方壶腹部至圈
足的型腔。

图二一为方壶颈部的模具图，根据方壶上留下的范铸
痕迹，颈部的模为四分法分型制模。在此模上夯制四块范，
对合后，即是方壶颈部的空腔。夹泥芯对合好，范内就是
颈部的型腔。

将腹部范在下、颈部范在上叠压起来，就成为整体方
壶的范包。方壶的盖、錾都是单另制模、制范及浇铸，再
进行铸后组装。

在此模的两套模图中，没有涉及浇铸口。关于此壶的
浇口问题，由于在此壶的口沿及圈足上都没有找到，可能
是铸后将浇铸口打磨干净了。因此，不能确定当时浇口的

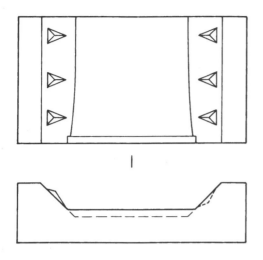

图二一　铜方壶（M2：4）颈部模具图

（4）盥缶盖的分型叠铸工艺

二号墓出土有盥缶（M2：76），圆形，有盖。盥缶的铸制工艺与其他圆形容器的基本一样，就不作专门的论述了。这里仅将盥缶盖的铸制工艺作个说明。

盥缶盖上有一个圆形捉手，盖与捉手之间，是靠四根直立的半圆形铜柱子支撑着。图二三为同一个盥缶盖的四个方向图，在图中的四个白色箭头所指之处，分别为四个铜柱的同一个部位，可看到在每一根半圆形铜柱的弯处，都有一周披缝，并且有

位置。但是，在制范时是可以根据需要任意设置的。在实际浇铸过程中，不论圈足朝上还是口沿朝上，在其范包的最上面都会压一个平板范，浇口可以根据需要，开设足够的数量以及开设在所需要的部位。

在此方壶表面，除颈部中段有一无纹饰区外，其余部位皆有纹饰。经观察发现，此壶的纹饰亦采用了纹饰范拚兑技术，现仅以圈足的纹饰为例进行说明。

图二二为此方壶圈足及口沿下面各有一周纹饰带中的一组纹饰的单元纹饰模盒，其纹饰制作的工艺，与上述甬钟上甬部的纹饰技术完全相同，是先在此模盒中制作出一块块单元纹饰范，将这些纹饰小范片安置在方壶模的圈足上，加入泥料夯成整块范。铸后，在方壶的圈足纹饰带中，可看到每个纹饰单元之间有一条披缝。

图二二　铜方壶（M2：4）单元纹饰模盒示意图

错位的现象；在圆形捉手圈内的底面，亦可看到一周披缝。这些都说明，披缝之处为分型叠铸范的分型面，即盥缶盖的模是在此处分型，分别制范后，再叠压起来进行浇铸。所看到的披缝，是叠压的范之间的范缝。由于分型的范大小体积不同，在阴干及焙烧过程中的收缩量产生差异，将上下盖范叠压在一起时，会出现一些误差，这就是盖中铜柱的披缝出现错位的原因。半圆形捉手上的这一周披缝，与半圆形铜柱的披缝应属于同一块范所产生的披缝，这些披缝的存在，说明了圆形捉手范与盥缶盖体的范为叠压关系。

图二四为盥缶盖的范包剖面示意图，从图中可以看到，盥缶盖的造型是从肩部的

图二三　铜盥缶（M2：76）盖的四个方向图

拐角处分型制的范，而圆盘式捉手则是分了两层制范，然后再叠压起来浇铸的。在盨缶盖的口沿的平面上，可看到均布的六个浇口被打磨过的痕迹，其浇口的位置是靠口沿内侧的，说明在范包中的浇口是开设在泥芯上。范包是圆形的，在浇铸时，铜液只需对着其中的一个浇口浇铸即可，其余的浇口就自然成为冒口。

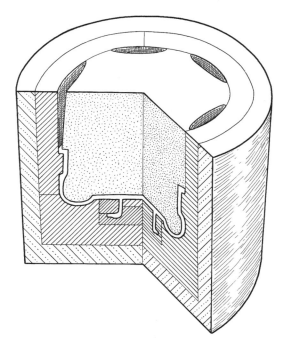

图二四　铜盨缶（M2：76）盖范包剖面示意图

　　在出土春秋战国时期的青铜器中，具有这种圆盘式捉手的容器盖较为常见，有的体积小些的是四根立柱，有的体积大些的是六根立柱，立柱上面为空心的圆盘。毫无疑问这种几何形状属于镂空并分层的造型。从留下的铸痕看，是分别制模、制范，再叠压起来浇铸。擂鼓墩二号墓的M2：76盨缶盖，不但采用了当时流行的分型叠铸技术，同时又采用了分型嵌范技术，先将分别制作的局部泥范叠压起来安置在盨缶盖的模中心，再加入泥料将叠压的局部泥范夯制成整体盖范，这样才能铸制出盨缶盖的这种镂空的圆形捉手。

（5）甗的分铸工艺

　　甗（M2：53），圆形三足，分上下两件铸造后合套装配而成，上件为腹部形似缶，下件为底座形似鬲。西周以前，有整铸为上下一体的甗，亦有上下分铸两件叠压起来使用的甗。M2：53甗为上下两件分别铸制。在图二五中，左边的线图为甗底座三分法分型的模，两边分型面的夹角为120°，模面中间为甗的型，模面两边为模的分型面，模两边两个足的型，都是一个足直径的整一半，每两块范对合成一个完整足，两足之间为平面，口沿以外为芯头。在此范上夯制三块范对合后，在三足之间，会形成一个三角形的空腔，三块范需夹着一个三角形的泥芯浇铸，因此，在甗的底部三足之间，有三条披缝将每两足之间连接起来形成一个三角形，三个浇口就分别出现在三角形披缝每一条的中心。右边的线图，为甗腹部的模具图，亦采用了三分法制的模。在此模上夯制三块相同的范，夹着一个泥芯对合后，即是一套甗腹部的范包。此模两头带有芯头，制出的范两头就会带有芯座，芯座的作用是对泥芯定位。腹部模具上的这些设置，是从甗腹部的口沿及腹底留下的披缝特征反证出来的，并非我们的主观想象。此甗的两个模分型原理一样，其制范的工艺也是一样的，都是在各自的同一个模上制作三块范后夹泥芯对

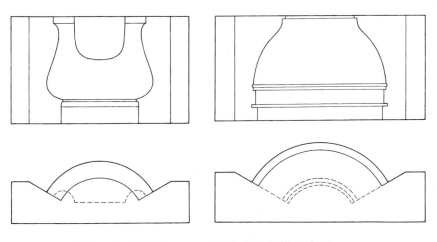

图二五　铜甗（M2：53）的分型制模示意图

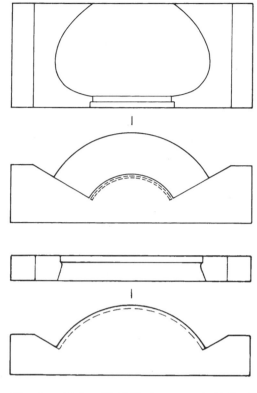

图二六　铜小口提链鼎（M2：70）的分型
制模示意图

合成范包，并都是范的两头夹泥芯，一
头是底座芯。区别只是两个模的形状不同，制出范的形
状不同。

（6）小口提链鼎的分铸工艺

小口提链鼎（M2：70）的铸制工艺，从鼎外表面留
下的披缝看，是采用了普遍应用的三分法制模工艺制的
模，与上述甗的制模工艺相同，在这里论述小口提链鼎，
是因为除采用上述工艺外，同时又采用了分型叠铸技术
铸制而成。在图二六中，上半部分的线图为小口提链鼎
的主体模，120°的分型面，在此模上夯制三块范，可对
合成一个主体的型腔。下半部分的线图为小口提链鼎的
圈足模，在这个模上除圈足外还包括了一小部分腹部的
型。其制范原理与主体模一样，亦是三分法制范工艺。从
此模的两个线图上，即可以看出分别制作的范必须叠压
起来才能铸成此鼎，所以，此鼎是采用了分型叠铸工艺
铸制而成。因此，在小口提链鼎的表面，在腹部接近圈
足的部位，可看到一周因上下范叠压而产生的范痕，这
一周范痕在圈足上的腹部下面，与圈足平行。关于小口
提链鼎上链条的铸制工艺，与后文中提链盘上链条的铸
制工艺一样，后文有专题论述。

3. 分铸组装工艺

所谓分铸组装工艺，是指将器物的形体分开成若干个散件分别铸造，铸出的散件经加工后，
再通过各种工艺技术，进行组装成为整体的工艺。这种工艺在战国时期，应用十分广泛。如战国
时期的许多青铜礼器，采用了这种工艺铸制而成。下面用擂鼓墩二号墓出土的青铜器，举例说明。

（1）铜盘的分铸组装工艺

铜盘（M2：75），圆形，圆底座，口沿下对称两环形耳。从图二七可以看到，这件盘是分五
个散件分别铸造的：先铸造两个圆形环，将圆环套铸在钮内；铸制盘时，在盘的对称两边安置钮
的部位留出圆孔，最后再将提前铸好并带有圆环的
钮穿入盘的孔中铆紧。在此盘的腹内，可看到钮的
相应部位曾被铆过的痕迹。

（2）铜簠的分铸组装工艺

在西周时期，铜簠的錾有与腹部整铸的，亦有
分铸的。春秋以后，其錾与腹部以分铸为主。

擂鼓墩二号墓出土了4件铜簠，图二八为其中
的一件（M2：50）。经观察发现，此簠是分别铸制
出六个散件，即上下腹部及四个錾，再进行铸后组
装。在铸制上下腹部时，会同时在腹部两头的斜面

图二七　铜盘（M2：75）结构示意图

上各铸制出两个榫头，铸制錾时会将四个錾都铸制成空心，上下腹部的榫头，实际上就成为定位的位置，空心的錾对着榫头套上去，再进行焊接使之牢固。

簠上下腹部的铸制工艺相对复杂。由于簠腹部的几何形状是上下宽中间窄，一个模制不出完整的簠范，必须采用分型叠铸工艺。簠的形状不是正方形而是长方形，其模应是宽面、窄面各制作一模，连同錾模共需制作三套模具。在簠上腹部的每个面的中心，都有一个兽面纹的扣，这是在夯制出簠范的相应位置，用一个提前制作好的兽面纹扣模按压出一个兽面纹扣的型腔，就可铸制出口沿带有兽面纹扣的腹部。相同的簠范，若不在范上按压兽面纹扣，铸造后就不存在兽面纹扣。这种工艺属于活块造型工艺，在春秋中期以后至战国时期的范铸工艺中，其应用是十分普遍的。

簠的上下腹部及底面，一般都是一样的纹饰，所以，簠的上下腹部及底面都是用同一个纹饰模制作的单元纹

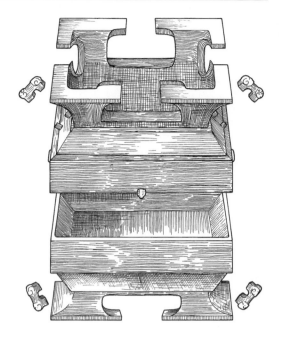

图二八　铜簠（M2：50）结构示意图

图二九　铜簠（M2：50）纹样示意图

饰范。图二九为一个单元纹饰模盒，在此模内的底面，即是此簠上一个完整的单元纹饰组，只需制作出这样一个单元纹饰模盒，就可用泥料制作出许多相同的单元纹饰范，用这些纹饰范可保证簠表面纹饰的高度统一。

（3）升鼎的分铸组装工艺

擂鼓墩二号墓共出了9件升鼎，皆是采用分铸组装工艺铸制而成。即先分别铸制出足、耳、腹部的散件，经铸后加工，再进行组装成为整器。采用这种工艺铸制升鼎，需先制作出足模、耳模、腹部模，及足、耳、腹部的芯盒，应分别在芯盒中制作

出足、耳、腹部的泥芯，在模上分别制作出足、耳、腹部的泥范，分别夹着泥芯合成各自的范包后，再分别浇铸出足、耳、腹部的散件。因这些散件毕竟是铸态的毛坯，需经过铸后的打磨加工，才能相互配合成套。经过加工后的散件，再与腹部焊接成为整器。下面，就升鼎的分型制模论述如下。

因升鼎的足是分铸的，所以需单独制作足模。足模的制作，是用泥料塑造一个升鼎足的泥型，经阴干后焙烧成陶模，再用泥料在足模上翻范。在陶模上制范后，一般脱模是较为顺利的。图三〇为升鼎（M2：62）的足模，与升鼎足的形状完全一样。在这种几何形状的模上制范，以右图中间的凸棱为中心朝两边分型到

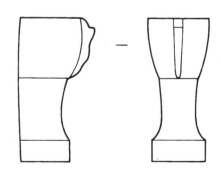

图三〇　铜升鼎（M2：62）足模示意图

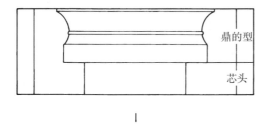

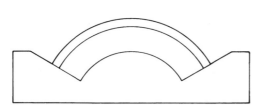

图三一　铜升鼎（M2：62）腹部模
示意图

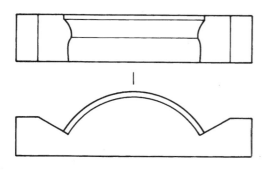

图三二　铜升鼎（M2：64）腹部模
示意图

背后的中心，只需要复印出左右两块范，就可以顺利脱模，对合后就是升鼎足的空范腔。夹一个泥芯，就成为足的型腔。根据需要，可以用泥料在这个足模上制作出所需足范的数量。经阴干后焙烧成为陶范，就可合范铸成足的散件。铸出的足为空心，一是为避免出现大的缩孔，二是可以节省铜料。在足的内腔中，可看到灌满了铅料，应是与焊接有关。

图三一为升鼎（M2：62）腹部的模，经观察发现，在升鼎腹部一周有三条垂直均布对称的披缝，可认为此鼎的腹部是采用了三分法分型制的模。所以，此鼎腹部模面两边的分型面，为120°夹角。在此模上夯制三块相同的范，对合后，即是一个360°圆的升鼎空腔。所以，升鼎腹部垂直均布的三条披缝，是合范留下的范痕。范内夹泥芯后，即是升鼎的型腔。

在升鼎底面约于直径三分之一的同心圆处，可看到一周完整的披缝，在披缝上有三个均布对称的浇口痕迹。这是因为在模面的中心设置有一个浇口，夯制三块范对合后，就会自然形成对称均布的三个浇铸口，铸成器后打掉浇口，就剩下了我们现在看到的三个浇口痕迹。底面一周完整的披缝，是由三块陶范夹一个芯铸后形成的。

升鼎的耳亦是单另制作模具，单另制范、浇铸的。铸制一件升鼎，需要分别铸造一个鼎腹、两个耳及三个足，分别铸制好后，经打磨加工与腹部配套，再焊接到相应的部位。

在擂鼓墩二号墓中，还出土有体积较小的升鼎，其腹部、足的形制与上述升鼎有所不同。从铸造留下的特征看，从口沿至腹部一周留下了三条均布十分明显的垂直披缝。在足与腹底的结合部位，可看到明显的焊接痕迹。根据此鼎留下的范铸痕迹，我们绘制了此鼎的分型模具图。图三二为此升鼎（M2：64）腹部的模，亦为采用了三分法制模、制范。图三三为此升鼎的足模，制范时是以兽面中心的扉棱为中心，对开分型制左右两块范对合而成足的型腔。其足的形制有别，但其铸制的工艺不变，亦是先分别铸制出一个腹部两个耳及三个足，经铸后的打磨加工，再进行组装成为整体升鼎。

4. 实物造型工艺及其他工艺

除上述主流工艺外，还能见到一些无模的实物造型工艺的产品及陶范。所谓实物造型工艺，是指该器在铸制过程中没有采用分型制模工艺制作模具，而是用铜器实物充当模

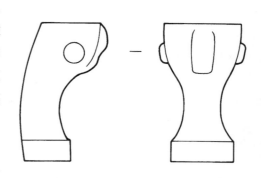

图三三　铜升鼎（M2：64）足模
示意图

图三四　铜簋（M2∶41）

具进行制范的工艺。如擂鼓墩二号墓出土的8件簋及9件鬲，即是采用了实物造型工艺铸制而成。

（1）簋的实物造型工艺

擂鼓墩二号墓出土方座簋8件，在纹饰区中，纹饰范拚兑的痕迹为复制的效果而不是用纹饰范拚兑的效果。在方座及腹部的四个角中，有两个对角有明显的披缝，而另两个对角没有。图三四为二号墓中出土方座簋之一（M2∶41），白色箭头所指之处为其中一条披缝，与之对角处，又有一条披缝。其他的簋皆如此。与鬲一样，方座簋的披缝也是歪的。因此认为，方座簋用铜器实物当模，用泥料直接在实物上制的范浇铸而成。在簋的对角处出现的披缝，应是两块范对合后产生的范痕。

认为此簋采用了实物造型工艺有两个理由：其一，是关于披缝的问题。此簋如果采用分型制模，模面两边会存在较为标准角度的分型面，制出的范也会具有标准的分型面，合范后，铸出的簋就不可能留下如此歪斜的披缝。只有在完整的型体上翻的范，才会出现这样的现象。因为，当在分型的模上翻范时，由于模两边的分型面挡住了泥料，使泥料在制范时受到限制，只能将泥料在模的分型面上夯实为止，无可能超越分型面。图三五为两分的簋模及簋的范包线图。左边为簋模，其分型面为180°，如果在这样的模上夯制两块范，夹泥芯对合后，即成为右边的范包，这样浇铸出的簋，其留下的范痕应是较为规整的。当在完整的模上制范时，由于完整的模无分型面，制范的泥料不受限制。当将泥料敷到整模上制第一块范时，范的分型是靠手工掌握，本来就保证不了规整，当制第二块范时，由于泥料是软的，又会将本不规整的第一块范的分型面挤压再次变形。其二，是关于纹饰的问题。战国时期铸制青铜器，凡表明铸有规律性方格式纹饰的，普遍是采用了单元纹饰范拚兑技术。用这种技术制作的纹饰、方格较清楚，其方形格较为截然。然而M2∶41簋的纹饰及方格均十分模糊，方格的线条不是截然的，亦是模糊的。造成这一现象的原因，应是在实物上制范的结果。正常制作纹饰范拚兑工艺时，是用在纹饰模

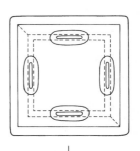
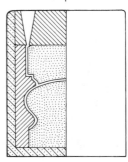
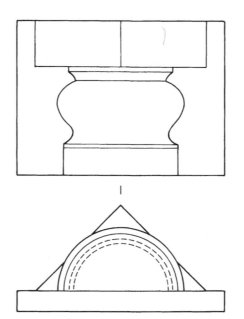

图三五　铜簋（M2∶41）的范铸工艺推想图

中制作出来的单元纹饰范一块块拚兑在模面上，这些纹饰范之间的拚兑是截然的，铸后铜器表面纹饰间的披缝亦是截然的，但用泥料在实物上造型时，是一整块泥料在复印纹饰，就是一片模糊的效果了。由于簋表面的面积较大，又存在较大的角度，泥料敷上去后不论怎样夯实，泥范脱模后都会是没棱没角的模糊状态，特别是纹饰会更为模糊。因此，可以认为此簋是在实物上制的范。

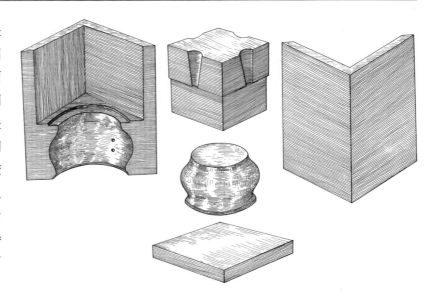

图三六　铜簋（M2：41）范包结构示意图

图三六为此簋的范包敞开图，是依据此簋上留下的铸造披缝绘制的。从图三六中可以看到只两块范夹着两个泥芯，上面的泥芯为簋底座的型腔，下面的泥芯为腹部的型腔，两个泥芯之间垫着一些铜质垫片。夹着泥芯后叠压在平板范上，浇口设置在底座的泥芯四个边的中心。所以，在此簋的方形底座四个边的中心，皆可清楚地看到有浇口被铸后打磨过的痕迹。簋腹部的两个对称的鋬，是单另制范浇铸的。所以，在每块簋范的腹部安装鋬的部位，用木棍或其他工具压出两个小孔，铸后就会出现凸起的榫，以便安装鋬时定位。簋范包中泥芯的制作较为简单，在同一件簋当模的情况下，制作出的许多套范基本是一致的，只需多制作一套范，用这一套范当芯盒，这样芯盒的几何形状与范完全一样，只是尺寸稍小。在范面贴一层泥片，缩小内腔尺寸后当芯盒，就可以制作泥芯了。当然，我们绘制的范包图中范的背面是棱角分明的，这只是个理论图，而在实际操作时，很可能是较为圆滑的，可以肯定不会是如此的棱角分明，但范面的几何形状，即是铸出的簋的外部几何形状，应与图中相符合。

在此簋的盖上，亦可看到单元纹饰范拚兑的纹饰。图三七为簋盖上的一组纹饰，与上述牛形钮盖鼎盖上纹饰的制作方法一样，亦是采用了扇形单元纹饰范拚兑出的整圈纹饰带。仔细观察可以发现，每一组纹饰都是一样的，是出自同一个纹饰模。

（2）鬲的实物造型工艺

在擂鼓墩二号墓中，共出土有10件铜鬲，其中大型鬲（A型）1件，小型鬲（B型）9件。这里对9件小型鬲的铸造工艺进行研究。从分别留下的范铸痕迹看，有6件鬲采用了纵向分型制范，3件鬲为横向分型加纵向分型制范。图三八为9件铜鬲中的两件（M2：29及M2：28），分别代表了两种不同的分型方式。可看到左上图鬲在腹部横向分型留下了明显的披缝，其上又有一条纵向分型留下的披缝至口沿呈倒"丁"字形。右边的鬲在足部外侧有一条纵向分型的斜披缝，如这样的披缝，在此鬲三

图三七　铜簋（M2：41）盖部纹样示意图

个足的外侧都有。从留下的披缝看，这两件鬲分别采用了不同的制范工艺铸制而成。经观察、研究后认为，两种不同分型工艺的鬲，皆是采用了与上述簋一样的造型工艺，即实物造型工艺。

左边鬲（M2：29）是用泥料先从底部制范，将泥料包裹至腹部我们看见的披缝处，将鬲翻过来口朝上，再用泥料在腹部至口沿制范，左右各制一范，共三块范将鬲全部包裹。当然也可以先制出口沿至腹部的左右对开两块范，再制作足部的范。与右边的鬲相比，这样制范可省掉三足下面的泥芯。所以，此鬲表面可看到的披缝，全部属于范痕。

右边的鬲（M2：28），在鬲表面以每个足的外侧中心为分型处，分三分进行制范，

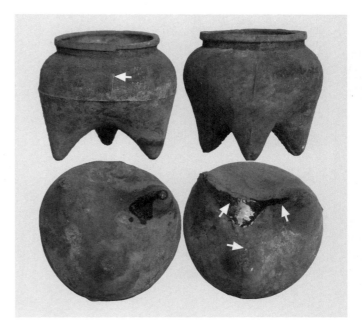

图三八　铜鬲范痕结构图
左：M2：29　右：M2：28

范从口沿包过足底，三块范之间夹一个泥芯，三个浇口分别开设在泥芯靠足尖的部位。在右下图中三个白色箭头所指之处，是三个明显的浇口被打断了的断茬。右边鬲的泥范造型工艺，与左边鬲的造型工艺显然不同，是先用泥料在三个足之间作成泥芯，制作泥芯时在每个足尖的内侧安置一根木棒作为浇口棒，浇口棒是上圆下扁，泥芯制作好后拔出浇口棒，再用泥料采用三分法制范，分型面就在每个足的外侧中心。制作这件鬲的制范方法属于常规的范铸方法，是三块范夹一个腹芯及一个底芯，浇铸后，留在足尖至口沿的披缝，为三块范对合留下的范痕，而三个足之间的三角形披缝，则是三块范夹一个泥芯留下的痕迹。

在我们所看到的以上两件鬲中，留下合范的披缝都是不正常的。左边鬲不属于分型制模的方式。如果采用分型制模，这么小的鬲，会从口沿至足底一范到底，没有必要从腹部再分型。右边的鬲，虽然采用了常规的三分法制范，但披缝明显是歪的，并且每个足外侧的披缝歪的斜度都不同，显然三块范不是出自一模。如果说，为制三块范分别制作三个模，不会有人相信。这只能有一种解释，即不是在分型的模上制的范，而是在实物上制的范。

图三九为分别两种鬲（M2：29及M2：28）的范包结构图，是根据两种鬲

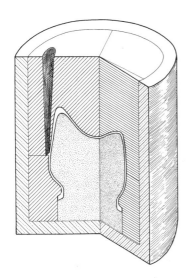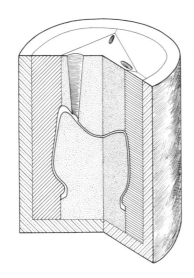

图三九　鬲范包结构示意图
左：M2：29　右：M2：28

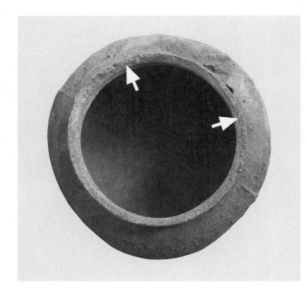

图四〇　铜鬲（M2：23）口部断茬痕迹

表面留下的铸造痕迹绘制的。由于左边鬲是从腹部分型，在左边的范包图中可看到以腹部为中心上下分型。而右边鬲是一范到底，所以，在右边的范包图中，鬲的腹部没有横向分型。当然，在实际制范的操作中，制出的范不可能都规整，对合的范包也不可能如此圆，此图只是个理论图，用以说明范包的内部结构。

在出土的9件小型鬲中，除上述范包图中的两种浇铸方式外，还有第三种浇铸方式。图四〇是编号为M2：23的鬲，两个箭头所指之处，分别是两个明显的浇口被打掉后的断茬痕迹，说明这件鬲的范包结构与前两者又有所不同。一共9件鬲，就有三种各不相同的浇铸方式，有在足底浇铸的，有在

腹部浇铸的，亦有在口沿浇铸的。从宏观看，9件鬲的形制一样，但却有两种不同方式的合范现象及三种浇铸方式，用三种制模方式来解释是讲不通的，因此鬲的造型非常简单，不可能为如此简单的器物制作出三种各不相同的模具。最大的可能，是使用了实物造型的方式制范。实物是整体，在实物上制范时，没有分型面挡泥料，制范时不受限制，靠手工分出的分型面就规整不了。对于采用实物制

图四一　铜建鼓座（M2：71）内、外面

范，一个实物可以有几种造型方法。

在上述簋与鬲的表面，都留下了明显非正常分型的披缝。簋与鬲的数量都在八至九件，其表面的披缝又各不相同。因此，将簋及鬲的制范工艺认定为实物造型工艺。

（3）建鼓座的铸造工艺

出土建鼓座一件（M2：79），圆形，中心有一凸起的圆孔可插木杆之物。从外表面的范痕可以看到三条明显的披缝，可以认为此建鼓座采用了三合范的工艺铸制成的。图四一为建鼓座的内外两个面，可以看出器形较为简单，只需要一块底范、三块纹饰范夹一

图四二　铜建鼓座（M2：72）长方形芯撑孔

个泥芯就可以铸制成。与前述编钟的芯撑一样，建鼓座的泥芯上也设置了芯撑。在图四二中，两个箭头所指之处，可看到两个长方形的芯撑孔。在建鼓座表面一周，约有九个这样的芯撑孔。在泥芯上设置这样的芯撑，目的是为控制范与泥芯之间的空隙，亦为保证泥芯不偏心。

在建鼓座的表面纹饰中，可看到有许多相同的纹饰块组成，说明建鼓座亦采用了单元纹饰范的挤兑技术铸制而成。

（4）炭盆的铸制工艺

炭盆一件（M2∶72），三足两耳，耳中套有可活动的铜链条。从炭盆外表面留下的披缝看，除提链外，此炭盆采用了三分法制模及制范。可看到此炭盆腹部一周的纹饰中有

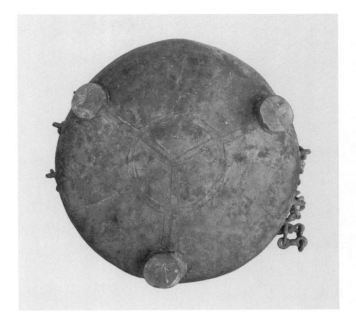

图四三　铜炭盆（M2∶72）底部

许多相同的纹饰单元，说明此炭盆采用了单元纹饰范挤兑技术铸造了纹饰。图四三为此炭盆的底面，可看到足与炭盆底面之间有明显的缝隙，说明足为分铸组装。亦可看到盘底有一周整圈的披缝，其披缝外有三条垂直的披缝，说明此炭盆的底面是采用了三块范夹一个泥芯铸制而成，并可看到浇口开设在泥芯上。由此看来，除链条及足外，此炭盆的基体是采用了三块范夹上下两个泥芯铸制而成。

（5）炭盆上铜链条的铸制工艺

擂鼓墩二号墓出土有提链鼎、炭盆，上面都有链条。战国时期铸造的铜链条较为常见，一节套一节可以活动。关于铜链条的铸制工艺，属于一种套铸工艺即先铸出一些独立的单个链子，然后再一个个套铸而成。经对炭盆的链条仔细观察，发现链条上有明显的规律：即在一节链条的两头发现有套铸的痕迹，那么，与这一节链条的两头套在一起的链子，都是无套铸痕迹的链子。依此类推组成整条链条。

图四四为炭盆（M2∶72）上的链条局部，可看到横着的这一节链条的两个环，在两个朝下的白色箭头所指的范围内，为套铸时留在环上的痕迹，在两头被套入的两节链条的环上，都没有这种痕迹。这说明，两头的两节链条是提前铸制好的，铸制中间的这一节链条时，将两头铸好的链条环套在链条范中，再铸制中间的链条。根据这一

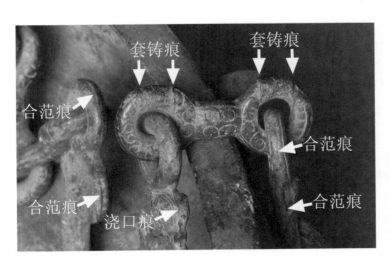

图四四　铜炭盆（M2∶72）链条铸制痕迹

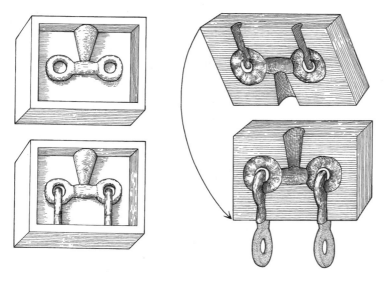

图四五　铸制链条的模具图及套铸工艺合范原理图

原理及链条环上留下的现象，我们绘制了铸制链条的模及套铸范的范块立体图。

图四五为铸制链条的两种模具图及套铸工艺的合范原理图。左上角为制作单个链子范的模，模中有一节链子及一个浇口，其余为分型面，在这个模上可以制作出许多相同的范，范面只有一节链子的型腔。链条两头的环为中空，范腔中空的部位为泥芯，这个泥芯是制范时从模上带出来的，铸造工艺中将这种芯称之为自带芯。那么，体现在每一节链子外的披缝，即是范痕。每两块范对合，即可铸制出一节链子。模是陶质的，用泥料填入陶模中制范，可以根据需要，制作出所需数量。此链模的模面为链子直径的一半，制作出的每一块范的型腔，为一节链子直径的一半，每两块范对合后，即为一节完整链子的型腔。这样浇铸出的每一节链子，都只会在链子直径的中心留下一周合范的痕迹，不会在圆环处留下套铸的痕迹。因对合的两块范面都有完整的型腔，这种范就称之为双合范。

左下图为链条的套铸模，在此模中制作出的范，是用来套铸链条的。右边上下两块范都是从左下图的链条套铸模中制作出来的范，与左上角的单个链条模同理，在链条套铸模中制作出来的许多一样的范，型腔也是完全相同的，其型腔中带有卡链条的槽。将提前铸制好的链条一头用两片范包裹，将包裹好的链条嵌入到一块链条套铸范中，将另一块链条套铸范对合，由于包裹链条的小范片中心有一个圆孔，圆孔的直径即链条的直径，对合好的链条套铸范浇铸后，提前铸制好的两节链条，就这样被套铸进新铸制链条两头的环中了。

当铸制够了需要的链条长度，再采用相同的方法将链条套铸进附件的环中，最后再将附件组装到炭盆的两边。图四六为炭盆两边附件与链条套铸范包的剖面图，在范包中，空白处为附件的型腔，是待铜液充型的部位。提前铸制好的链条被两个小范片包裹着夹在附件的范中，浇铸时，由于附件的环中有小范片，铜液不能直接与链条接触，浇铸后，掏掉附件环中的小范片，链条就被套铸在附件的环中了，并且活动自如。

春秋战国时期，链条的出土量较多，套铸工艺较为常见，但有各种各样的工艺，并非此一种。擂鼓墩二号墓的这种链条是一节套铸两节，而更多的则是

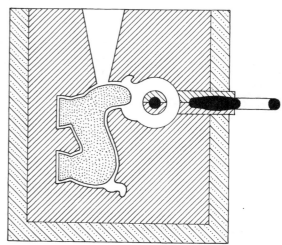

图四六　铜炭盆（M2：42）两边附件与链条套铸范包的剖面图

一节套铸一节。从工艺特点来看，擂鼓墩二号墓链条的范铸工艺留下的特征，是套铸痕迹留在了链条一个边顺长方向的两个环上，而其他遗址出土的链条，其套铸的痕迹多是留在了链子一头顶端的位置。从这些铸制特征来看，擂鼓墩二号墓链条的铸制工艺较有特色。

5. 各种铜器范包中泥芯的制作

在前面的论述中，多次提到了范中夹泥芯的问题。在这里，简单解释一下泥芯的制作原理。泥芯的几何形状，即是器物内腔的几何形状。器物的外部几何形状来自于范的型腔，范的型腔来自于模，泥芯是器物外部缩小了的几何形状，那么，泥芯的几何形状亦只能源于模。

往往铸制青铜器不是一件两件，如九鼎八簋等，擂鼓墩二号墓中就有9件小型鬲。以这9件小型鬲为例，如果用泥料直接雕塑泥芯，人的手工难以掌握精确的尺寸，亦难以雕塑得一样。如果将模刮削一层得到芯，首先需制作九个模才够刮削，其次是能制范的陶模，泥模是不能用于制范的，而陶模又很难刮削得厚度均匀。所以，泥芯即不可能用泥料直接雕塑而成，亦不可能是用陶模刮削而成，只能从芯盒中制得。从芯盒中制作泥芯，即可保证表面的光洁度，亦可保证泥芯的几何形状及尺寸的统一。

芯盒是从模上制作的，所以，模不但可以用于制范，亦可以用于制作芯盒。芯盒的型腔与范一样，只是芯盒的内腔尺寸比范腔小，小出的尺寸即等于器物的壁厚。

当器物的模制作好后，是要经阴干、焙烧成为陶模才能制范。烧成陶质的模，其尺寸经过了两级收缩，不会再收缩变化了。当用泥料在陶模上制范时，制作出的是泥范，经阴干后会有所收缩。其收缩尺寸的大小，完全取决于泥料的含水量。当用相同的泥料制作够了泥范的数量，再多制作一套范，这一套范就可以当芯盒使用。在范腔内粘贴一层泥片缩小型腔的尺寸，经过焙烧后成为陶质，这套范就被称之为芯盒。

用于制范及制芯的泥料，都是含砂量约为50%的泥砂混合料加水后陈腐，其区别是：用于制范的泥料是经过反复练制的，用于制芯的泥料，不经过练制，而是直接制芯。所以，从遗址出土的范与芯可看到，范是被烧结的，其质地如砖瓦，芯却是散砂，一掏就破碎。加入细泥砂料在芯盒中夯实即成为泥芯，打开芯盒取出泥芯经阴干、焙烧后，即可与范组成范包。

6. 擂鼓墩二号墓部分青铜器 X 射线检测

有些铜器的壁厚，人的眼睛可以看见，甚至可以进行测量，而有些铜器的壁厚是全封闭的，即看不见内部的结构又无法测量其厚度，如甬钟的甬、鼎的足等。采用 X 射线进行检测，可较为准确地拍摄出其厚度，又可拍摄出其内部的结构。因此，我们采用了 X 射线对一些具有代表性的铜器部位进行了检测。

（1）对牛形钮盖鼎钮内部的检测

牛形钮盖鼎（M2：71）有三个对称均布的足，明显是与腹部分别铸制后组装成为整体的。图四七是牛形钮盖鼎同一足的两个部位，从左向箭头所指的部位可以看到，紧靠鼎腹部的足内有铜榫，铜榫与足的内腔之间有较大的空隙，不是紧配关系，说明腹部的铜榫是对组装足时起定位作用的，而对足与腹部的组装不起紧固作用。图中不规则形或长方形黑色的小块处，为足内泥芯上的芯撑。右向箭头所指之处，是足壁的外表面，可清楚看到其厚度，在拷贝箱上测量，其足一个面的厚度为2毫米。

（2）对三件甬钟甬部厚度的检测

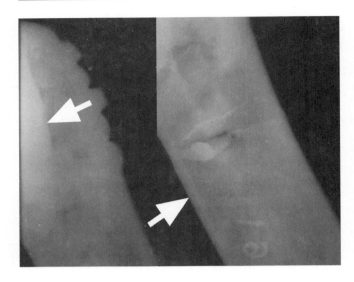

图四七　铜牛形钮盖鼎（M2：71）足部 X 光片

亦可看到许多明显的黑色长方形，这些黑色长方形都是甬内泥芯上的芯撑。甬钟上甬的直径较大，如果铸造成实心，甬与舞部的结合部位就会出现大的缩孔。因此，必须将甬部铸成空心。铸空心就需要安置泥芯。由于甬部一周的铜料将泥芯包裹严实，所以，甬中的泥芯为永久性泥芯。

在擂鼓墩二号墓出土的36件甬钟中，大多数的甬部看不到长方形的芯撑孔，这是由于大多数的芯撑没有顶实甬范，但泥芯上的芯撑却是客观存在的；亦有芯撑顶实甬范的，形成的长方形芯撑孔露在表面，可看到八方形的甬上每个方的面上均布有四个芯撑，一个甬内就有32个芯撑。

（3）对铜方壶錾内部结构的检测

图四九　铜甬钟甬部 X 光片
上：M2：107　下：M2：103

擂鼓墩共出土36件甬钟，其体积有大有小，甬部有粗有细。宏观上看，很容易感觉到大甬钟的甬部厚，小甬钟的甬部薄。针对这一问题，我们对体积最大、最小及中间的三件甬钟的甬部分别进行了 X 射线的检测。图四八为 M2：80甬钟甬部的 X 光片，图中箭头所指之处，为甬内部壁面的边沿。在拷贝箱上测量，其壁厚为4毫米。在图四九中，上面的是 M2：107甬钟的甬部，其厚度为3毫米；下面的是 M2：103甬钟的甬部，其厚度为4.5毫米。

从 M2：107钟的 X 光片中不仅可以看到厚度，

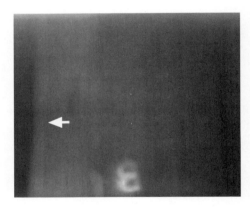

图四八　铜甬钟（M2：80）甬部
X 光片

铜方壶（M2：4）有对称两个兽形錾，錾的兽形有首有尾，在首后的颈部有一明显的缝隙，说明錾的首与颈是分别铸制的。问题在于錾内的结构是个什么样？通过 X 射线的检测，内部的结构及錾的厚度都被拍摄到了 X 光片上。

图五〇为铜方壶錾两个面的 X 光片，凡錾中长方形黑色的部位，皆为泥芯上的长方形芯撑孔所致，其作用与上述建鼓座上的芯撑孔一样的。在合范时这些芯撑没有与范顶实，在錾的表面看不到这些芯撑孔，但在 X 光片上却是一目了然。还可看到，颈部与榫是一整体，榫插入首部约24毫米。

（4）对炭盆足部的检测

炭盆（M2：72）有三足，为分铸组装。足一周无孔，因此看不到足的厚度。图五一为炭盆足部的 X 光片，片中黑色的方形为足内泥芯上的芯撑处，两个箭头所指之处，皆是足的内壁，其足部的厚度为 3.5 毫米。

（5）对升鼎耳部的检测

升鼎（M2：61）有两耳，明显为分铸组装。图五二为升鼎耳部的 X 光片，可看到耳内有榫呈不规则形状，双耳包在榫外的鼎口沿，耳的壁厚 3 毫米，黑色的长方形为耳内泥芯的芯撑孔。从 X 光片中可以看到，鼎口沿的榫与耳之间没有紧配的结构，而且榫呈不规则形，说明鼎口沿的榫是在组装耳时起定位作用的，对耳不起紧固作用。

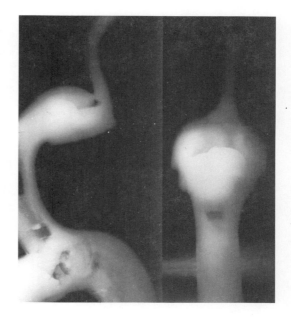

图五〇 铜壶（M2：4）錾的两面

（6）对豆柄内的检测

豆（M2：12）底部中心有一圆豆柄，从范铸工艺角度看，没有可能实现整铸，必须采用分铸组装工艺。图五三为盘底中心与柄部结合部位的 X 光片，可看到箭头所指之处，为柄内不规则形的榫，与柄内不存在紧密配合的结构，看来榫的作用亦是起定位作用的。旁边的黑色长方形为芯撑孔，下面横向的白色部位是泥芯有裂缝使得浇铸时铜液充入缝中所致。经测量，榫长 42 毫米，豆柄套在榫外，柄壁厚为 2 毫米。

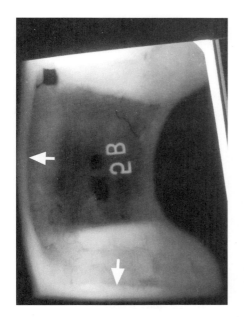

图五一 铜炭盆（M2：72）足部
X 光片

7. 擂鼓墩青铜器群的历史属性

曾国属于楚系，曾国的青铜器在楚文化中影响深远。研究曾国青铜器的范铸工艺技术，不但有利于对曾国科学技术的了解，亦有利于对楚文化深层次的理解。经对擂鼓墩二号墓出土青铜器群铸制工艺技术的研究，我们认为有以下特点。

（1）擂鼓墩二号墓的青铜器是在当地铸造

铸制青铜器的范料、芯料皆是泥土。凡经科学检测过的范铸遗址，如陕西的周原、山西的侯马、河南的殷墟及洛阳的北窑等范铸遗址，其陶模、陶范的泥料来源，皆是就地取土。曾国属内陆地区，其制模、制范的泥料，也只能是就地

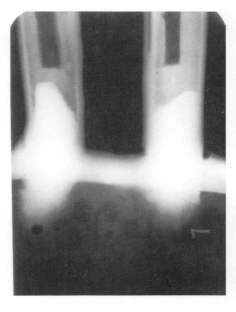

图五二 铜升鼎（M2：61）耳部
X 光片

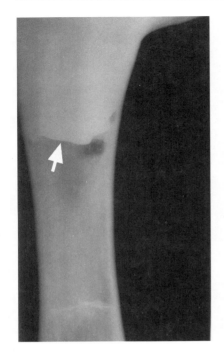

图五三　铜豆（M2：12）盘与柄
　　　　结合部位的X光片

取土。铸后将范打开取器，范多破损被废弃，一般不会随铜器出土，而铜器上的一些泥芯，如圈足内的泥芯、鼎足内的泥芯、鼎耳内的泥芯、甬钟的甬内泥芯等，则多被随铜器而保存下来。中国科技大学科技史与科技考古系科技考古实验室对铜器上多处泥芯的取样作化学成分分析，经与湖北的随州、枣阳、丹江、盘龙城，以及河南的殷墟、新郑、山西的侯马、陕西的周原等地的生土作化学成分的对比得知，擂鼓墩二号墓的青铜器并非在擂鼓墩铸造的，但还是在当地铸造，其地理位置可能在今随州至枣阳的范围内，说明曾国当时在当地有着自己的青铜范铸作坊，并离都城较近。

（2）曾国范铸技术与中原同步

擂鼓墩二号墓青铜器群的制作工艺，普遍采用了春秋晚至战国时期范铸技术中的主流工艺，即分型制模、分模制范、单元纹饰范拚兑技术、分型嵌范技术、分型叠铸技术、芯盒制芯技术及分铸组装技术。这些范铸工艺中的各种技术，都是春秋中期以后，中原各地铸制青铜器普遍应用的工艺技术，并非曾国的发明，而是自商代以来，以中原为中心地区逐渐发展起来的传统工艺技术。但这一现象说明，曾国在对外交流方面，起码在青铜器的范铸工艺技术方面，一点也没有落后于中原地区。

（3）曾国有庞大的范铸作坊

擂鼓墩二号墓中青铜器铸制作坊的规模应是相当庞大的，从青铜器表面的一些现象看，各工序的工艺分工较为明显。例如出土的两件盥缶（M2：76及M2：77），宏观看其形制、尺寸一样，腹部纹饰也基本一样。但若仔细观察就会发现，两件盥缶盖及錾上的纹饰却迥然不同，甚至连錾内套的环也明显不是一模所出。图五四是上述两件盥缶的局部合并图，可看到两件盥缶有许多不一样之处。这种现象至少可以说明两个问题：其一，一样形制的盥缶，没有必要如此制作成局部许多的不同，最大的可能，是这两件铜盥缶在作坊里分别被分配到两个工匠手中去制作了。其二，纹饰不同，但尺寸、规格相同或十分相近的纹饰模，尺寸十分相近的錾模、链条模，在这个作坊里不止一种。

铸造青铜器是一个复杂的系统工程，范铸工艺包括设计、练泥、制模、制范、制芯、作纹、焙烧、熔炼、浇铸以及打磨加工、铸后组装等等，工序繁多，在这些工序中，每一道工序都需要专

图五四　铜盥缶（M2：77、76）的局部合并图
左：M2：77　右：M2：76

业技能较强的人操作才能胜任。因此，能够成组、批量铸制如擂鼓墩二号墓青铜器群的范铸作坊，其各种技工人员的数量，应在数十人甚至近百人。

（4）擂鼓墩二号墓编钟应是实用钟

与其他青铜器不同的是，编钟必须整体铸造。因编钟要被敲击发声，只有当钟体完整时，受冲击后会产生完整的振荡频率，发出优美的音色。若采用分铸组装，一旦被敲击，振荡频率受阻，就会发出非完整的音色。因此，凡出土的实用编钟，皆为整铸。

二号墓出土甬钟所有的篆部及甬部，都可看到许多规整的长方形芯撑孔。这些芯撑孔是由泥芯上的芯撑顶着范面浇铸后形成的，其目的是为控制泥芯不发生偏心。泥芯是在芯盒中制作的，36件钟的体积各不相同，每一个泥芯都需要制作一个芯盒，制模、制范、制芯都需要分别制作，从设计到施工，其范铸工艺的规模，不言而喻是相当庞大的。但是，仅凭娴熟的范铸技术，是不能铸制出能够演奏的编钟，铸制编钟的工匠须与懂音律的人配合，才能铸制出能够演奏的编钟。经观察发现，在每一件甬钟的口腔内，都能看到为调音而被磨削过的燧部，其磨痕历历在目，说明每一件编钟铸后都经过调音。武汉音乐学院对这套钟的音高曾做了检测[3]，亦说明这套编钟完全可以实用。所有这些，都说明曾国社会当时的科学技术，达到了一个相当高的水平。

（5）青铜器范铸工艺的新发现

在擂鼓墩二号墓中，有采用实物造型工艺铸制的青铜器。在殷墟、侯马的铸铜遗址中，都曾出土过一些分型面不规整的范，一般都认为这些范是在整模上翻制的范；而擂鼓墩二号墓中的9件B型鬲及8件簋，从实物的表面痕迹上看，应为实物造型工艺，而非塑造的整模工艺制范。这是一个较为重要的发现，它为我们判断青铜器表面的铸造痕迹提供了新的信息导向，亦开启了对范铸遗址出土陶范认识的新途径。

8. 结语

前面所述擂鼓墩二号墓青铜器群的范铸工艺技术，以及绘制的模具图、范包图、立体范包剖面图、器物的分铸组装结构图等，这些图是作者根据该铜器表面留下的披缝，参考春秋战国时期范铸技术的主流工艺，从模范关系角度判断其制模、制范工艺，从范铸逻辑角度看其可行性，经反复推敲工艺，再绘制成便于理解的各种图示。关于本文中绘制鼎（M2：71）的单元纹饰模、足模、耳模等线图，皆是参照山西侯马出土的单元纹饰模、足模、耳模等的几何形状及制模的分型原理，结合 M2：71 鼎的实际几何形状绘制的。

擂鼓墩二号墓的青铜器群中，其绘图的针对性是有选择的，选其在范铸工艺技术方面、分铸组装方面等具有代表性的铜器，没有必要对每一件都进行论述。

在青铜时代里，青铜器的铸制都是采用了范铸工艺技术，那么，在铜器表面留下的各种范铸痕迹中，存在着各种明显的模范关系；在青铜器的几何形状以及主体与附件的关系中，又存在着明显的范铸逻辑性。如前述升鼎的腹部为均布的三条垂直披缝，说明升鼎的模为三分之一型即三分法制的模，模面的几何形状只有升鼎腹部几何形状的三分之一，说明升鼎的腹部是在同一个模上夯制了三块相同的范铸制而成，这就是它的模范关系。又如前述铜簋，从范铸工艺的常规技术看，这件簋的四个錾与簋的腹部不可能实现整铸，只能采用分铸组装工艺。经观察发现，四个錾

---

[3] 武汉音乐学院编钟古乐器研制陈列室、随州市博物馆：《擂鼓墩二号墓编钟及其音律测试》，《黄钟》1988 年第 4 期。

皆明显为分铸焊接，这就是它的范铸逻辑。这就是从器物的几何形状及结构看铜器的范铸逻辑，以此来绘制器物的分铸组装结构图。

采用青铜时代范铸技术的方法论，对一个遗址出土青铜器群的工艺技术进行论证，可从古代的科学技术方面提取信息，从而获得更多的资料或信息。作者曾对许多青铜器进行过铸制技术的论述，但都是对单件而言。现对擂鼓墩二号墓青铜器群工艺技术的系统研究，较容易找出同时代工艺上的共性，一方面给青铜器的断代提供依据，另一方面也为各个时期青铜器的范铸工艺特征提供素材。

另外，在本文中，关于铜器表面留下的铸缝多称之为"披缝"而较少称其为"范缝"，是因为在青铜器表面产生铸痕的原因并非都是合范所致。青铜器的铸造是多块范的组合，是范和芯的组合，即使是范痕，又存在两范对合痕、分型嵌范痕、分型叠铸痕、单元纹饰范挤兑痕等。如果是两块范对合，其铸后产生的铸痕属于"范缝"，这似乎大家都较容易接受，但有许多缝是陶范夹着泥芯铸后产生的缝，如果将其统称为"范缝"，可能会产生理解上的偏差。因此在论述器物表面的铸痕时，先采用了中性名词，将可看到的铸痕先称其为"披缝"，再来解释其形成的原因。

十分感谢随州市博物馆给我提供了研究出土标准器的机会，从这一青铜器群中，认识到了古代实物造型工艺的存在，并认识到了其留在铜器表面的工艺特征，从而解决了一个多年来没有解决的问题。

由于目前对古代范铸技术研究及认识的局限，在本文对青铜器范铸工艺的论述中，肯定存在各种缺点及错误，敬请读者批评指正。

附记：本文中青铜器 X 光鉴定由程云华先生完成，线图由冯务建、曾令斌先生绘制。

后 记

本书由黄建勋主编、熊燕任副主编，是集体研究的成果。其中壹、贰、叁部分由熊燕编写；肆部分由黄建勋编写；附录一由张翔、翁蓓编写；附录二至五由秦颍编写；附录六由胡耀武等5人编写，附录七由黄维、陈建立编写，附录八由董亚巍编写。部分资料由黄艳玲搜集提供。

初稿完成后，由黄建勋、熊燕修改，黄建勋统稿。

报告中的照片由郝勤建拍摄，线图由陈秋红绘制。青铜器修复由胡家喜、陈中行完成，陶器修复由谭竹青完成，拓片由李玲、王立新制作。包洪波、艾玲莉一直参与文物整理工作。英文提要由王刃余翻译。

在报告的编写过程中，湖北省文物局、省博物馆、省文物考古研究所和随州市文物局的领导对报告的出版给予了大力支持。李桃元研究员自始至终都给予了具体指导和帮助，并对书稿的编写提出许多宝贵的意见。本书承蒙郭德维先生审阅并赐序。

本书出版得到国家重点文物保护专项补助经费资助。

在此，我们对关心、支持和帮助过本报告出版的同志们表示衷心的感谢！

编者

2008 年 3 月 28 日

The Tomb No.2 at Leigudun in Suizhou

(Abstract)

The tomb No. 2 at Leigudun (on a mound in Zengdu district, 2 kilometers northwest to the city proper of Suizhou) is the second largest tomb after the well-known tomb of the Marquise of Zeng, i.e., the tomb No. 1 at Leigudun. Both of the tombs are located in Suizhou and belong to the members of the ruling lineage of the Zeng polity. It is believed by archaeologists that the two tombs are of equal significance in providing important evidence for understanding of the Sui culture, ritual practices and musical performances in the pre-Qin times, and the relationships between the Sui and Chu polities. The present volume reports the discovery and excavation of the tomb No.2 at Leigudun. It includes 449 burial goods of various kinds, and 32 are unearthed from a disturbing ditch. Date of the tomb and the social status of the occupant are both given in detail in the textual sections. Though the tomb No.2 was actually excavated very early, the site report only comes out as late as 2008 for many reasons. We would particularly like to thank the people who worked very hard in the past several decades keeping and conserving the materials for their publication.

The report has four chapters.

Chapter I   Introduction

The first section introduces the geographic location of Suizhou, environmental and political changes since the late Western Zhou dynasty. Section one also includes the situation of the cemetery where the tomb No. 2 is located, conservation and reconstruction of the finds, and material preparation for publication.

Suizhou is located in the so-called Sui-Zao 'corridor', a narrow joint area of the south and north parts of China, with beautiful landscapes, comfortable climate conditions and fertile soil for agricultural use and densely veined with rivers; for all the above mentioned geographic and natural conditions, the city has always been perceived since the antiquity as an ideal and important location for human living and cultural communication between the south and the north of China. The Sui polity was established in the late Western Zhou period. During the early Spring and Autumn period, it moved its capital to the Sui-Zao corridor area and subsequently became a powerful polity on the east bank of the Hanshui River.

Chapter II Tombs and the Major Occupant

Data of the tomb No.2 includes four aspects: burial mound, burial pit, furnishings, and treatments of the dead.

1. There was indeed a mound right above the burial chamber of the tomb No.2 at Leigudun, which was totally leveled to the ground by the local military force when building a camp;

2. The second part introduces the location, orientation, size, structure, and the fill of the burial pit;

3. The third part introduces the major coffin and subordinate coffins; the coffin of the tomb occupant is located in the middle of the northern part of the burial chamber, seriously deteriorated; coffin accessories are scattered around; remains of another coffin, probably a subordinate coffin to the major coffin, was discovered in the southwestern corner of the chamber, with no burial goods inside;

4. The skeletal data is quite limited since the bones are highly deteriorated; what we can know from the bones left is that the major occupant was headed to the east, while the sacrificed victim in the accompanying coffin was buried in a north-south orientation.

Chapter III Burial Goods

Very abundant burial goods (in total, 449 single objects) have been recovered from the tomb No.2, including bronzes, stone and jade objects, pottery vessels, horn and glass objects, shell ornaments, and lead and tin vessels. According to function, they can be classified into mainly six categories, i.e., ritual vessels, musical instruments, life tools, horse and chariot fittings, adornments, and burial goods.

(1) Bronzes

Ritual vessels include: 17 *ding* (meat-stewing tripod), 8 *gui* (grain-offering vessel), 4 *fu* (round vessel with flat bowl on high openwork foot), 10 *li* (tripodal cooking vessel with pouch-shaped feet), 1 *yan* (grain steamer), 4 *zun* (liquid-serving vessel), 2 washing pots, 4 pots, 3 *dou* (stem bowl), 1 *fu* (vessel with globular bottom, made to fit a stovetop), 1 dish, 1 *yi* (pouring vessel), 3 *bi* (pointed spoon), and 1 *dou* (ladle with cylindrical container);

Musical instruments include: 36 *yongzhong* bells, 1 drum stand, 22 hooks for hanging the bells;

Life tools include: 1 fire-pan, 1 dustpan, 1 lid, 1 hook-shaped implement, and 1 funnel;

Horse and chariot fittings and ornaments include: 4 canopy mounts, 5 axle-end ornaments, 6 horse bits, 16 reign controllers, 102 bridle ornaments, 11 *bicha*, 36 bird-shaped and 18 plank-shaped adornments.

(2) Jade and stone burial goods

Ritual objects include: 1 *bi* (ring-shaped disc), and 1 *gui* (pentagonal tablet);

Musical instruments include: 12 chimestones;

Ornaments include: 2 arc-shaped pendants, and 8 agate rings;

(3) Ceramic vessels: 7 *dou*

(4) Lead and tin objects include 64 fish-shaped ornaments, and 15 coffin accessories;

(5) Other significant finds include 7 horn gig-bits, a pair of deer antlers, 3 crystal beads, 1 string of ring-shaped beads, and 1 shell ornament.

The tomb was most likely to have been looted in antiquity, which is corroborated by the co-occurrence of the disturbing ditch near the coffin of the major occupant and the large amount of burial goods seemingly left by the looters within the ditch by churning the tomb soil. It is for this reason, we deliberately separate these finds from those unearthed from within the tomb chamber.

The 32 finds from the ditch include 1 pottery *dou*, 1 stone *bi*, 1 jade ram figurine, 1 jade rabbit figurine, 1 jade plug, 20 glass beads, 5 perforated turquoise beads, and 1 spade-shaped iron object.

All these finds are introduced in a typological order. One sample is selectively given when many typologically identical vessels are found.

Chapter IV　Conclusions

The last section of this report includes the following research results:

(1) Date of the tomb No.2 at Leigudun: late phase of the early Warring States period through the early phase of the middle Warring States period;

(2) Identity of the major tomb occupant: another Marquise of the Zeng polity after the famous Marquise Yi;

(3) Though the finds reflect a serious influence from the Chu culture, the major elements of the mortuary practice belong to the Zeng cultural sphere.

曾侯乙墓

二号墓

二号墓外景
（由西北向东南）

1. 镬鼎

2. 兽面蹄形足

3. 内盛鹿骨

铜镬鼎（M2：32）

铜牛形钮盖鼎（56、71、69、68、54、55）

（左→右）

1. A 型（M2：55）

2. B 型（M2：69）

铜牛形钮盖鼎

1. 鼎

2. 牛形钮

3. 内盛鹿骨

A 型铜牛形钮盖鼎（M2：54）

1. 鼎

2. 牛形钮

B 型铜牛形钮盖鼎（M2：68）

1. 鼎

2. 盖内垫片脱落

C 型铜牛形钮盖鼎（M2∶56）

1. C型铜牛形钮盖鼎（M2∶71）

2. 铜升鼎、簠

上排：升鼎：M2∶62、66、63、65、64、59、60、58、61

下排：簠：M2∶45、46、40、43、44、39、41、42（左→右）

铜牛形钮盖鼎、升鼎、簠

1. C 型铜牛形钮盖鼎牛形钮（M2：71）

铜牛形钮盖鼎、升鼎、簋

1. 升鼎

2. 足根部兽面

A 型铜升鼎（M2：64）

1. 升鼎（M2∶60）

2. 升鼎（M2∶60）内盛鹿骨

3. 鼎钩（M2∶67-1、67-2）（上→下）

B 型铜升鼎（M2∶60）及鼎内出土铜鼎钩（M2∶67）

1. B 型（M2：61）

2. C 型（M2：63）

铜升鼎

1. 升鼎

2. 足部（足根部露出器底）

C 型铜升鼎（M2：59）

1. 升鼎

2. 三足偏装

C 型铜升鼎（M2：62）

1. C 型升鼎（M2：66）

2. A 型簋（M2：43）

铜升鼎、簋

1. 小口提链鼎（M2：70）

2. 小口提链鼎兽状钮提链（M2：70）

3. A型簋（M2：45）

铜小口提链鼎、簋

1. M2：39

2. M2：42

3. M2：42耳部

B 型铜簋

1. M2：40

2. M2：46

B 型铜簋

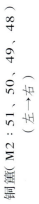

铜簠（M2：51、50、49、48）
（左→右）

1. M2：49

2. 器盖内铭文

3. 器底内铭文

A 型铜簠（M2：49）

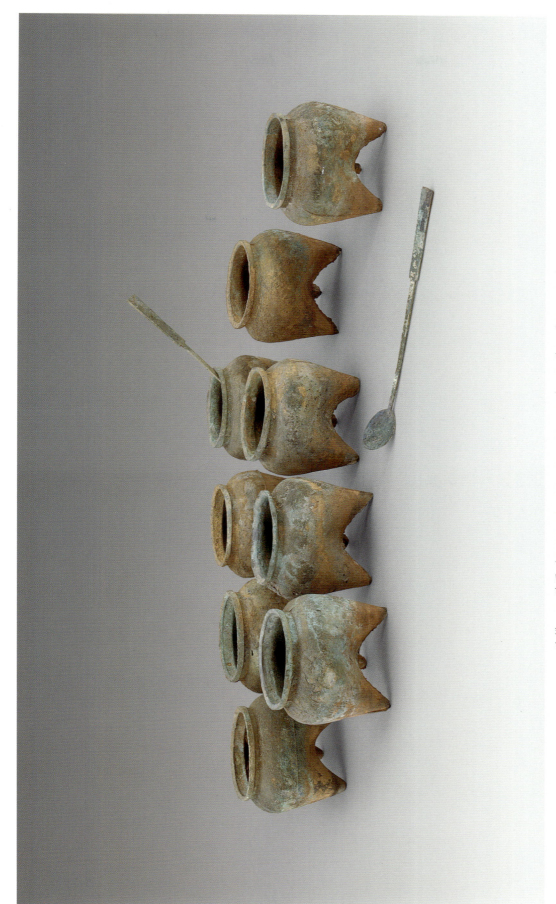

后排：B 型盉（M2：29、23、26、25、20）、B 型匕（M2：35）

中排：B 型盉（M2：16、21、19、28）

前排：B 型匕（M2：36）（左→右）

B 型铜盉、匕

1. Ba 型鬲（M2∶29）内盛鹿骨

2. Ba 型（M2∶26）

3. Bb 型（M2∶28）

4. Bb 型鬲（M2∶28）器底三角形范缝痕迹

B 型铜鬲

1. 甗

2. 甑体底部的箅眼

铜甗（M2：53）

1. A 型（M2：7、6）（左→右）

2. B 型（M2：13、14）（左→右）

铜尊缶

1. A 型（M2：77）

2. B 型（M2：76）

铜盥缶

1. 兽首形环耳

2. 盖面

A 型铜盥缶（M2：77）

1. A 型铜壶（M2：4）

3. A 型豆（M2：38）

2. 盘（M2：75）、匜（M2：74）

4. 斗（M2：3）

铜器

1. 壶

2. 龙形耳榫卯

3. 花冠

A 型铜壶（M2：5）

1. 甬钟

2. 斡部内的四棱锥形

Aa 型铜甬钟（M2：80）

上排：M2：89、90、91、92、94、93、80、81
中排：M2：109、100、83、86、95、82、114、104、116、106、97、103、88、111、85
下排：M2：99、110、112、98、96、107、105、101、84、108、102、87、113（左→右）

铜甬钟

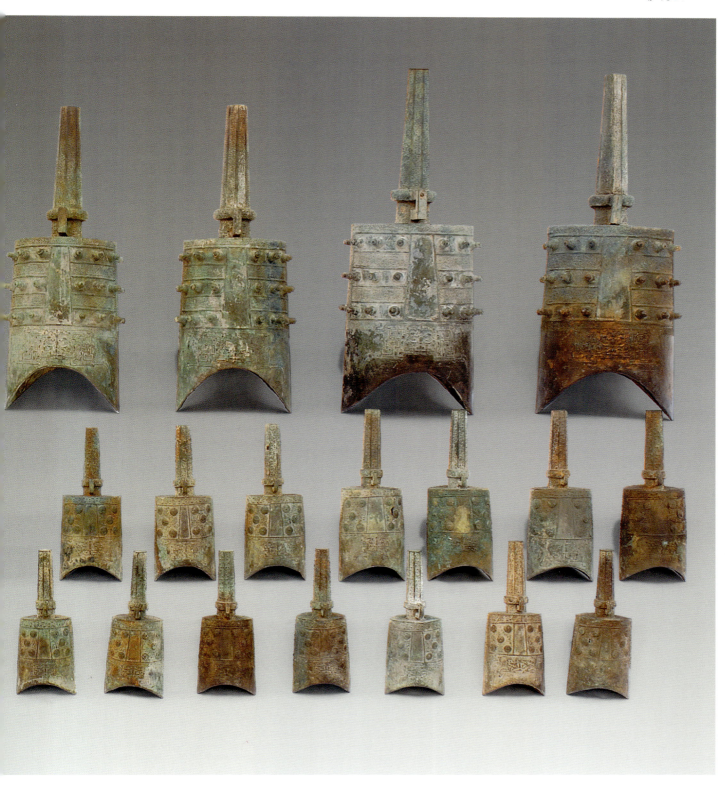

1. 甬钟

2. 鼓部纹饰

Aa 型铜甬钟（M2：93）

1. 旋、斡部

2. 枚部

3. 舞部、衡面纹饰

4. 篆带

Aa 型铜甬钟（M2∶93）局部

1. Aa 型（M2：81）

2. Ab 型（M2：91）

3. Aa 型甬钟（M2：81）鼓部纹饰

铜甬钟

1. 衡面（从衡到舞、枚透视）

2. 篆带

3. 鼓部纹饰

Ab 型铜甬钟（M2：91）局部

1. Aa 型（M2：94）

2. Ab 型（M2：89）

3. Ab 型（M2：90）

4. Ba 型（M2：82）

铜甬钟

1. 甬钟

2. 篆带纹饰

3. 鼓部纹饰

Ab 型铜甬钟（M2：92）

1. M2：88

3. M2：85

2. M2：88 鼓部纹饰

4. M2：85 钟腔

Ba 型铜甬钟

1. 甬钟

2. 斡部纹饰

3. 篆部纹饰

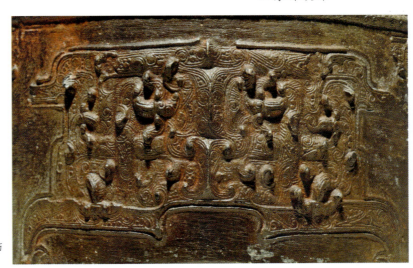

4. 鼓部纹饰

Ba 型铜甬钟（M2：86）

1. M2：95

2. M2：103

3. M2：97

4. M2：97 甬根与舞连接处的铸痕特写

Ba 型铜甬钟

1. M2：104

2. M2：106

3. M2：106 钟腔

4. M2：111

Ba 型铜甬钟

1. Ba 型（M2：114）　　　　　　　　　　　2. Bb 型（M2：110）

3. Bb 型（M2：110）鼓部纹饰

B 型铜甬钟

1. Ba 型（M2：116）

2. Ba 型（M2：116）钟腔

3. Bb 型（M2：83）

4. Bb 型（M2：99）

B 型铜甬钟

2. 篆部纹饰

1. 甬钟

3. 鼓部纹饰

Bb 型铜甬钟（M2：84）

1. M2：87

2. M2：96

3. M2：98

4. M2：98 斡部纹饰

Bb 型铜甬钟

1. M2：100

2. M2：100 钟腔

3. M2：100 篆部芯撑孔

4. M2：101

Bb 型铜甬钟

1. M2：102

2. M2：107

3. M2：105

4. M2：105 钟腔

Bb 型铜甬钟

1. M2：108

2. M2：109

3. M2：112

4. M2：113

Bb 型铜甬钟

1. Aa 型甬钟（M2：80）浇冒口痕迹

3. Bb 型甬钟（M2：100）浇冒口痕迹

2. Ab 型甬钟（M2：91）篆带部位泥芯撑痕迹

4. Ab 型甬钟（M2：91）甬部纹饰拚兑技术

铜甬钟铸制

1. 建鼓座

2. 腹部纹饰

铜建鼓座（M2：79）

1. 炭盆（M2：72）、
   箕（M2：174）

2. 箕（M2：174）

3. 器盖（M2：30）

铜器

1. 车盖立叉（M2：158-2、9、158-1、2）（左→右）

2. 漏斗（M2：31）

3. A型车軎（M2：149、150）（左→右）

4. A型车軎（M2：149）端面纹饰

铜器

1. 铜衔　上：M2：140、146
中：M2：137、129　下：M2：
144-2、144-1（左→右）

2. 铜鸟形饰件（M2：166-4～
166-7）（左→右）

3. 玉璜（M2：10）

4. 玉璜（M2：33）

铜、玉器

左：M2：122、117、125、121、128（上→下）
右：M2：119、124、120、123、118、126、127（上→下）

石磬

1. A 型（M2：155、167、162）（左→右）

2. A 型（M2：153）

3. A 型（M2：161）

4. A 型（M2：173）

5. B 型（M2：154、172）（左→右）

玛瑙环

1. 环形串珠（料器）（M2：157）

3. 紫色水晶珠（M2：175-2、175-3、175-1）
（放大，左→右）

4. 玉羊（M2：扰4）、玉兔（M2：扰5）
（放大）

2. 料珠：B型（M2：扰3-2～扰3-20）（左）
A型（M2：扰3-1）（右）（放大）

5. 玉塞（M2：扰8）（放大）

6. 绿松石穿孔珠（M2：扰6-1～6-5）（放大）

M2 及 M2 扰乱沟出土器物

二号墓墓坑
（由北向南）

1. 镬鼎（M2：32）内

2. 升鼎（M2：60）内

3. 釜（M2：11）内

发掘中青铜器物出土时内盛动物骨情况

1. 省文化局、省博物馆领导指导工作

2. 考古工作人员在清理器物

省文化局、省博物馆领导指导工作及工作现场

1. 清理器物

2. 绘图

考古人员在清理器物、绘图

1

2

考古人员在提取器物

1

2

考古人员在提取器物

1. 二号墓出土器物全景（由西向东，前方平房为曾侯乙墓遗址保护棚）

2. 二号墓出土器物全景（由东南向西北）

二号墓出土器物全景

1. 中、东部（由西向东）

2. 中部（由西向东）

椁室中、东部随葬器物出土情况

1. 东部（由西向东）

2. 南部（由北向南）

椁室东、南部随葬器物出土情况

1. 甬钟（M2：94）内套小甬钟（由西向东）

2. 甬钟（M2：94）腹腔内第5件小甬钟
   （由西北向东南）

3. 椁室西部随葬器物出土情况
   （由东北向西南）

椁室南、西部铜甬钟出土情况

1. 由西南向东北

2. 由东南向西北

椁室北部随葬器物出土情况

1. 镬鼎（M2：32）内置鼎钩
（M2：32①、32②）（上→下）

2. A型牛形钮盖鼎（M2：54）内置鼎钩
（M2：54①、54②）（上→下）

3. C型升鼎（M2：58）

4. C型铜升鼎（M2：58）内置铜匕
（M2：57）情况

铜器

1. C型升鼎（M2∶65）

2. B型簋（M2∶41）

铜鼎、簋

1. B 型簋（M2∶44）

2. B 型簠（M2∶50）

铜簋、簠

1. M2：48

2. M2：51

B 型铜簠

1. A 型鬲（M2：78）

2. B 型鬲出土情况

铜鬲

1. 甗

2. 鬲口沿

3. 补铸痕迹

铜甗（M2：53）

1. B 型壶（M2：8）

2. B 型壶（M2：52）

3. B 型豆（M2：12）

4. B 型豆（M2：15）

铜壶、豆

1. 釜（M2：11）

2. 釜（M2：11）内盛鹿骨

3. 盘（M2：75）出土时内置匜（M2：74）、
钩形器（M2：73）情况

4. A 型匕（M2：57）

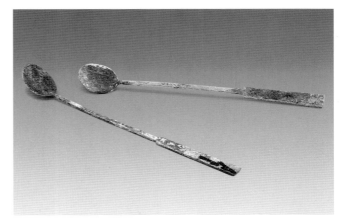

5. B 型匕（M2：35、36）（上→下）

铜器

1. M2：90 甬钟钲部的 5 件挂钩

2. M2：103 甬钟斡部的 1 件挂钩

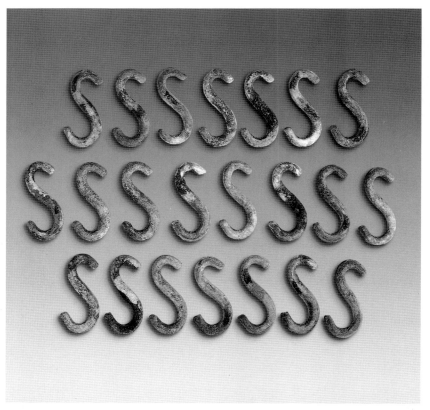

3. 甬钟挂钩　上：M2：115-1~M2：115-7　中：M2：115-8~
M2：115-15　下：M2：115-16~M2：115-22（左→右）

4. 钩形器（M2：73）

铜甬钟挂钩、钩形器

1. B 型车軎（M2：135、151、148）（左→右）

2. A 型马络饰（M2：134-1~134-21、136-1~136-9、139-1、142-1~142-27）

3. B 型马络饰（M2：134-22~134-37、136-10~136-15、139-2~139-15、142-28~142-35）

铜车軎、马络饰

2. 节约　上：M2：143-7～143-10　中：M2：143-1～143-6

下：M2：133-1～133-6（左→右）

4. C型壁插　左上：M2：163-10　右上：M2：163-8　中：M2：163-7

右下：M2：163-9　下：M2：163-11

1. A型壁插（M2：163-2、163-1）（上→下）

3. B型壁插　左上：M2：163-5　右上：M2：163-3

左下：M2：163-6　右下：M2：163-4

铜节约、壁插

1. 铜板形饰件（M2：169-3）

2. 铜板形饰件（M2：168-2）

3. 铜板形饰件（M2：169-5）

4. 铜板形饰件（M2：169-5）上竹席痕迹

5. 石圭（M2：164）

铜板形饰件、石圭

1. 角镳（M2：141、138-1、131、132、147、138-2、130-1）（左→右）

2. 陶豆（M2：22）

3. 蚌饰（M2：171）

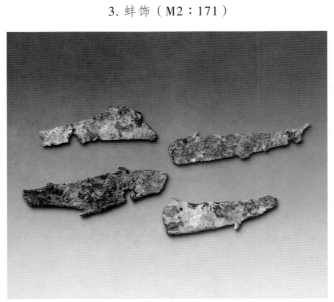

5. 鹿角（M2：1）

4. 铅锡鱼形饰件
　　左上：M2：170-3
　　右上：M2：170-1
　　左下：M2：170-2
　　右下：M2：170-4

角、蚌、陶、铅锡器